中国企业管理史论

——物本、人本、心本管理的演变与中国管理理论的建立

徐井岗 著

中国财经出版传媒集团
中国财政经济出版社

图书在版编目（CIP）数据

中国企业管理史论/徐井岗著．—北京：中国财政经济出版社，2017.2
ISBN 978－7－5095－7332－7

Ⅰ.①中…　Ⅱ.①徐…　Ⅲ.①企业管理－企业史－中国　Ⅳ.①F279.29

中国版本图书馆 CIP 数据核字（2017）第 047572 号

责任编辑：段　钢　　　　　责任校对：张　凡
封面设计：王　坦　　　　　责任印制：杨　军

中国财政经济出版社 出版
URL：http：//www.cfeph.cn
E－mail：cfeph@cfeph.cn

社址：北京市海淀区阜成路甲 28 号　邮政编码：100142
营销中心电话：88190406　北京财经书店电话：64033436　84041336
北京财经印刷厂印刷　各地新华书店经销
710×1000 毫米　16 开　14.75 印张　289 000 字
2017 年 5 月第 1 版　2017 年 5 月北京第 1 次印刷
定价：58.00 元
ISBN 978－7－5095－7332－7
（图书出现印装问题，本社负责调换）
本社质量投诉电话：010－88190744
打击盗版举报热线：010－88190414　QQ：447268889

前　言

探索中国企业管理史，追根溯源，是从中华古国的制造业一脉相承下来的（虽然重点是现代企业管理史）。中国古代、近代制造业，曾经创造过震惊世界的辉煌，所留下的制造技术、制造业流程管理、师徒制和质量管理、财务管理、渠道管理，以及从军事战略沿用过来的“六韬三略”、“孙子兵法”、鬼谷子智慧，还有古籍《商经》、陶朱“商经十八诀”、“子贡商经二十八则”等，是中国企业史上极为宝贵的财富。现代中国的1949～1978年，是中国现代企业真正打基础的30年，重工业建设、“大三线建设”、能源交通建设等，为中国企业重新崛起于世界之林奠定了良好的基础。1979～2008年，是改革开放的30年，私有制（非公有制）回归，成为中国社会主义市场经济的重要组成部分；一统天下的国营模式彻底改变，民营模式开始在创新中成长，民营企业成为中国企业崛起的重要力量，成为中国经济高速发展的生力军。显然，中国企业管理史，自然要对中国企业的成长及自主创新出来的管理思想、理念、体系和方式方法进行必要的总结。

总结后发现，西方管理学有其科学的先进性、严密的系统性，为中国企业管理提供了丰富的养分。但其理论更适合应用于西方人文环境和企业职场，而且它所固有的“重利轻道”哲学思想所引起的企业问题，无法依靠自身力量解决；也不适应中国人文环境下的企业职场，观念对冲、思维偏离带来的管理行为严重不对应，是导致道德失落、底线突破的根本性原因。中国文化下的企业管理，讲究“重道轻利”，管理归根结蒂是管人理心，人心管理不到位，自然会出现思想离道、德性失落等问题，而这只有通过弘扬中华文化、回归中华文道才能有效解决。从这个角度说，解决当今社会管理、企业管理出现的各种问题的希望在中国，在中华文化。逐利是人的天性，在大陆文明下不将其关入“道”之藩篱便会恶性膨胀。求道是后天的努力，得道便可以空灵清明，所以，中国讲究修身养性。得道多助，失道寡助。

一、以史为鉴，建立起中国管理体系

从古代到近代再到现代，中国企业历经多次凤凰涅槃。1949年以后正式进入现代企业发展历程。前30来年是打基础，建立了比较健全的重工业体系、军工体系和能源生产体系；自1979年开始逐渐打破原有政策限制，实现了改革开放。其中最重要的成就之一就是民营企业的重新崛起，国营企业的抓大放小。民营企业是指除了国有和国有控股企业、外商和港澳台商独资及其控股企业以外的多种所有制企业的统称，包括国有民营企业、个体企业、私营企业、混合所有制民营企业、民营科技企业、农民专业合作社等类型。民营企业是具有中国特色的一种企业概念和企业形式。如果说国营企业还保持着计划体制下的行政管理，那么，民营企业则完全是根据中华文化传承、中国企业实际、借鉴西方管理经验，在实践中一点点建立起来的管理理论与体系。

然而，遗憾的是，中国企业管理虽然自古存在，但一直没有建立起中国特色的管理学理论，管理理论在改革开放初始就是引自西方管理学，并非是从中国企业管理实践中提炼、升华而成的，亦非中国企业史传承下来的。中国一直是崇尚实践出真知，认为理论来源于实践并指导实践。然而，在改革开放的洪流中，全盘西化倾向却越来越强，西方文化代言人放弃了中国自己的本质的、精华的东西，完全照搬了西方管理理论。结果，企业界在实践中发现无法照搬照用，遂开始回归以中华传承的优秀文化为内核的管理方式，而管理学理论界却一直用理论领先于现实为理由，用几个新名词、弄几个管理工程系统，再加几个经济数理模型，把管理学理论搞得晦涩深奥，而把实践中总结提炼出来的理论归结为“经验学派”并将之打入冷宫，使得管理学理论无视管理现实成为一种常态。

具有话语权的“学术官方”提倡“创新”，可创新岂是朝夕就能实现的，于是新名词、工程化、数理模型成为“创新”之新宠。两相结合，“专家”成了“官员”，“官员”是“专家”，做学问的与官员求政绩一样急功近利……理论来源于实践并指导实践的真理被湮没，

"实践出真知"成了一句过时的话被无情抛弃。正因为如此，管理现实中没有合适的理论指导，在经济发展的同时，管理暴露出来的问题逐渐显现，"逐利丧德"、"数典忘祖"的现象在职场比比皆是；管理理论界静不下心来关注现实，名利场内放不下一张书桌求真。

鉴于这样的现实，本书认为有必要对中国企业管理的发展历史作真实地梳理，发现问题的根源，探索解决问题之路。本书把梳理的重点放在中国改革开放以来的30多年历史，落足点放在中国企业管理的现实，目的是在探索中国企业管理发展史的基础上，以史为鉴总结经验教训，寻求解决管理问题的途径与方法。

都说中国改革开放30年走过了西方百年工商业的发展史，企业管理亦是如此，因为中国改革开放之初就是引进西方工商业的运营方式和管理体系，走的路自然大体一致，只是时间上被大大缩短，其历史进程不外乎"从粗放管理进入物本管理从而实现制度化管理，再从物本管理进入人本管理从而实现人性化管理"。然而中国的企业界也同样出现了西方百年工商业发展史上屡屡出现的问题，且找不到解决之路，西方学者、企业家不断地在寻求解决之道，其中一条思路就是从中国文化中探寻以德治企、以心顺人的解决之路。西方文化以利诱导，中国文化以心引导，管理的出路应该落实在中国文化，管理的希望应该蕴含于中华文化之中。

二、中西各异，大陆文明与求道文化

诚然，只要涉及管理，一切矛头归根结蒂一定指向人。人的问题，归根结蒂是"心"的问题，主方怎么管理、客方是否接受管理，全在"心"之一念间，心到，便一切都到；心好，便一切都好。管理的密码全在心动的脉搏中。而放眼普天之下，能紧紧抓住心脉密码的管理文化，舍中华文化其谁？有哪一种管理文化有中华文化这样以修心为上，又有哪一种管理文化像中华文化这样以走心为主？

纵观世界四大文明古国，只有中华文化一脉传承至今。欧洲文化及其后来因移民、殖民延伸出来的美、澳文化，体现的是以力量直捣黄龙的海洋文明：看重的是结果，不注重过程；关注的是利益，不在于情分，心态不重要，遵守规则获取利益最重要。中国有着古代欧洲人无法想象的巨大陆地，山川河流曲径通幽，村落、乡镇星星点点散落于华夏大地，朝廷统治需要一个威严的官场，民间维稳需要一个制约的体制，于是形成了等级森严的官场文化和宗族文化以及礼节繁多的礼仪文化（当西方的宫廷文化与贵族文化在中国大行其道的时候，很多人早就忘却了中华文化有着比世界上任何一个国家都严密、体面、规范、大气的礼仪和礼节），规矩、礼仪一多，说话做事就要看场合、时机和对象等；需要顾忌的一多，久而久之自然形成含蓄、内敛的内陆文化特征，无须斤斤计较利益，谋求情谊获取认同最重要。

海洋文化下欧美人是直线思维，重行动规则；内陆文化下中国人是曲线思维，重心理认同。这就是为什么欧美文化讲究强势压制、力量冲击，而中国文化追求谋略取胜、修身养性之原因所在；也是西方人注重数字核算、即使虚的也要量化为实的，管理着眼在行为本身；而中国人注重心理评判、即使实的也会抽象为虚的，管理着眼在心灵教化的原因所在。

海洋文明创造了灿烂的西方文化，内陆文明创造了悠久的中华文化，各有各的辉煌、各有各的专长，自然也各有各的适应。西方管理理论、模式，是西方人文环境下的，适用于海洋文化熏陶下的重规则管理的职场；中国管理理论、模式，是中华人文环境下的，适用于内陆文化下的重规矩管理的职场。“规则”“规矩”，一字之差，管理的哲学思想、内涵体系大不一样，规则在于遵守，规矩在于认可；规则侧重于事与物的规范，规矩侧重于人与心的约束。中国管理可以与西方管理互通有无，前提是管理的根柢是中国人文环境下的，即使改革、即使破旧立新，也必须是适应中国国情。中国不排斥海洋文明中优秀的、有利于中国管理的思想、理念和方法作为养分，但学习彼，并不等于变成彼，只是为了充实、更新和完善自己。

而更为重要的是，西方海洋文明中的扩张特性和重利特性，是根深蒂固的，是把人性中阴暗的部分在西方理论的遮羞布下给遮掩了，西方用规则守护着，却也依然无法避免经济活动和社会活动中的阴阳失调（西方不提阴阳，只提正负。殊途同归，意义大同小异）。这种管理理念和方式，一进入中国，在曲线思维下，被理解为利益至上，就打破了规矩，造成道德底线的突破，带来一系列社会问题、管理问题。西方对此现象其实早有认识，许多研究者、管理实践者，在满世界寻求解决办法的过程中，终于承认一个事实：中华文化中的精神管理、内心修炼是解决这种阴阳失调的良方；中国先贤思想中的道与德为先、为形而上，器与术为后、为形而下的思想，有着深刻的、厚重的管理哲学内涵在里面。于是一种声音悄然响起，且越来越洪亮：管理解决之道，在中国。这是时代的声音。

三、道器各重，管理希望在中国文化

如前所说，由于东西方差异，导致在经济管理上西方追求利益、注重锱铢必较（精确的数量度衡）。当利益追求超越抛物线顶端时，德性跌落甚至丧失的情况就会出现，西方管理无力解决这个问题，因为它是海洋文明中“利益为先”的践行。中华文化求“道”轻“器”（关注“器”便是关注利益），最近500年物质文明的大幅度落后，是因为西方“器”之发达而中国没有与时俱进“闭关自守”之果。改革开放30多年，经济是发展起来了，然而因与西方一样重“器”轻“道”，面临着德性滑落的问题。西方管理文化、管理体系自身无法找出解决这一问题的方法和途径。这也进一步证明，求“器”之发展的同时，必须以“道”为先，以“道”规范和制约；无“道”则器“凶”，有“道”才器“吉”。中国追求心顺、注重德性心理，通过儒道文化的修身养性、德性教化回归道德美丽，突破发展瓶颈，这是中华文化之擅长。只有中华文化有着管理要走心的“道”之底蕴，如人心梳理、人心疏通、人心凝聚、精神振奋、情结掌控、心态调和等。

500年前的中国，在世界上是强大的，先秦风骨、汉唐风采、两宋经贸所形成的管理思想、哲学原理，与当时世界上任何国家相比都是不遑多让，甚至是引领风骚的，那时候的世界在向中国学习。这不是说我们可以躺在先人的成果上吃老本，而是要证明，中国先贤的管理思想、内涵、体系，是优秀的，是能够解决管理理论和管理实践中的许多问题的，比世界上任何一种理论、理念都不差，而且更适合中国企业、中国职场的管理，更适合直指人心的管理，我们完全没有必要妄自菲薄。近500年的落后贫穷，不是中国文化的问题，更不是中国管理的问题，而是政治体制的问题、国家治理的问题、社会变迁的问题。从“洋务运动”中国开始学习西方文明，到“五四运动”引进西方思想，再到“改革开放”打开国门，都是在自己落后情况下向先进者的学习。学习本身没有错，但本质应该是融会贯通充实自己、是

举一反三开拓创新，不是照搬套用、不是囫囵吞枣。反思中国企业管理30多年的历史，就是要总结经验、检讨教训、在反思与觉悟觉醒中谋求更好地发展、更大地进步。

四、中国元素，书写中国企业管理史

历史是人民书写的，企业管理史是企业管理人书写的；任何企业管理理论的研究都离不开"企业管理"这个实验场，一切脱离这一点的理论舶来品、数据拼凑的闭门造车，都不能改变企业管理史的轨道。越是中国的才越是世界的。世界已把目光投向中国，中国又怎能不昂起头、挺起胸。作者认为管理理论界的西化倾向比较严重，甚至于要把中华文化为内涵的管理文化全盘否定的论调甚嚣尘上，把许多现代教育的问题、体制积存的问题、逐利丧德引起的问题都归结到中华文化或中华文化为内核的管理思想上。对此并没有任何与之辩论的必要，一个对自己国家、民族的文化都不认可、不尊重的人，怎么能够得到世界的认可和尊重；更何况全盘否定中华文化者，应该是没有真正懂得中华文化的真实内涵、中华文化的磅礴大气、中华文化内在的巨大力量，自然没有资格来否定中华文化。弘扬中华文化，开创中国管理理论并指导中国管理实践，是我们的责任。这就有必要在梳理、回顾、总结中国企业管理发展史的基础上，在祖国文化遗产的宝库里，寻找到创建现代中国管理理论的源泉和依据，在现代中国企业发展的实践经验中，寻找到创建现代中国管理理论的方法与体系。这就是进行中国企业管理史研究的初衷，也是完成本书写作的动因所在。作者始终坚信：企业管理的希望在中华文化。中国企业及其企业管理，从不排斥世界上一切优秀文化，但重点是要适合中国国情的管理；学习别人的优秀不是放弃自己的本质，而是充实自身的营养。所以，在中国企业管理发展过程中，最重要的基点是中国管理哲学和管理文化，在此基础上总结、提炼、创新管理的具体方式方法。

正因为在过去30多年的中国企业管理发展历程中，理论部分甚少有中国元素，所以本书在阐论中国企业发展史时，自然会更多地集中在国内企业界的典型人物、典型事件上，并在剖析这些人与事的过程中，阐述管理界理论研究与企业实践脱节的现实，着眼在企业实践基础上的管理思想、理论与方式方法的变迁，在变迁发展中梳理出管理史的基本线索，结合作者一直以来倡导的国情化管理和基于中国国学与东方思维的中国管理理论研究的成果，指出21世纪的中国要从“人本管理”向“心本管理”推进，本书认为，这是中国企业管理的希望所在。改革开放后发展起来的中国企业是在中国环境下，以中国人为主强盛起来的经济体，中国管理的思想、理念、方式方法有着深刻的中国烙印，是中国企业管理从传承到发展、从学习到融合再到创新从而形成中国特色的过程。

一家之言也许并不能引起重视，人微言轻者创立的理论也只能在有限的范围内被认知、接受、传播和应用。但毕竟，我们真的不需要跟在洋人屁股后拣“洋落”，学者也不应该只是在西洋文化中寻找中国管理的真经，更不应该一年10篇、20篇的所谓“论文”的批量生产——没有中国人看、却是所谓的“研究中国管理”成果。作者在亲身参与企业管理实践、多年从事企业管理研究基础上创立的“人心双和管理理论”及其体系，也许不成熟、不完善，但一直是立足于中国实际的研究，是根据中国管理史所做的具有独创性的探索，抛砖引玉，引出更多基于中国国情的企业管理研究，这是作者为管理中国化的一种努力，为弘扬中华文化的博大精深的一种付出。

力量虽小，总在发力中。

目　录

绪论　傻子管理与现代组织管理

20世纪70年代末，中国私营经济悄然回归，在当时政策不允许的情况下，普通老百姓以"地下工作者"方式从事着在当时被列为"投机倒把"的"犯罪"活动，部分农村和城市街道中的底层人士，一不小心成为撬动中国改革开放的弄潮儿，开始了一段震惊世界的波澜壮阔的民营企业崛起、发展、壮大的历史，书写了中国改革开放30多年的中国企业管理史。当然，他们遇上了一个好时代，政府管理者以默认或暗许的方式，容忍着这些"不合法"的行为，并因势利导，才有了轰轰烈烈的个体户、"红帽子"企业、乡镇企业、私人企业、股份企业等中国企业蓬勃发展的大好局面。而当时的企业管理正如"傻子瓜子"的品牌名一样，是一种傻子般的本能管理，是原始式的无序管理。这就是中国改革开放企业管理史的起步。

一、中国企业管理的起步：傻子管理

"傻子瓜子"的故事是从这样一个场景切入的：20世纪70年代后期的一个冬天，漫天飞雪飘舞，人们冷得恨不能躲在火炉边。然而，这样一个大冷天里，安徽省芜湖道门巷口却十分热闹，许多人在大雪中排着长队，为的只是购买一种香脆可口的小食品——瓜子。卖瓜子的人看上去有点傻气，不仅样貌傻，行为更傻：人家买一包，他会另抓一把给人家，人家不要，他硬往人家手里塞。类似的行为多了，人们就叫他"傻子"。这人名字叫年广久，炒的瓜子一嗑三瓣，肉鲜香而松脆，特好吃，吃过的人都喜欢。这大冷的天，人们也愿意排长队来买一包。这就是后来名噪一时的"傻子瓜子"。

这就是封闭了数十年后的私营经济又悄然回归中华大地的音响，也是中国改革开放的前奏曲。全国各地尤其是沿海省份，从针头线脑到生活百货，一大批如年广久一样的"傻子"们开始了他们的企业运营和企业管理的征程，这些社会底层的"傻子"，用他们城市平民的智慧、乡村农民的狡黠、无业游民的胆魄，加上一些大隐隐于市的"民间高人"的出谋划策、身体力行，不经意间书写了从个体户到现代公司的传奇故事，这个传奇几乎是与中国民营企业重新崛起从无到有、从小到大30多年历史同步发展的，这个传奇经历也书写了中国企业管理

图1 年广久与“傻子瓜子”及人们冒雪排队购买的盛况

图片来源：《瓜子：从作坊商贩到现代企业》，腾讯财经频道第7期（总第44期），60年进化论。

30余年从照搬到模仿、从模仿到融合的历史和中国本土管理史的崛起与发展的历史。这进一步证明了伟人的一个论断：历史是由人民群众创造的。

仍以“傻子瓜子”的创始人年广久为例，这个讨过饭、坐过牢、靠摆小摊糊口生活在社会最底层的小人物，因炒卖瓜子而让自己的人生经历三起三落，起落的节点竟都与中国改革开放的重要转折点相吻合，而且每一次重新站起来的起因竟都与当时中国最高领导人邓小平有关，是邓小平的支持才让屡屡突破政策底线的年广久大难不死，名扬全国；也正是有了改革开放总设计师的理念引导、政策支持，才有了自上而下各级政府的政策扶持和对改革开放的保驾护航，这才让经济建设的大潮在中国大地上顺利开展，也有了中国企业的大踏步发展。鉴于此，年广久与他的“傻子瓜子”的命运的起承转合被认为暗合着中国私营经济的发展进程。

年广久的第一次人生起落是在1980年，那时因炒瓜子年广久名声大振，而他所在的安徽省恰巧出现小岗村包产到户[①]现象——农村改革是在农民自发地开展起来并在当时政府的半默认状态下进行着。然而，就当时来说，炒卖瓜子一类情况属于“投机倒把”，包产到户则是资本主义复辟，都是违规、违法的。更严重的是年广久随着生意的扩大，他的个体户经营雇工人数达到了12人，显然违反了当时不成文的规定：不超过7人。对年广久这样的人以及小岗村这样的农民抓还是放？上无红头文件，下无参照先例，地方政府不敢决定，于是层层上报。邓小平看到安徽省送来的调查报告，明确表态对“傻子瓜子”这样的个私经济发展的肯定，对姓“社”姓“资”[②]的争论表示要“放一放”和“看一看”。这种搁置争议，看看实践结果用事实说话解决意识形态领域的争端，是一种高级的政治智慧的体现，正是这种智慧，让人们看到了改革开放的巨大成就，也因此解

① 包产到户是农村家庭联产承包责任制的一种形式。家庭联产承包责任制的含义是指农户以家庭为单位向集体组织承包土地等生产资料和生产任务的农业生产责任制形式，是中国农村集体经济组织实行的由生产任务承担者对其生产成果负责并按产量或产值计算劳动报酬的一种生产责任制。

② 当时受思想限制，认为雇工就是剥削，就是走资本主义（即姓“资”不姓“社”）路线。

开了对“年广久”们的政策封锁，大大解放了生产力，改革开放序幕由此拉开。

年广久的第二次人生起落是在1984年，“傻子瓜子”从一个小作坊发展到了拥有100多人的“大工厂”，原来的小摊贩卖瓜子模式也进入了店铺式经营且有连锁化发展倾向，雇工问题、资本主义经营方式死灰复燃问题等再次被提起，“年广久是资本家复辟、是剥削”的说法越传越盛。抓还是放的问题又一次摆在了地方政府及其管理部门的面前。这年年初邓小平同志在南方发表重要题词，肯定了经济特区的发展模式，全国性公司热兴起，中央显然是要加大改革开放力度。所以在1984年10月22日中顾委①第三次全体会议上，邓小平同志提出要把“傻子瓜子”问题上升到发展个私经济②的高度上来。他说：“还有些事情用不着急于解决。前些时候那个雇工问题，相当震动呀，大家担心得不得了。我的意见是放两年再看。那个能影响到我们的大局吗？如果你一动，群众就说政策变了，人心就不安了。你解决了一个‘傻子瓜子’，会牵动人心不安，没有益处。让‘傻子瓜子’经营一段，怕什么？伤害了社会主义吗？”年广久因此又逃过一劫。这个“放两年再看”的智慧运用，又一次起到了巨大的作用，中国企业由此进入了喷发式发展。

年广久的第三次人生起落是在1992年年初。事情起因于1986年年底，不安分的年广久在他的傻子瓜子公司里以一辆上海牌轿车作为头等奖搞起有奖销售，这在中国也是走在前列的行为，引起了巨大轰动，傻子瓜子三个月便实现了利润100万元。由此，全国各地的有奖销售以各种形式如火如荼，有的规规矩矩，但也有的浑水摸鱼，搞歪门邪道，良莠不齐的有奖销售现象使商品市场的销售管理有失控现象。在无法短时间内认定什么是合法什么是违法的情况下，中央下文停止了一切有奖销售活动，本意是在理清头绪后予以规范。然而基层在具体实施中也就一刀切，认定年广久的有奖销售违法，1987年年底，以经济问题对年广久立案，1991年5月，芜湖市中院一审判决年广久犯有流氓罪，被判处有期徒刑3年，缓刑3年。1992年年初邓小平同志发表的“南方谈话”中又一次提到了年广久：“农村改革初期，安徽出了个‘傻子瓜子’问题。当时许多人不舒服，说他赚了100万，主张动他，我说不能动，一动人们就会说政策变了，得不偿失。像这一类的问题还有不少，如果处理不当，就很容易动摇我们的方针，影响改革的全局。城乡改革的基本政策，一定要长期保持稳定”。这一讲话再次保护了年广久，此后“傻子瓜子”专卖店，逐渐遍布全国，个体户由此风起云涌。

---

① 中顾委，即中国共产党中央顾问委员会，作为解决中央领导机构新老交替的一种组织形式，成立于1982年。顾问委员会是一种“过渡性质的组织形式”，1992年不再设立中央顾问委员会。

② 个私经济指个体经济与私营经济，一般也可以把个体经济包含在私营经济概念里，是民营经济的核心。

年广久的三起三落，是中国企业在改革开放过程中的一个缩影，揭示了私营经济、民营企业在当代中国重新崛起所经历的复杂曲折的探索过程。其实连年广久自己也没有意识到，他为了生存需要而从事的炒瓜子卖瓜子营生，不仅提出了私有经济、雇工人数、业态性质等经济问题，也提出了企业管理及相关的一系列问题。当然对于年广久而言，只是歪打正着迎合了时代脉搏：1980 年改革开放起步不久，须解决思想解放问题、生产力解放问题，“傻子瓜子”提供了一个契机；1984 年是邓小平同志第一次南方谈话后的“中国公司元年”，1992 年是邓小平同志第二次南方谈话后的第二拨创业潮，“傻子瓜子”适逢其时。所以，年广久是幸运的，但在企业管理方面年广久又是失败的，虽然经历了 30 多年努力，他的企业因“傻子管理法”没有发展起来，用他自己的话来说，“我就是变了好多老婆，其他什么也没变”，即他光换老婆不换组织，用傻子式管理让他的企业 30 年前是个体户，30 年后仍然是个体户性质的私营企业。有报道说，记者去采访他，到他办公室一看，里面除了一张麻将桌，什么也没有。

这是许多陨落或依然在市场中挣扎的个体户、民营企业起步时的真实写照。

二、中国企业管理的探索：公司管理

企业创建之初就强化组织管理的中国管理鸿篇巨制，是由张瑞敏、柳传志、任正非、宗庆后、鲁冠球他们这一批在市场中冲杀出来的企业家们书写的。《财富》2008 年全球“500 强”排行榜中，首次出现了联想和平安这两家非国有企业的身影。联想从 11 人、20 万元注册资金起步发展起来，柳传志“忍了常人所无法忍”的委屈而成就了“联想”；平安保险从 13 人的公司求爷爷告奶奶发展到一枝独秀，马明哲也称“布满荆棘，充满挑战”；娃哈哈、海尔、华为、万向等民族品牌，同样是历尽沧桑。如果说个体户是“傻子管理”，即农民或小市民的原始粗放管理，那么联想、平安、娃哈哈等已是现代组织管理。管理差异带来企业效果差异，已是有目共睹的，两种现象在中国工商领域自然地并存着，正如管理理论，一方面是以美国话语体系代言人的美式理论为学术主流（虽然学术不应有主流、支流和主流外之分），另一方面是“你说你的我做我的”的中国式管理实践，同样两者并存，只是互不搭界。

其实，中国 30 年来的企业管理，与西方管理的变迁有着一定的相似之处，都是从无序管理开始到粗放管理再到物本管理渐渐走向现代公司管理。中国的企业运行轨迹又有着中国自己的特殊性，起初时，同一企业里使用童工与流程再造并存，官商利润和顾客利润交织；傻子管理与现代管理、物本管理与人本管理并存。然后是，中国经济由此从萎靡不振变成精神抖擞，中国企业由此从穷酸自卑变成强大自信，中国企业家由此从懵懂茫然变成镇定自若。30 多年来，创业者的前赴后继、管理实践的跌宕起伏，中国企业管理一直处在错综复杂的变化之中，传统管理与现代管理相互渗透和交错，同时面临知识时代全新的管理规则挑战，既要补课又要创新，既要破旧又要立新，中国企业管理从茫然走到了一个重要的节点上，管理存在或新出现的问题自然而然产生，带给管理者新的思考：怎样才能使管理理论与管理实践在同一条脉络线上、同一个管理平台上？中国企业管理经历了怎样的一个演变过程、将建立起怎样的中国管理？中国管理有没有必要从人本管理转入心本管理，如何从人本管理转入心本管理？心本管理的中国元素要义是什么？怎样才能真正实现中国企业的心本管理？并以此解决西方管理难以解决的重利失德、重器失道等问题，以及迷恋于官商结合企业发展之路的问题？……有问题自然就需要有解决的途径与方法。

美国或者说西方话语体系的代言人似乎没有注意到一个事实，他们所崇拜的管理大师德鲁克是这样认为的：管理是一种实践，其本质不在于“知”，而在于“行”；其验证不在于逻辑，而在于结果。中国的管理理论界却只注重管理的“知之逻辑”，而不在于管理的“行之结果”；而中国企业的管理实践，并不接受西方话语体系者们从国外搬用进来的那一套，而是以实用为要、适合为宜，在实践中自觉不自觉地应用中国文化为根基的管理思想来指导企业管理，尽管其中也存在一些求神拜佛的迷信问题，但至少说明，在企业管理实践界是认定国情化管理更为对路。鉴于此，本书作者认为研究企业管理史的目的，是以史为镜建设中国本土化的管理理论，是以史为纵向、以引进为横向梳理中华文化为内核的中国企业发展历程。

中国的改革开放是中国新型企业即民营企业发生、发展、壮大的过程，在这个过程中，渐渐形成了一个工商族群，虽出身草莽，但坚韧而勇于博取；这个族群中，一批批企业英雄倒下了，一拨拨市场精英陨落了，但更多的是前仆后继的企业人进入、更多的营销人站起来，他们撑起了中国民营经济的一片江山。坚持30多年不倒的，年广久是一位，代表着民营企业中人数最多、分布最广、最接地气但规模也是最小的工商个体户；还有同样出身农民的吴仁宝、鲁冠球，以及城市平民创办民营企业的典型宗庆后，知识分子创办企业的代表柳传志等，他们以中国元素的管理为根基，吸收外来管理文化中一切有价值的部分充实自己，在企业管理中实践着自己的理念，书写着中国元素的管理理论，形成独具中国风格的“傻子管理”“华西管理”“万向管理”“娃哈哈管理”“联想管理”“华为管理”“阿里管理”“海尔管理”“横店管理”等以及“特区管理”“开发区管理”“温州管理”“义乌管理”“苏南管理”“无锡管理”等管理模式。总结分析他们的管理实践和管理结果，可以找到中国管理的脉络、思想与内涵体系。

从中国企业管理理论的发展现状来看，虽然以中国文化为内核的多种管理理念已相继提出，并逐渐形成中国本土管理理论丛林萌芽现象，但目前尚未形成中国企业管理的理论体系。30余年来，借助“海归”们的引进，中国管理界人士在世界范围内不断地寻找着企业管理的标杆：从盛田昭夫到韦尔奇，从科特勒到波特，从日本制造到韩流……这些标杆都曾让中国管理界吵吵了很长时间。安静下来看看，本土公司都没有将其中任何一种类型收归企业应用。因为，归根结蒂，管理的主客方都是“人”，而人是必然受其所在的地域文化、民族文化、历史文化、人文环境和政治倾向等的影响，中国的企业管理、中国的任何组织管理，怎么可能简单地套用西方思想的管理理论呢！

三、中国企业管理的历史：五个阶段

30 多年的中国企业管理史毫无疑问是一部变革的历史。目前管理学界梳理改革开放后中国企业管理脉络，大致分为三个阶段：启蒙时代（1978～1991 年），企业关心的是产品，管理上开始追求质量，故又称为“质量时代”。模仿时代（1992～2000 年），跨国公司进中国，中国企业学习国外的经验，进入企业更关注如何把产品卖出去的“营销时代”。创新时代（2001 年至今），在 WTO 后的国际化竞争条件下，做正确的事似乎比正确地做事更为重要，又称为“战略时代”。

这虽然是一种比较粗略的划分，但大体说明了中国企业管理的发展历程，只是启蒙时代经历了行政管理、粗放管理、自然管理等管理形式，这个时代基本没有管理理论指导；模仿时代在模仿西式管理的同时，经历了关系管理、能人管理、权贵管理等管理形式，并且出现管理理论与管理现实脱节的现象；创新时代是本书成书的时代（从 2001 年延续到 2015 年），视野虽然国际化了，但管理理论却无创新，仍以美国管理理论为圭臬（企业管理实务有国情化创新）。为此作者致力于研究“人心双和管理理论”，这是从本土中小企业管理实践中总结和提炼出来的，是一种以中国元素为基础的理论探索，是从“人本”到“心本”的管理转变。

参照前述中国企业管理史三个阶段的划分，结合中国企业的发展脉络和企业管理的演变过程、心本管理理念的提出，本书将中国改革开放后的企业管理史大体划分为中国民企重新萌芽（1978～1982 年）、中国民企集聚爆发（1983～1989 年）、中国企业市场争雄（1990～1997 年）、中国企业曲折前行（1998～2008 年）和中国企业创新发展（2009 年至今）五个阶段。相应的，中国企业管理理论从“西学东引全盘照搬”开始到“西学消化模仿学习”、到“西学理论中国案例”、到“中西融合本土萌芽”，最后到“学习创新建设本土”的过程。企业运作也正在从“感性发展”走向“理性引领”，从“经营导向”转向“战略导向、文化导向”。第一代个体户们打开了中国封闭多年的私营民营企业的大门，开始了中国企业管理的探索，这时候的管理是无序的；真正发展中国企业并开始探索中国企业管理、后来称为企业家的，是 20 世纪 80 年代起步的，特别是 1984 年起步和1987年起步并最终成功的那两批创业者，他们经历了市场化洗礼，经历了管理理论从无到有，且在后起之秀的不断推动下，走过照搬、模仿时代，进入了创新发展的时代。

当然，从无序管理，到粗放管理，到物本管理，到人本管理，再到心本管理这五个阶段，一方面只是一种大体划分，期间有着许多其他的管理现象，如“胆量管理”“能人管理”“关系管理”“文化管理”等，都融合在上述五个阶段中；另一方面，这五个阶段不是泾渭分明的，其中有交叉、有重叠，你中有我，我中有你，交错发展；这是因为中国企业改革开放的30年是西方百年工业发展历程的浓缩，又是中国自主创新发展之路的写照。本书为了论述方便，确立为五个企业管理发展阶段，体现出中国企业管理史发展的一个大体趋向。

四、中国管理研究的亮点：本土特色

尽管中国关于管理理论的研究开始于引进西方管理理论，但许许多多成长起来的中国企业，是在中国古代、近现代企业基础上的一种突破性、创造性的发展，具有当代特点的同时带有明显中华文化一脉相承的传承特点；中国企业管理也必然具有纵向历史传承和横向世界性融合的纵横风格以及国情化创新特色。所以，非常欣喜地可以看到，中国管理的研究在新世纪交替之际，出现了一个亮点：关于中国本土管理理论的研究渐成多流派现象，本书将其理解为中国管理理论丛林的萌芽。

本书支持并欣赏本土管理研究，着眼点主要在当代即对改革开放后的中国企业管理发展历史的总结、评述，及中国管理理论创新的思想、理念、系统的陈述和论证。所以贯穿始终的主题是：中国是中国人的中国，中国企业是中国职场的企业，中国企业管理体系是以中国哲学、文化为根基的管理体系（吸收世界先进文化并创新）。所以，中国企业管理史是中国人的企业管理史，不是搬用、模仿西方管理的管理史，更不是中国管理全盘西化的管理史，重点是中国文化与东方思维为管理哲学根基的中国管理的现实历史并以此总结经验教训后形成的中国管理理论的发展历史。所以，本书在史论基础上有自己的一些观点、特点。

第一，中国企业及其企业管理，从不排斥世界上一切优秀文化。但重点是适合中国国情的管理；学习别人的优秀不是放弃自己的本质，而是充实自身的营养。所以，中国企业管理发展过程中，最重要的基点是中国管理哲学和管理文化。

第二，改革，是改掉落后的、革除陈旧的，不是全盘否定华夏五千年文明；开放，是打开国门走向世界，放进友好接纳世界，不是全盘照搬外国的。中国企业管理史是在学习中创建、创建中创新、创新中形成中国特色的过程。

第三，管理和管理理论、管理体系都是海外引进的，但管理实践却是中国人文环境下的，管理哲学根柢是中国文化的，企业在应用管理方式方法时会自然筛选适合企业实际的，故史论论的是中国元素浓郁的管理实践。

第四，中国环境下中国企业的管理，谋求的是人心双和，经济管理、行政管理、企业管理……乃至所有的管理，只要是管理，归根结蒂是彼此共赢、彼此双和！

第五，企业发展的每个关键时期，都有着那么一些人、一些事，述说这些人和事，与企业发展的历史是同步的，他们或多或少带有他们自己的文化印记、生活积累和个性特点，用他们的实践努力，推动着中国企业管理的理论建设。

第六，全书的脉络是按前述的五个阶段从时间上依次递进，重点研究的是企业管理实践领域，而不是企业管理学术或理论搬用领域，具体的内容既有人物列传的特点，也有大事记载的特点，还有作者的论述与分析——故为史论。

历史应该总结，文化需要传承，理论必须创新，管理追求实效。研究也好、应用也罢，管理的目的就是以最低的成本投入获得最佳的管理效益。正是基于此，本书在回顾和分析30多年中国企业管理发展史的基础上，从历史发展的角度提出应该而且需要创建中国自己的管理理论、学科体系，同时推出作者研究的基于国学与东方思维模式的中国管理基础理论——人心双和管理理论。

伟人之所以伟大，在于顺应历史挺立潮头，带领人民群众顺势而为；真正创造历史的主体，是包括伟人在内的人民群众。史论的基础是千百万企业运营、管理并推动其发展的普通百姓，事件、人物皆如此。

第一篇　中国企业管理的思想轨迹

中国企业管理思想的起源，要追溯到中华文明的最初诞生，从伏羲开发八卦图到周文王推演六十四卦再到孔子撰写《十翼》（易传），三位圣人的思想奠定了中华管理哲学思想基础，再经先秦诸子百家、秦汉发展、唐宋元明清充实修正，形成了中国特有的大陆文明传承下的管理思想。从原始狩猎业、种植业所需工具生产到影响世界文明的四大发明、到丝绸之路、万里长城、京杭大运河各领域制造与生产发展，从生活用品到制造用品、到军事用品、到装饰用品、到奢侈用品等，中国古代制造业的发生、发展、壮大到影响世界，中国企业管理一直有着一脉相承的管理思想延续着，这是中国文化与中国管理相统一的延续。

第一章　中国企业管理跌宕三千年

追溯历史渊源，中国企业管理是从古代手工业制造开始。原始制造业从种植、狩猎行业中独立出来，就意味着社会分工条件下的原始企业诞生，自然也就出现原始状态的企业管理。国家出现后，中国制造业形成有三种业态：一是官办，官方组织的为皇家、为统治阶层服务的制造业业态——皇家指令性管理；二是官订民营，即官家定点订购贡品或官府用品但由业主自营的业态——半官方半民营的指令与市场化结合的管理；三是民办，即民间为社会、为百姓提供服务的手工作坊业态——市场调节性管理。因为制造业发达，且以生活用品为主，自然带动民间商业发达，虽然社会整体有重农轻商现象，但需求产生贸易。

中国古代工商企业，由于信息、交通等客观条件限制和官方封建专制的统治，很显然只能受制于地方政权或地方势力，管理也就带有显明的封建色彩。到始于洋务运动的中国近代工业，依然以官商结合为其主要管理特征，封建色彩浓郁，引进西方工业的同时，却对西方管理思想排斥，所以当时的管理还属于封建管理。

第一节 古代中国制造与封建管理

如前所述，中国制造业古已有之，夏朝时期的文物中有一定数量的青铜和玉制的礼器。此后发展起来的中国古代制造业行业众多。历朝历代为了朝贡，各地官府便将优秀的民间制造企业确立为皇家或官家定点企业，包括冶炼、铸造、纺织、制陶、造纸、印刷、玉器、铜镜、酿酒、煮盐、雨伞、纸扇、制药、制茶、酿蜜、调香以及建筑百工包括石器、木器、竹器等领域，这些中国古代的企业，工艺独到，在当时来说领先世界。凡皇家或官家定点，实现的是官方质量管理、企业生产管理的模式，这种官方验收产品的质量管理，为当时企业制造品质量提升起到了极大地推进作用。相应的民用制造业大多会模仿官家管理而谋求质量上乘。在人力资源管理上，是老板一言堂管理和师徒制管理；生产管理上采用技师领衔管理模式。

一、冶炼铸造催生制造业原始管理

公元前 21 世纪，中国史书中记载的第一个世袭制王朝夏朝诞生，新石器时代进入晚期，“青铜器时代”出现（中国夏、商、周三代）。商朝（约公元前 1600 年～公元前 1046 年）和西周（约公元前 1046 年～公元前 771 年）的手工业、青铜器制造业已相当发达，青铜铸造是手工业的主要部门。商朝后期制造的后母戊大方鼎是现今世界上最大的青铜器。春秋战国冶铸业发展，铸铁柔化处理技术比欧洲早 2000 多年；莲鹤方壶是春秋中期青铜器珍品；青铜铸造工艺出现金银错和雕铸技术。《史记》殖货列传第六十九写到公元前 240 余年中国炼铁的多家企业，全都提到业者富至巨万。北魏相州以制造军刀著称（中国古代兵器制造也相当发达，战国时代的战车，就已持戈配箭，马车防护严密，还有十八般兵器）；百炼钢技术成熟；发明生铁和熟铁合炼成钢的灌钢法。隋唐铁的产地在全国有 100 多处。冶铸业已普遍采用了切削、抛光、焊接等工艺。明朝中后期，广东佛山冶铁业规模庞大。

古中国文明列于世界前茅，炼铁业又是工业之基础，凡耕作农具，作战兵器，交通工具以及家庭生活锅盆炊具、裁衣刀剪都需要铁器制作，铁器的生产技术早已被中国人民掌握，陕西临潼兵马俑出土文物中的刀剑，2000 年来仍保持其光亮锋锐，足以证明了当年中国冶金业之先进和原始企业管理之存在。

二、丝绸之路下的古代工商业管理

先人最初都是为了生存而逼出了制造业，即为了获得吃穿住行用品和工具，

图1-1　中国古代青铜器与古代丝绸之路

以及为了更方便地获得吃穿住行用品和工具而与天斗、与地斗、与兽斗……前面所述的铸造、冶炼行业是如此，纺织业的诞生亦是如此。

中国丝绸业起源可以追溯到5000年前的新石器时代，春秋至中唐的2000多年是中国丝绸生产古典体系的成熟时期。西周时出现刺绣织品，战国时（长沙楚墓）出土麻布残片、素纱禅衣，纤维相当细密。两汉时，已拥有大规模的官营手工业，新疆出现棉纺织业，羊毛成为纺织原料。魏晋南北朝，曹魏在纺织业中心襄邑、洛阳等地设有专门的织造机构；吴国培育出八辈之蚕，缫丝质量很高。蜀汉所产的蜀锦，行销魏吴。隋唐时丝麻织品遍布全国各地，品种多达十几类；技艺水平高超，有的已融入外来风格如波斯风格的艺术手法。宋元的棉纺织业扩展到江南广大地区，棉布成为主要衣被原料；松江成为全国棉纺织业中心。明清时期进行了生产工具革新，嘉兴使用了新式“纱绸机”，分工日益细密。

正因为中国古代丝绸纺织业发展，丝绸成为中国连接世界的重要媒介，于是有了“丝绸之路”之说。丝绸之路指起始于古代中国，连接亚洲、欧洲和非洲的古代的商业贸易路线。从运输方式上分为陆上丝绸之路和海上丝绸之路。丝绸是古代中国沿商路输出的代表性商品，而作为交换的主要回头商品，也被用作丝路的别称，如“皮毛之路”“玉石之路”“茶叶之路”“珠宝之路”和“香料之路”等。隋唐年代（581年~907年）丝路空前繁荣，胡商云集京师长安，定居者数以万计。唐朝中叶战乱非常频繁，丝路被阻，海上丝路取而代之。就当时而言，很多商家会把纺织业务细分后让百姓家里承担，这与今天的“来料加工”有些类似。

显然，正是纺织业为代表的生活用品制造业发展，促进了古代商业的形成与发展；正是丝绸之路为代表的各条商业传播之路，促进了中国工商结合的企业管理模式，并连通了亚欧大陆，把中华文明也一同传播了出去。21世纪中国提出的“一带一路”战略，恰恰就是围绕着这陆海两条古代商业线开展的。那么问题来了：古代的“一带一路”是中国工商管理模式走向世界，今天的“一带一路”难道不要中国模式，反而要用西方模式来推动“一带一路”战略吗？

三、中国瓷器业的古代民营企业管理

中国祖先对世界的贡献远不止青铜器和丝绸。四大发明已为世界公认，还有一个领域也是中国人的骄傲——中国瓷器。这是代表华夏民族的勤劳与智慧的又一个领域，也是对世界文化有巨大贡献的又一个领域。

商周遗址中已出现原始瓷器，秦朝凤翔的画砖非常出色，三国两晋南北朝时南方盛产青瓷，后来制作技术传到北方，创制出白瓷、黑瓷。隋唐时，瓷窑分布于中原和江南许多地区，新产品有白瓷、唐三彩和青瓷的秘色瓷，其中唐三彩为彩瓷的产生开辟了道路；南方青瓷以越窑的秘色瓷最名贵，北方的白瓷以邢窑最盛。北宋制瓷业大大超过前代，产地分布更加广泛，定窑、汝窑、官窑、钧窑等是当时著名的瓷窑；江西景德镇以生产青白瓷著称，产品行销海内外；南宋景德镇被称为全国著名的陶瓷中心，产品有“饶玉”之称；辽代生产的瓷器鸡冠壶、凤首瓶等反映出契丹人善于骑射的民族本色；金代制瓷业也相当发达。到元代，青花瓷、胎釉烧造和彩绘技术，都达到了很高的水平。明清时江南景德镇出现了制瓷工场，有春土、澄泥、造坯、自画等十几道工序。中国古代瓷器，一直到今天都是收藏家的最爱之物，成为文物市场上永远的“宠儿”。

在管理上，制造业商家都有行业的约定俗成，一般地，由市场和行业组织的约束来实现，成者生、不成者淘汰。那时行业约定和市场认可是最好的管理标准。

四、中国印刷造纸业官私合营管理

中国古代四大发明之一的造纸术，可以说改变了文化表述和文化传承的方式，是一项功在千秋的发明。造纸术出现之前的中国，商代用甲骨，西周用青铜器，春秋时用竹简、木牍、缣帛。西汉前期已经有了纸，甘肃天水放马滩出土的绘有地图的纸，是目前世界上所知最早的纸。直到东汉蔡伦（公元105年）改进造纸术，出现了现代意义上的纸。魏晋纸产量大增，纸取代简牍成为最主要的书写材料，洛阳、长安、建业、扬州成为造纸中心。

造纸术与印刷术相辅相成，造纸业的发达推进了雕版印刷出现（公元7世纪的隋唐时期），而后活字印刷在11世纪（北宋）出现。虽然今天已进入电脑时代，但造纸、活字印刷术在人类历史上的巨大贡献是不可磨灭的。

中国古代的印刷业，主要分为三类：官刻（官家出品的刻书）、坊刻（相当于现在的商业印刷出版机构）、私刻（私人刻书，其流传多在文人圈子内部）。到了清代，坊刻非常兴盛，北京、南京、苏杭、广州都是当时的坊刻中心。从管理视角看，官刻官家管理，坊刻市场规范，私刻私人管理。

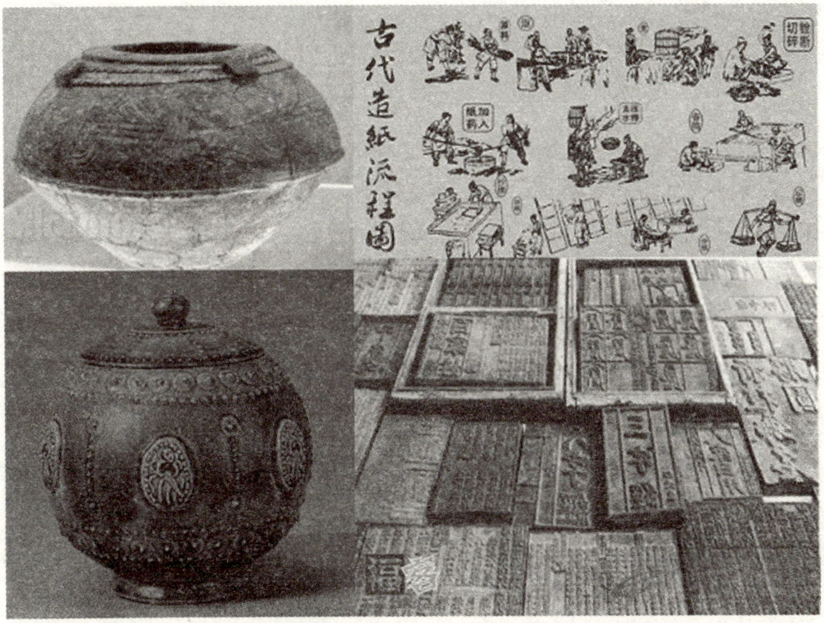

图 1-2　中国陶器、瓷器与中国造纸术、活字印刷术

五、各领域工业手工业催化中国企业管理体系

除上述名扬世界的古代制造业之外，中国还有许多行业自古就有官营和民营性质的企业形式出现。夏朝有造船业，隋唐时期能造当时世界上最大的海船，有“海上霸王”之称；唐初仅在洪州就造海船 500 艘，能制造使用推进器的战舰。商周的漆器制造达到较高水平，周朝漆工艺大量用于车的制造，战国采用夹纻技术制造精巧漆器，光洁细致。商周时，酿酒业已经很发达，春秋战国时，能用曲造酒。春秋战国时就有煮盐业，如山西的池盐、山东的海盐、四川的井盐等；秦汉时期，煮盐是重要的手工业。在 4000 多年前出现了制镜业：两汉时期铜镜制造形成第一个发展高峰，铜镜类型多样，镜背纹样精美、铭文内容丰富，铸造技术精良，而且铜镜已经平民化，铜镜制造业迅猛发展，成为当时最为重要的手工业之一。

可见，整个古代中国的制造业及相应的商业，都十分发达。漫长几千年的中国准企业管理（相对于现代企业管理），从管理思想、理念、体系到管理方式、方法，完全是中国自己创立的，由此产生的工序管理、产品质量管理、存储和运输管理、组织构架、工头制、师徒制、销售韬略、以珠算为技术核心的财务管理等，不仅在世界上领先，而且是纯中国化的管理。15 世纪以前的中国，傲视世界，企业管理也具有完全的中国管理特色。虽然在人事制度上，是以等级森严的专制式管理为主，但师徒制、班组制以及对自然形成的非正式组织的引导，都已具备现代管理的雏形；作坊式管理已接近于现代的车间管理。

中国古代虽然在商业领域的确形成了一些百年品牌企业，积累了丰富的管理理论与经验，但是不得不说制造业管理（即工业管理）要比商业管理更具规模。商业管理理论中最著名的应该是范蠡的老师计然的七策，范蠡只用了其中五策，便使越国强盛，成春秋五霸之一。这段典故在《史记·货殖列传》中有详细记载。灭吴后范蠡隐居陶地经商改名“陶朱”，创立了《陶朱公经商十八诀》、《陶朱公经商十二则》、《陶朱公经商理财致富十二戒》等。

第二节 近代中国民族工商业管理

最近500多年，以海洋文明为特征的希腊文明（古巴比伦文明与古埃及文明在海上遇合形成）主导的西方国家，逐一崛起，如葡萄牙、西班牙、荷兰、英国、法国、德国、日本、沙俄、美国一个个经济强国交相更替，活跃在世界舞台上，出现了“地理大发现”，“殖民主义大发展”。而中国进入明清时期，闭关自守、夜郎自大，国力渐趋衰微，尤其清朝中后期，海洋文明与中国的大陆文明（农耕文明与游牧文明的结合）冲撞，洋枪火炮强行轰开了东方古国的大门，八国联军肆虐，世界列强瓜分，“东亚病夫”任人宰割。中国因此失去了世界话语权，中国古代辉煌的制造业、丝绸之路为代表的商业，渐趋式微，科学技术领域落后于西方工业革命，中国古代建立起来的封建管理制度、体系土崩瓦解。

于是，近代中国的一批有识之士，开始了“师夷之长技以制夷”，在结合中国实际基础上开始了向西方学习的岁月，派遣留学生开展洋务运动，发展资本主义工商业。

一、近代工商名家徐润

中国原始居民的商业是从生活用品交换开始的，国家形成后，为了控制财物和税收，实现了专卖制。先是完全专卖（官卖制），即无论是民制还是官制，都由官收、官运、官销；随着社会发展，逐渐发展到间接专卖，即官收、商运、商销；到了明清时期，除盐依然实行官卖制外，多数商品已放开实现了商业化。

大体在宋代之前，中国城市一直实行坊市制度。在坊市制度下，城市中的住宅区与市场严格分开，市场由官方设立，被限制在四周由围墙圈定的区域内，市场交易活动也只能在白天规定的时间内进行。当城市商业规模不断扩大，这种对交易空间和时间的限制就会越来越束缚城市商业的发展，而最终被商业经济的发展所冲破并且管理体制也随着城市商业的进一步发展而发生改变，这种改变从商业空前繁荣的唐朝开始，到宋代基本确立。

中国近代工商业是指从清代鸦片战争到中华人民共和国建立之前的新式工商业，是相对于古代工商业而言的。谈到近代工商业，就不能不提15岁入英商宝顺洋行、19岁入上堂帮账，24岁升任主账不久接任副买办之职的徐润（出生于1838年12月14日，又名以璋，字润立，号雨之，别号愚斋）。第二次鸦片战争后，统领各分行的总买办徐润，开始发展进出口贸易和航运业，将贸易活动扩展到日本。1866年伦敦爆发金融风潮波及上海，宝顺洋行破产。1868年，徐润自立门户经商，开始了近代中国一代商业之王的风云际会。

图1-3 徐润肖像及清末留学幼童

图片来源：徐润像来源于《晚清的金融恐慌：上海地产大亨徐润为何遭盛宣怀查处》，腾讯文化之“思享会”。

一是成为“近代中国茶王”。徐润脱离宝顺洋行后，开设了上海宝源祥茶栈，随后与湖南、湖北等地建成一个茶业网络，并和唐廷枢等人一起创办了上海茶业公所。茶叶是当时中国的四大出口产品之一，其中1886年输出量达268万担，创茶叶出口的历史最高纪录。这个纪录直到整整100年后的1986年中国改革开放才被突破。

二是搏击房地产业。徐润将已有房地产作抵押，从钱庄和银行贷得资金，在上海购置新产，再将新产作抵押借贷，以层层抵押的办法获得资金，投资房地产业。至1884年，投入200多万两银子，拥有地产3000多亩（300多亩已建房子，每年可收租银12万余两）。他先后和华商、外商合创了上海地丰公司、宝源祥房产公司、业广房产公司、广益房产公司、先农房产公司等，在华商中已是名副其实的“地产大王”了。

三是奠定了中国近代航运业。轮船招商局是中国近代洋务运动中最大的经济实体，1873年，招商局由官办改为官督商办，委任唐廷枢为总办，徐润为会办。由徐润经手召集的股金占招商局全部资本一半以上，在主持局务期间，徐润采用先进的经营管理方法，明确规定招商局的经营以揽载为主，漕运为辅。轮船招商局是今天我国香港、台湾等地招商局的前身，它的发展轨迹，反映了中国民族经济走向近代化、现代化的艰难历程。

四是首创中国保险业。1875 年徐润仿照外国保险公司的做法，开办了中国第一家保险公司——“仁和水险公司”。1878 年，又成立了“济和水火险公司”（各集股 50 万两）。1886 年，两家公司合并为仁济和保险有限公司。徐润借鉴西方先进的经营模式，创办了自己的保险公司，以推动民族经济的发展。“仁和”“济和”这两家保险公司，实为中国保险事业之滥觞。

五是筚路蓝缕办矿业。1887 年秋，徐润首次出关塞勘矿，为寻找和开发中国的矿产资源，筚路蓝缕，其中在关外的热河建平金矿一住就是 3 年。他任开平矿务局会办，支持矿务局采用从英国订购的机器设备，聘用一批英国工程师，应用近代技术采掘煤炭。开平煤矿的建成，使开平煤炭迅速占领天津地区市场，并逐渐扩大到国内其他口岸，为北洋舰队以及地方工业提供了必需的燃料。矿务局专门修筑了一条铁路（中国第一条成功的铁路线）。此外，徐润还发展了焦炭、水泥等一批附属企业，投资过平泉铜矿、宜昌鹤峰州铜矿、孤山子银矿、三山银矿、天华银矿、潭州银矿、建平金矿、金州煤矿、贵池煤矿等 10 余处矿产。

六是开发近代文化事业。如创办格致书院、仁济医院、中国红十字会等，其中影响最为深远的当数选派中国幼童官费赴美留学和创办同文书局。

二、近代中国工商业企业管理

1840 年鸦片战争前的中国是传统工商业。最大宗的商品粮食和土布都是农民家庭生产，主要是自给有余的产品；当时的商业网集中于城镇，广大农村基本上还处于自然经济状态，商业属于前资本主义性质，大商人资本集中在盐、丝绸、茶、木、药材等行业。鸦片战争后，新式工商业出现。主要是由于洋纱、洋布等商品的输入而破坏了农民自给自足的经济，茶、丝等大量出口促进了农村商品生产。不过，直到 1894 年甲午战争前的半个世纪，主要农产品的商品量增长不过半倍，茶、丝也只增长一倍左右。但市场结构已发生变化，各地区贸易中心向通商口岸转移，机器工业品开始占重要地位，并随着西方 19 世纪 70 年代的技术革新，带动了国内工业品价格的下降。

这时，出现了为外国洋行进行购销活动的新式商业：它们属于批发商业，分工颇细，在上海有 20 余个行业，经营进口货物的多称字号，经营出口货物的称行栈。其中一部分是由传统的封建商人转化而来，如在丝、茶商内部就出现了内外庄口的分化；但大部分是在通商口岸新产生的。新式商业以经营进口纺织品、五金、化工原料等资本较大的商品为主。它们依附于洋行，甚至有专卖英国货的西货字号，专卖美国货的花旗字号，一般不经营同类的国产商品，具有浓厚的买办性。但从他们的资本运用上看，已是资本主义商业了。这种商业利润较大，积累较快。

从19世纪90年代到20世纪初，半殖民地半封建商业网的形成以及发展，一个从通商口岸到穷乡僻壤的商业网逐渐形成，把原有的传统商业，包括封建性很强的地主商业、行会商业、牙行等也都组织起来，成为半殖民地半封建的商业网。进入20世纪后，通商口岸的近代工业（包括外商工厂）发展很快，它们的产品也进入这个商业网；棉花、小麦、烟叶等工业原料的贸易也经这个商业网向口岸集中。随着口岸人口膨胀，粮食和其他农副产品也改变了传统的流通渠道，转而以通商口岸为中转和消费中心。商业网扩大，其殖民地性质也更加显著。占工业品交易额90%的棉布、棉纱、卷烟，虽已主要是国内产品，但是为日、英在华工厂所垄断，它们控制着市场和价格。在农产品方面，不仅出口货物的价格受到国际市场的影响，而且主销国内的棉、麦乃至玉米的价格也受到国际市场的影响。自1910年起，进出口价格剪刀差扩大，导致国内工农业产品比价失控。此后不等价交换加剧，到20世纪30年代东北沦陷，加以资本主义世界经济危机的影响，农产品价格猛跌，市场与商业管理混乱。

三、中国近代洋务运动

洋务运动①是近代中国第一次大规模模仿、实施西式工业化的运动，是一场维护封建皇权前提下由上到下的改良运动，引进了18世纪以后西方大量的科学技术成果，培养了第一批留学童生；学习近现代公司体制，兴建了一大批工业及化学企业，开启了日后中国的工业发展和现代化之路。开办江南制造总局、福州船政局、安庆内军械所等近代军事工业；开办轮船招商局、开平矿务局、天津电报局、唐山胥各庄铁路、上海机器织布局、兰州织呢局等民用企业。

洋务运动产生了奕䜣、李鸿章、曾国藩、左宗棠、张之洞为代表的洋务派官员，他们主张学习列强的工业技术和商业模式，利用官办、官督商办、官商合办等模式发展近代工业，以获得强大的军事装备增强国力，维护清廷统治。

随着民族资本近代工业的发展，20世纪初，新式商业中出现了专营国产商品的经销商。经过历次反帝爱国、抵制洋货运动，过去专营洋货的经销商也逐渐扩大国货经营比重，并出现国货公司等组织。从全国来说，传统商业仍占很大比重，但它们也不同程度地被资本主义化了。在粮行、药材行、绸缎行中都出现合股公司组织；盐商已不居重要地位；牙行制度有所改变和削弱。而封建习俗在零售业和集镇、农村中仍保留着。近代商业的投机性远较传统商业为大，像上海这

---

① 洋务运动，又称自救运动，该运动的时间是自19世纪60年代起到90年代止。按目标的不同，洋务运动可分为前期、后期两个阶段。在洋务运动前期，清廷洋务派官员抱着“师夷长技以自强”的口号和目的，在全国展开工业运动。后期又以“求富”为口号增加民用工业部门。

图 1-4　江南制造总局炮厂的机器房与汉阳铁厂

样的半殖民地城市本来就是个国际资本的投机市场。

四、“中华民国”企业管理

1927 年国民党[①]掌权，1928 年南京政府成立，接管了北洋政府的国有铁路、公路；开创了中国航空事业，发展了通讯产业，由交通部统一管理。航运业中民营的比例比较大，但中国最大的船运企业轮船招商局 1932 年被当局收为国营，孔祥熙、宋子文还千方百计将权力的触角伸向民生轮船公司[②]。1935 年政府成立开发工矿业的资源委员会，并创办了煤、石油、电力等能源企业和钢铁、大型机械和化工等基础工业企业。到抗战[③]爆发，南京政府举办的工矿企业在全国工矿业投资中开始占到 15% 左右[④]。此外，在东北、广东、山西，地方政府所办的官营企业形成了一定的规模[⑤]。只是国民党四大家族[⑥]垄断了金融业、工矿业（官营），1937 年 9 月四大家族以政府名义设立工矿调整委员会，扩张官营工业，吞并民营工业。在国民党统治区 3700 余家工业中，官营的有 600 余家，民营的有 3100 余家。但官营的占资本总额的 69%，民营的只占 31%。四大家族除官营工业外，还有所谓商办形式的私营工业，如孔家的中国兴业公司，宋家的雍兴实业

---

① 即中国国民党，是中国历史上第一个资产阶级政党，1919 年 10 月 10 日由孙中山成立。1928 年蒋介石领导北伐成功，国民政府统一全国，定都南京。1949 年败于中国共产党领导的解放战争，国民党及其政权从中国大陆撤守至台湾岛，现为台湾省政党之一。

② 孔祥熙，集国民政府行政、财政大权于一身，妻子宋霭龄，系蒋介石妻宋美龄（及宋子文）的大姐。宋子文，民国政治家、外交家、金融家。杜恂诚《民族资本主义与旧政府（1840～1937）》，第 272～274 页，上海社会科学出版社 1991 年版。

③ 即抗日战争，第二次世界大战时中国人民进行的 8 年（1937 年 7 月～1945 年 8 月）反抗日本侵略者的伟大的民族革命战争，是以国共两党合作为基础的全民族抗战。

④ 许涤新、吴承明．中国资本主义发展史（第三卷）［M］，北京：人民出版社，1993：101。

⑤ 许涤新、吴承明．中国资本主义发展史（第三卷）［M］，北京：人民出版社，1993：112。

⑥ 四大家族是指旧中国以蒋介石为首的资本主义买办统治集团。即蒋介石、宋子文、孔祥熙和陈果夫、陈立夫四大家族，是国民党官僚四大家族会议资产阶级的代表。

股份有限公司，陈家的大华企业公司、华西建设公司、中国工矿建设公司等，蒋家的新赣南国民经济建设公司。除四大家族之外，还有中国民族工业的先驱荣家①、化工行业的先驱范旭东②、管理专家穆藕初③等。

民国④民族工业也涌现了一大批民族企业家，只是尽管他们付出了超乎寻常的努力，也取得了一定的成绩，但他们的力量毕竟太小，从未形成一个推动历史前进的企业家阶层。自1937～1949年的12年时间里，战争对中国工业的破坏极其严重。1937年日军进入上海前，上海有各类工厂5200余家，被战火破坏者不下3000余家，约占60%⑤。东北是重工业集中区，抗日战争年代几乎被破坏殆尽。据粗略统计，1949年工业总产值比战前降低了一半左右，其中重工业降低了70%，轻工业降低了30%⑥。中华人民共和国成立之前的中国企业发展艰难而缓慢。

在1927年以后，出现了另一种新的商业资本，即官僚商业资本。它是在国民党政府实行金融垄断的基础上，凭借政权力量发展起来的。首先介入的是出口贸易，1936年起先后垄断了钨、锑、锡的运销。抗日战争时期，国民政府借口统制经济，实行多种物资的统购统销、公营专卖，独占丝、茶、桐油、羊毛、猪鬃的收购和出口，管制棉花、纱、布贸易。同时国民政府大官僚的私人商业也利用特权，投机垄断，发“国难财”。抗战胜利后，他们又勾结美帝国主义，垄断了部分进口贸易。据1936年国内埠际贸易统计，机制工业品已占贸易总额的34%，并以上海等地的生产为主；埠际贸易中大米的40%，药材的46%都是运到上海。估计1936年埠际贸易总额约达47亿元，比19世纪末增长了约20倍。

然而，整个商业的投机化是在抗日战争时期由国民党的通货膨胀政策引起的，到战后达到顶点。所有重要物资都变成投机筹码，正当的交易停顿，城乡间的交流也堵塞了。工业资本也大量从事商业投机，使得生产停滞。城市集聚了大

---

① 荣氏家族，是以荣毅仁为代表的中国民族资本家族，爱国资本家的典型代表。他们靠实业兴国、护国、荣国，在中国乃至世界写下了一段辉煌的历史。毛泽东曾这样评价荣氏家族，说：“荣家是中国民族资本家的首户，中国在世界上真正称得上是财团的，就只有他们一家。”

② 范旭东（1883年10月24日～1945年10月4日），中国化工实业家，中国重化学工业的奠基人，被称作“中国民族化学工业之父”。毛泽东在谈到中国工业发展时曾说，有四个人不能忘记：“讲重工业，不能忘张之洞；讲轻工业，不能忘张謇；讲化学工业，不能忘范旭东；讲交通运输，不能忘卢作孚”。

③ 穆藕初（1876～1943年）民族工业家、爱国实业家。中国第一位把西方科学管理思想理论与中国工业的具体实践相结合的开拓者，提出改革企业管理体制的思想，是中国近代企业管理体制改革的先驱。

④ 即“中华民国”，从清朝灭亡至中华人民共和国建立期间的国家名称和年号，简称民国。是经过孙中山等人领导的资产阶级民主革命斗争而建立的共和国家，故孙中山被称为民国国父，建政党国民党。

⑤ 上海经济周报. 1945年第1卷第9期。

⑥ 柳随年，吴群敢主编. 中国社会主义经济史（1949～1983）［M］. 哈尔滨：黑龙江人民出版社，1985：15。

量游资，到处兴风作浪，直到中华人民共和国建立后，市场面貌才有所改变。

第三节　现代中国企业与行政管理

20世纪初，“东方睡狮”开始觉醒，整个上半叶它都在争取国家强盛的过程中与各方力量博弈。在中国共产党执政以前的战争年代，在共产党领导的根据地（解放区）进行“土改”的同时，也建立了一批公营企业，一方面是为战争服务的军需工厂（弹药、机械修理、炼铁、被服等），另一方面也开办了民用工厂（煤矿、纺织等）。东北和华北在解放战争时期就逐渐恢复城市工业和重工业。纺织工业、铁工业、木材业、皮革业、印刷业等都有了显著发展。在重工业方面，东北煤炭1949年产量是1948年的2.01倍，水泥1949年产量为1946年的13倍①。

战争年代的中国共产党并未执政，也没有经济建设，农村以解决军粮、军鞋为主，城镇以提供军械、药品和其他军需为主。前述的企业大都建在根据地，以小型化、粗放化为特征，管理是军事化管理。

一、经济投资与企业发展

20世纪中叶，战火渐息，中国开始重建秩序。新中国成立以后，学习苏联模式，进行了社会主义改造，消灭了私有制，实行了计划经济。就当时的现实而言，没有民营企业，只有国有企业。需要说明的是，这个阶段执行的是计划经济②而非市场经济③。但这个时期国有工业尤其是重工业的布局和建设以及相应的基础建设，不仅在当时对推动经济社会发展起了巨大作用，而且为改革开放的建设积累了重要经验、奠定了重要物质基础。

1949～1978年30年间，国家工业投资累计达395519亿元，工业新增固定资产达到2734.5亿元，年均新增94.29亿元。其中对工业投入规模最大、建立企业最多、发展最快的有两个时期，一是“大跃进”④（建立的企业在

---

① 李德彬．中华人民共和国经济史简编（1949～1985）［M］．长沙：湖南人民出版社，1987：42。

② 这是指国家在生产、资源分配以及产品消费各方面，都由政府或财团事先进行计划的一种经济体制。

③ 丁冰．新中国前30年生产建设的伟大成就［J］．高校理论战线，1999（10）。

④ “大跃进”运动是指1958年至1960年间，中国共产党在全国范围内开展的极“左”路线的运动，是在中共八届三中全会及其以后不断地错误批判1956年反冒进的基础上发动起来的，是“左”倾冒进的产物。

"三年困难"[①] 时期大多下马，后又恢复了大部分），二是"文化大革命"。如表 1－1 所示[②]。

表 1－1　　历年固定资产投资

单位：千万元

年份	固定资产投资额	其中国有经济	其中集体经济	其中其他	其中个体	年份	固定资产投资额	其中国有经济	其中集体经济	其中其他	其中个体
1956	72	72				1977	3608	3608			
1957	97	97				1978	4288	4288			
1958	730	730				1979	3386	3386			
1959	2501	2501				1980	2983	2794	189		
1960	3438	3438				1981	790	730	60		
1961	1314	1314				1982	1987	1956	31		
1962	316	316				1983	3241	3067	174		
1963	232	232				1984	3085	2885	200		
1964	248	248				1985	5237	4876	361		
1965	301	301				1986	8503	7490	1013		
1966	1105	1105				1987	8917	5408	3509		
1967	584	584				1988	13731	6105	7626		
1968	756	756				1989	29894	8433	13267		8194
1969	953	953				1990	27146	6483	9261		11402
1970	2288	2288				1991	43375	14424	14962		13989
1971	4184	4184				1992	107498	41980	54122		11396
1972	13581	13581				1993	186314	78984	95224		12106
1973	10293	10293				1994	224666	109130	102057		13479
1974	5588	5588				1995	233403	147916	64655		20832
1975	8568	8568				1996	185640	91479	70029	2170	21962
1976	5503	5503				1997	228633	120937	78119	1350	28227

① "三年困难"时期是指中国大陆地区从 1959 年至 1961 年期间由于"大跃进"运动以及牺牲农业发展工业的政策所导致的全国性的粮食短缺和饥荒。

② 表格数据及资料来源：http：//www. szhgh. com/Article/wsds/history/201510/97408. html. 有关新中国前 30 年经济发展的几组数据。

“文化大革命”时期，因政治需要，国家工业投资很谨慎，很稳健，基本是建设一个成功一个。这时期的投资主要偏向惠及后人的军工和基础工业的建设，中国工业发展最突出的成就是以石油、煤炭、电力和钢铁、水泥为主的能源、原材料和重工建设，这是实现国民经济发展的基础性工业。仅在 1967 年至 1976 年期间国家对能源建设的投资就超过了 500 亿元。在石油工业中，不仅扩建了大庆油田，而且新建了胜利油田、大港油田、任丘油田、辽河油田、中原南阳油田、江汉长庆油田等。原油产量以每年平均递增 18.6% 的速度增长，1978 年产量突破了 1 亿吨，原油加工量比 1965 年增加 5 倍多。如果没有当时石油工业的大发展，中国 20 世纪八九十年代以及后来的石油自给将是大问题，与此相关的化工、化肥、化纤等工业的发展至少没这么顺利。在煤炭工业中，新建了山西高阳煤矿、山东兖州煤矿、河南平顶山煤矿、四川宝顶山煤矿、新疆哈密露天煤矿；在电力工业中，各地兴建了众多的中小型发电站，全国大型的发电站有：刘家峡水电站、丹江口水电站、龚咀水电站、黄龙滩水电站、碧口水电站、八盘峡水电电、富春江水电站以及唐山陡河发电厂、山东莱芜火力发电厂等。10 年间中国能源产量年均增长率达到 9.2%。全国 80% 以上的县都建立了水泥厂，产量比 1965 年增长了 4.1 倍。此外，还有大三线建设工程，深挖洞、广积粮等备战备荒工程（各城市人防工程等，如哈市地下城；地下工厂仓库等，如重庆涪陵核洞），航天（西昌、酒泉基地、“曙光一号”飞船、卫星、洲际导弹等）、航空（成飞、西飞扩建、绵阳风洞群、贵航、汉中基地、运十、远轰、歼 8 等）、钢铁（攀枝花钢城、酒钢、成都无缝钢管等）、有色金属（西南铝、西北铝、金川有色等）、交通（成昆、贵昆、青藏线等）、煤炭（贺兰山、六盘水煤炭等）、机械（东方电机、东方汽轮、东方锅炉、德阳二重、淄柴等）、汽车（二汽、重庆重汽、嘉陵摩托等几十家汽车厂）、电子（广元、振华电子、082 基地、长虹等）工业，以及港口码头、船厂、核弹、导弹、潜艇、军舰、科考测控船、万吨轮等重大工程项目。“三五”计划时提出的由“吃穿用”改为“军重轻”目标基本实现。由此可见，毛泽东时代勒紧裤腰带为后辈打基础的奉献精神。

表 1－1 显示，1972～1973 年，国家固定资产投资额相当于 15 年后 1988 年的国有和集体投资的总和。1977 年后，中国固定资产投资额急剧下降，到 1981 年时竟下降到 73 亿元，仅相当于 1972 年的 1/18。直到 1986 年，国有和集体投资总和才达到 1975 年的水平。而从 1977 年到 1990 年的 14 年间，国有经济固定资产总投资，就再也没有达到 1972 年、1973 年、1975 年的水平（这还是不考虑后来的货币贬值问题，同是 1 元钱却根本不是一个概念）。

20 世纪 80 年代，中国进入改革开放初期，然而这时期国民经济出现了重大问题，国家已无资可投，1981 年经济决策部门明确提出限制汽车工业发展的“限产、封车、节油”对策。1982 年全国汽车计划产量压缩到 8 万辆，只有 1980

年的1/3。大批在用社会车辆被勒令停驶，入库封存。也是在这期间，国家下马停滞缩减了如大三线建设项目、青藏线等基础设施项目、运十远轰等军民航空项目、640导弹防御系统、新型艇舰等制海项目、重庆816湖北827核工业项目、红旗车等民族汽车项目、曙光号载人航天项目等一大批重大项目。

由此可见，20世纪80年代人们看到的改革开放繁荣景象，一方面是1970～1976年前建设投资的后发效应，另一方面是逐步放开了商业和农村束缚后的改革成果。正是由于有了前人的投资回报和10余年的备战备荒储备，后人才得以用增发工资、免交公粮等稳定社会。也正是由于用了大幅度增发工资、免交公粮等笼络手段，才造成了资金入不敷出，经济遇到重大问题，不但无法搞新建项目，而且还要大批砍掉停滞缩减关系国计民生的重大基础设施项目和科技军工项目等。

从表1－1中还可以看到，截至1979年，所有的投资都是国有经济投资。计划经济时代只有国有经济，企业生产与销售都是由国家计划安排、统购统销，所以企业管理其实是一种行政管理，管理人员行政级别、管理方式与政府领域相同。改革开放打破了这种一统管理模式，但不是一开始就允许私营经济复活，而是投资集体经济。经过10年左右的起起落落，才在个体经济领域有了部分投资；而且在这10年中，为了引进外资，外商享受“超国民待遇”，个体经营者却是在政策限制与改革开放的夹缝中艰难求生存。所以真正的现代企业管理，改革开放后才显露曙光。

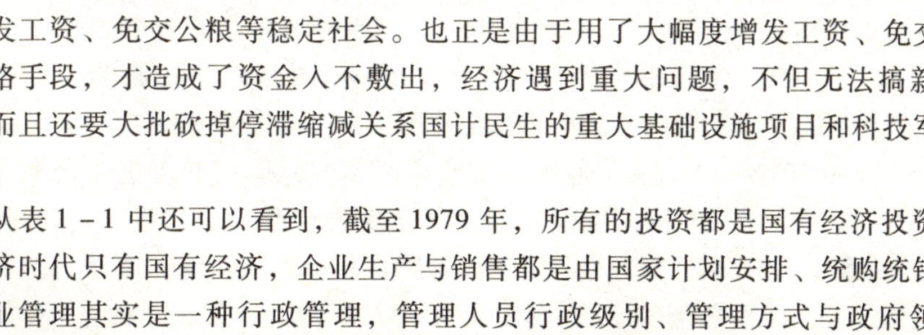

图1－5　“文化大革命”时期基础建设资料图片与“大三线”建设场景

二、“三线建设”与中国工业

所谓“三线建设”（中国沿海为第一线，中部地区为第二线，内陆地区为第三线），是指从20世纪60年代中期开始，中国在西南（包括湘西、鄂西、四川、云南、贵州）和西北（包括豫西、晋西、陕西、甘肃、宁夏、青海）地区所进行的规模宏大的以保证“生存与安全”为目的的国防、工业、基础设施建设。

1964年下半年，“三线建设”酝酿决策并开始建设，到1965年一年左右的时间里，就在西南和西北启动扩建、续建和新建了大中型项目300余个。其中钢铁14项、有色金属18项、石油工业2项、化学工业14项、化肥10项、铁道工程26项。同时，还启动了一批交通、民航、水利、纺织、轻工、建材等关键性项目。

到1972年，西南“三线”建设的第一期工程基本结束。如成昆、川黔、贵昆、湘黔、襄渝铁路（公路）全部通车；攀枝花钢铁基地、长城钢厂、成都无缝钢管厂等相继投产；建成了重庆化工厂、川南化工厂、成都青霉素厂、西南（重庆）合成制药厂等以重庆为中心的化工工业，建成了以成都为中心包括绵阳、内江等地共20多家工厂的电子工业（以贵州都匀、凯里为中心，工厂和研究所配套单位20多个）；遵义地区、安顺地区和成都地区的飞机制造业，也都形成了规模；航天工业、原子能工业，也初步发展起来。

到1975年，在“三线”地区，中国先后建起了常规兵器、电子、战略核武器以及航空、航天和船舶等30余个工业及科研基地，形成了一个个完整的工业系统，大大改善了中国工业布局，提高了中国国民经济的生存能力、生产能力及战略后勤保障能力和国防实力。“三线”地区的国防工业固定资产原值和净值、主要产品的生产能力、技术力量和设备水平等，均已超过一、二线地区的水平，从根本上改变了中国武器装备生产主要依靠一、二线的状况。同时，在进行“三线”地区的国防工业建设时，还着力对西南、西北内地进行了综合性开发，大力进行基础设施建设。新增铁路8046公里；新增公路通车里程227800公里；新增内河港口吞吐能力3042万吨，有力地改变了中国内陆地区交通严重闭塞的状况。先后建成了贵州六盘水、河南平顶山等50多个统配煤矿区；建成了葛洲坝、龙羊峡、神头等大中型水电或火电站68座；开发了四川、湖北、河南油气田8个等。1975年“三线”地区的煤炭产量已从1964年的8367万吨，增加到了21200万吨；年发电量从1964年的149亿度，增加到635亿度。这一时期，不仅建成了著名的四川攀枝花钢铁厂、成都无缝钢管厂，而且还建成了甘肃酒泉钢铁厂、贵州铝厂等钢铁工业企业984家，有色金属企业945家。

前后共14年（1965~1978年）的“三线建设”，国家总投资2053亿元（占同期全国固定资产总投资的40%左右），几百万工人、干部、知识分子、解放军官兵和成千万人次民工的建设者，露宿风餐，肩扛人挑，用血汗和生命，建起了45个工业产品重大科研、生产基地，124个机械工业大中型项目，2000多家现代工矿业企业及科研院所。形成了包括煤炭、电力、冶金、化工、机械、核能、航空、航天、兵工、电子、船舶工业等门类比较齐全的战略后方基地。仅军工部门的工程技术人员就有20余万名进入西部。当时中国机床行业十八家重点骨干企业（时称十八罗汉），向中西部地区对口援建了18家机床厂，后来成为“小十八罗汉”。“三线”地区出现了几十个中小工业城市，其中攀枝花、六盘水、十堰和金昌等，则成为著名的新兴工业城市。四川的重庆、成都、德阳、绵阳等，则成为中国重要的钢铁、机械、电子、航空、轻纺、电力动力设备城市，其产品在全国占有一席之地。在“三线”地区，以兰州、西安、成都、重庆、贵阳和昆明等为中心城市，形成了该地区的经济增长中心。尤其是新建的第二汽车制造厂，汽车年产量占当时全国的1/3。门类比较齐全、产品比较配套的纺织等轻工业企业，也得到了较快发展，达到较高生产技术水平。

正是通过这种全国布局的工业体系建设，使得中国西部偏远贫困地区，得以迈入了工业化大门。到70年代末期仅三线地区的工业固定资产就由原来的292亿元增加到1543亿元，约占当时全国的1/3。工业总产值由258亿元，增加到1270亿元。在这里，汇聚了西部地区经济、科技、教育、文化、人才的精华，成为中国经济发展进步的动力源泉。因此，一位著名的社会学家曾经对此作出评价：“三线”建设使西南荒塞地区整整进步了50年。利贯当代，功盖千秋！

虽然这时期是照搬苏联高度集中的计划经济管理经验和理论，在计划经济体制下，企业无经营自主权，亦无经济责任，是一种封闭的生产型管理。但不可否认，改革开放年代的民企发展，没有这30年国有投资和国有企业打下的基础，是很难有如此惊人的成就的，改革开放初期发展起来的民营企业，在人才、技术方面，在管理、营销方面，许多资源直接或间接来源于国有企业。

计划经济时期经营管理思想典型的是“工业学大庆”，大庆精神作为大庆的经营管理思想而推广全国。这对民营企业第一代工人的影响仍然是巨大的。此外，计划经济时期没有市场化商业，都是国家计划生产和统购统销。所以，中国20世纪80年代前后起始的改革开放，是从商业领域的放开起步的，是从农村土地承包责任制开始的，而非是从工业投入或工业革命开始的。

第二章　中国企业管理开放三十年

中国制造业和中国企业跌宕起伏了3000年，基本上是官府管理、民间管理相结合的二重管理状态，但无论是官府还是民间，都是“家长式”指令性管理。新中国前30年是学习苏联模式，实现的是行政化的指令性计划管理。直到在20世纪80年代前后，改革开放才逐渐放开计划管理、进入商品管理再到市场管理。这个时期，政治动荡已经结束，国家鉴于当时国库空虚又无力进行大规模经济投资，要想谋求经济崛起、富国富民，只有两条腿走路：一条腿是对内改革，农村开始政策松绑；另一条腿是对外开放，打开国门引进外资——这就是改革开放。

1978～2008年中国改革开放，原先的计划经济体系与行政管理理论不再适用，管理理论界逐步引进西方市场经济理论和工商管理理论。这种引进其实就是照搬、模仿。管理实践界却并不照单全收，而是在实践中取舍、变化、创新：如海尔的砸冰箱没有西方理论指导，而是质量求胜年代的无奈之举，最终形成了海尔管理模式；阿里巴巴的商业网络世界，是中国式网络变革的创举，因而阿里管理模式领先世界……中国新型企业族群开始形成，很多企业是在农村里一步步成长起来的，于是有了“农民企业管理模式”，也有很多企业是工业起步而后扩展转向商业企业的，于是有了“工业企业管理模式”，还有很多企业是商业起步而后扩展转向工业领域的，于是有了“商业企业管理模式”。这个族群中，有30年而历久弥新的，其中吴仁宝是农村村级政权及其集体企业组织代表；鲁冠球是个人的工厂式自主创业型企业代表（他们俩是中国乡镇企业最耀眼的“双子星座”）；宗庆后是城市职工先集体经营后转型股份制获得成功的典型，创立的“娃哈哈”品牌红遍大江南北，是商业企业管理的代表。他们所领导的企业及其发展之路，映射出诸多具有中国元素的管理模式，是中国改革开放后企业管理发展的缩影。

第一节　农村企业管理起步与发展：“天下第一村”

2013年3月18日，原华西村党委书记、江苏华西集团公司董事长吴仁宝因病去世，享年85岁。这位老人，用他农民式的聪明才智，在农村开创了企业发展之路，将贫穷落后的华西村建设成为中国公认的“天下第一村”，被称为“中国最有名的农民”。让华西村村民家家住400～600平方米的别墅，有100万～1000万元的资产，有1～3辆轿车。

吴仁宝所领导的华西村村办企业，2005年累计实现销售307.8亿元。2006年全村实现销售超过300亿元，2010年超过500亿元，每户村民的存款达600万～2000万元。华西集团公司固定资产70多亿元，在2005年度公布的中国企业500强中，名列第94位；在中国制造业企业500强中，名列第41位；在中国综合类制造业中，名列第5位。2012年全村生产总值超过580亿元，并逐步将周边20个村作为直接带动对象，纳入共同发展；同时，向外省发展分别建成“黑龙江华西村”“宁夏华西村”，形成“大华西”的格局。

这是一个典型的具有农民式聪慧、狡黠的农村干部、农民企业家。“我只是个村干部，我们上面的领导最多，谁都能管。”吴仁宝介绍经验时曾这样说，“每个领导的要求不一样，明着顶领导不高兴，只有暗顶，如果领导说的不符合华西实际，就回答谢谢关心，领导一高兴就不会盯住不放了。”所以，吴仁宝的管理是“面上让上面满意，底下做自己的”，这种应对上级领导检查的方法，是他为“华西”筑起的一道安全屏障。当年，为了保密，小五金厂建在最不起眼的河边角落里，前面用铁匠铺作掩护，三面被树木环绕，遇到领导视察，大门一关，打铁的打铁，下地的下地；领导一走，工人立刻回厂加班干活。其中最为极端的例子是20世纪60年代，管水利的干部要求沟渠里什么都不能种，管农业的干部要求沟渠里种粮食，管副业的干部要求全面发展经济作物，吴仁宝的对策是——把一条沟一分为三，1/3不种，1/3种粮食，1/3种水葫芦，分别应对不同的领导视察。他一方面“用形式主义对付官僚主义”，另一方面低调而谦逊，对来华西的方方面面的人物都接待。吴仁宝以他一个农民的政治智慧，左右逢源，在不同政治环境下都能如鱼得水，“文化大革命”时期就敢“顶雷”秘密开办村级工厂，用工厂赚取的利润宽裕村经济。任何时候的政治人物，都需要典型来证明他们的成就，于是华西村便成了地方政府各个时期的一面旗帜（吴仁宝迎合不同时期政治需要总结出本村经济发展的理由，其目的都是为了开办村工业致富）。这样的政治资源，又让他可以领导华西村做别的村不能做、不敢做的事。于是1976年当人们还在因为伟人逝去不知所措时，华西村已被批准为可以对外开放接待中外来宾，有了这一先决优势，华西村开发了旅游业，且水涨船高，越发展越迅猛。

改革开放后，吴仁宝的经济智慧得到更进一步发挥，面对变幻不定的市场，总能险中求胜，按照他的解释：“风险，风险，有风才有险，躲过了一阵阵风气，也就能避开险情了。”吴仁宝因他的政治身份，可以参加一些一般村级干部无法企及的活动，因而见多识广；同时他每天早晨6点30分准时收听广播新闻，晚上19点准时收看《新闻联播》，即便出差在外也雷打不动。从而以他特有的政治敏锐性，捕捉到一个个经济发展机会，在别人还在懵懂中无知无觉或不知所谓时，他却已经喝到了许多领域的第一口水，先发优势让华西村10余年间，从10万元、百万元、千万元，到1亿元、3亿元、10亿元、50亿元、100亿元……总产值呈几何级数增长，成就了华西村一代伟业。

吴仁宝的角色，与其说是一个村干部，不如说是一个农民企业家。在办企业上，他一贯的实用主义处处可见：冶金、纺织、旅游，华西的三大支柱产业各自形成完整的循环链。以冶金为例，华西钢铁厂炼钢产生的水渣供应华西水泥厂，炼钢粉尘被水一冲便成污泥，为此专门建了污泥球团厂，而球团与矿粉加在一起，又成为炼钢的原料。节约利用每一种资源，即便是挖湖也不例外，挖出来的好土烧砖，坏土筑路，湖可以用来为工业生产蓄水，又是旅游上的新亮点，一举四得。如此一来，靠着逐年的积累，华西的企业像母鸡孵小鸡一样，迅速繁殖生长。

这是一个以自己的智慧领导一个村级集体通过发展民营企业让大家富起来的

典型，走过改革开放30多年，参与并见证了农村民营企业的大发展。同样，他的管理，根本就不按西方管理理论进行，他打出的任何一张牌都是从实际出发，从需要入手，是实用主义管理方法——农民式“实用管理”模式。

第二节　工业企业管理起步与发展：万向集团

鲁冠球，小城镇农民出身，却不以务农见长，20世纪60年代就在铁匠铺做锻工，后自办过个体修车铺、米面加工厂农机修配组等，一直是工人身份；1969年7月，带领6名农民身份的工人，集资4000元，承包宁围公社农机修配厂，开始了他工业发展之路。

当时农机厂生产的万向节产品大量积压，没有销路，半年不能按时发工资了。鲁冠球组织30多名业务骨干，天南海北为产品找销路。那是真正的历尽千辛万苦、走遍千山万水、想尽千方百计、说尽千言万语的艰难日子。得知全国汽车零部件订货会在山东胶南县召开，当即租了两辆汽车满载“钱潮牌”万向节产品，带上销售科长，直奔胶南。结果主办方不让他们进场，只好在场外摆地摊，然而一连三天无人问津。场内价格“咬”着不让步，场外有货无人问。鲁冠球一测算成本，一跺脚，降价20%，一下就吸引了210万元订货单。从那以后，他一直坚持薄利多销的原则，即使在原材料涨价时也如此，从而创出了“万向节奇效”。1983年3月，鲁冠球以自家自留地里价值2万多元的苗木作抵押，承包工厂，第一年就超额完成产值154万元，以后年年超额。鲁冠球的聪明之处在于他只要经营自主权，不拿奖金。这为他赢得口碑的同时，也奠定了后来解决产权问题的良好基础。

关于人才，鲁冠球创立了“两袋投入”概念，即抓职工的“脑袋投入”和“口袋投入”。同时在厂内建立激励型的结构工资制，根据绩效拉开差距，1992年有的职工年收入可达15933元，最低的只有668元。他允许合同工、固定工向厂里投资，一年工龄投资1500元，工龄10年的，即可投资15000元，按分红率20.07%计算，一个职工即可分得3000多元，这部分占总收入的25%。一个工龄15年的职工年总收入平均可超过1万元，这就有效解决了职工的企业认同感、归属感问题，既增加了职工收入，也加强了职工凝聚力。他还在厂内分小核算单位，对各车间、分厂实行独立核算，建立厂内银行，把市场机制引入厂内，把厂内原来工人向仓库、向上道工序的领用制，一律改为买卖制，使人人讲究经济核算，这是典型的中国式成本管理、绩效管理，远比后来风靡一时的西式绩效管理，有效、实用。同时，对各分厂实行承包经济责任制，大胆放权，让他们去闯，去发挥他们自己的才能，真正实现了分权管理与员工成长与企业成长相一致。

关于质量，鲁冠球绝不手软。有一次接到一封从安徽芜湖寄来万向节有裂缝要求退货的信，鲁冠球找来供销科长，让他连夜用合格产品去换回不合格产品。后来，他考虑到其他地方也发出了货，是否也有类似问题，立马组织30多人，跑遍全国各地的用户，凡有不合格的产品，不管是本身质量问题，还是用户保管不善造成的生锈、运输途中碰撞造成损坏或有瑕疵的，统统免费调换新的合格产品。这一调换达3万多套。鲁冠球把不合格产品堆在厂中间，召开了全厂职工大会，要大家对照次品找原因。原因找到以后，他带头把这些次品装进麻袋，统统送进了废品公司，共计损失43万元。工人们心痛了："鲁厂长，这些产品再维修一下总可以用吧。"但鲁冠球却铁青着脸说："生产出这样的次品不仅是对'钱潮牌'万向节信誉的损害，更是对国家、对人民的犯罪。"这一来，谁也不敢对产品有丝毫马虎了。这一点，与海尔张瑞敏的"砸冰箱"，异曲同工，有力地证明了任何质量管理举措都不如职工心里认可、自愿抓质量来的重要——这是中国式人心管理的最佳佐证。

关于设备，鲁冠球将厂里的设备折旧制度，由15年逐渐改为5年，折旧率改为20%，将税后利润的80%用于更新设备，并从国外引进了最先进的检测设备和高精尖的机床。这样从制度管理、质量意识和设备上三管齐下，狠抓质量。

鲁冠球和他的企业于1986年荣获全国企业管理优秀奖；1987年成为全国同行中唯一国优产品；1990年晋升为国家一级企业，1992年被列为全国大型企业，还被评选为中国百家知名企业第43位，乡镇企业第一名。机械工业部把杭州万向节厂列为全国3家万向节的定点生产厂之一，产品占领全国60%以上市场。而后逐渐打开了日本、意大利、法国、澳大利亚、德国、中国香港等18个国家和地区的市场，并叩开了通用公司之门。1994年，经国家外经贸部批准，万向美国公司在美国注册成立；集团核心企业"万向钱潮股份公司"上市。也就在这一年，万向企业成为中国企业500强中的第127位，制造业居第58位；中国工业企业1000大排名第60位；机械行业居第15位，汽车行业居第8位，汽车零部件业位列第1位……鲁冠球把一个小工厂渐渐发展成为国内最大民营工业企业之一。

专家们可以总结出一套套"万向"成功的经验，然而就鲁冠球自己而言，他是在用他的为人处世能力、市场把握能力管理着企业。当产品不被人了解和信任的时候，他靠低价格吸引市场，在人才方面他注重的是激发人的内生性力量，在质量上他让员工从心里懂得质量是企业的生命而不是采用说教方式……他以他的农民和市民混合的睿智，谦逊低调的风格在瞬息万变的竞争中屹立不倒，人称企业界的"常青树"，形成了工业企业随机应变式的"随机管理"模式，或者叫

“万向管理”模式。

第三节 商业企业管理起步与发展：娃哈哈集团

宗庆后有杭州城镇户口①。1978 年，宗庆后母亲退休，做过农场和茶场职工的已经 33 岁的宗庆后回到杭州，顶替母职入工农校办纸箱厂做推销员。他真正开始创业是在 1987 年承包校办企业经销部开始的，1989 年，创建杭州娃哈哈营养食品厂，任厂长；1991 年，成立杭州娃哈哈集团有限公司，任董事长兼总经理。宗庆后从 42 岁开始创业，从贷款 14 万元、靠三轮车代销汽水及冰棍开始，到拥有财富 800 亿元，一度成为中国内地的首富。

1988 年，一款儿童营养液问世，宗庆后取名为“娃哈哈”，在市场迅速走红，畅销全国。1991 年仅有 100 余人的校办小厂娃哈哈，以 8000 万元的代价兼并了职工 2000 多人的国营老厂——杭州罐头食品厂，娃哈哈食品集团公司成立。原本亏损 4000 多万元的杭州罐头食品厂仅 3 个月就扭亏为盈。1991 年企业产值达到 2.17 亿元，娃哈哈初步形成规模。1994 年，娃哈哈迈开了“西进北上”步伐，先后在全国 29 个省市自治区建立了 160 多家分公司。1996 年，娃哈哈集团以部分固定资产作价投入与法国达能集团等外方合资成立五家公司，吸收投资 4500 万美元。娃哈哈占股 49%，达能与百富勤合占 51%。亚洲金融风暴之后，百富勤在境外将股权转卖给达能，使后者跃升到 51% 的绝对控股地位。达能立刻提出将“娃哈哈”商标权转与合资公司，遭到国家商标局拒绝，娃哈哈因此陷入与达能的商标与股权之争。同年，宗庆后带领娃哈哈员工，决定另创新路，瞄准瓶装水市场，生产娃哈哈纯净水。

1998 年 5 月，娃哈哈推出碳酸饮料“非常可乐”，挑战可口可乐和百事可乐，2006 年的销售量达到了 60 万吨。1999 年，宗庆后继续西进北上，决定由职工集资持股成立的公司出面，建立一批与达能没有关系的公司，大多建在西部和老区②，到 2006 年，总资产达 56 亿元，当年利润 10.4 亿元。2000 年的改制中，宗庆后和他的员工从政府手中买回了娃哈哈集团 55% 的股份，娃哈哈实现了“全员持股”。其中，宗庆后占股 30%，高级管理层占股 5%，员工占股 20%。

---

① 计划经济年代，中国实现户籍二元体制，城市户口为居民（市民），享有生活品配给和招工权；农业户口为农民，无缘政府分配和福利。其实家庭负担重，出身不好的城市平民，生活也很艰难。

② 西部：中国区域辽阔，1986 年按南北走向大体分为东部（沿海 11 省市）、中部（中间带 10 省区）、西部（10 个省市区），西部一般为欠发达地区，2000 年国家实施西部大开发。老区：中国革命老根据地简称革命老区或老区，是战争年代由中国共产党创建的革命根据地。老区因地处偏僻，经济欠发达。

46%的股份由杭州市上城区国有资产管理有限公司拥有。2002年，娃哈哈利用自身品牌和实力优势，高起点进军童装业。2003年，公司营业收入突破了100亿元大关，成为全球第五大饮料生产企业，仅次于可口可乐、百事可乐、吉百利、柯特这4家跨国公司。2004年，随着娃哈哈营养快线、爽歪歪等新产品的不断推出，使企业摆脱了同质化竞争。

2007年，在宗庆后的带领下娃哈哈营业额超过250亿元，2008年销售额突破300亿元大关。2009年与“达能”的股权问题终于顺利解决，于是2010年，娃哈哈继续高歌猛进，推出高端奶粉——爱迪生婴幼儿配方奶粉，由合作企业荷兰百年皇家乳企生产，原装进口，来到中国。此举开创了让国外企业为中国贴牌生产的先河。这一年，宗庆后被评为福布斯中国首富，财富总额为534亿元人民币。2011年集团公司实现营业收入678.55亿元，2012年宗庆后第三次荣登福布斯中国首富（820亿元人民币）。

宗庆后无疑是城市平民创建民营企业奇迹的重要代表。他的管理，也是与主流理论界提出的一切原理不相关的。仅以品牌名“娃哈哈”为例，没有一个专家学者、营销高手、管理大师会取这样一个名字，20世纪80年代末他们通过新闻媒介，向社会广泛征集产品名称，然后组织专家对数百个应征名称进行了市场学、心理学、传播学、社会学、语言学等多学科的研究论证。由于受传统营养液起名习惯的影响，人们的思维多在素啊、精啊、宝啊之类的名称上兜圈。只有宗庆后独具慧眼，留意到源自一首新疆民歌的“娃哈哈”三字，力排众议，一锤定音。当朗朗上口的广告推出后，“娃哈哈”品牌迅速被受众记住并接受了。这也说明企业关键时候的决策过分民主不一定妥当，分权与必要的集权交相辉映才是真理。也说明不能简单照搬西方分权管理模式，中国的企业管理须有适应中国土壤的核心元素。娃哈哈集团直到后来，企业达到相当规模时，一些常规管理才由管理团队去做，但个人的权威仍然不可更改，其管理始终是商业企业的“能人管理”模式。

本篇小结

四大文明古国，只有中华文明一脉相承流传下来。反对中华文化者说这是桎梏，是几千年的思想枷锁，所以把企业管理中出现的甚至社会管理中出现的所有问题都归结到这一文化桎梏、这一思想枷锁上来。这显然是数典忘祖者的洋奴腔调。正因为中国有如此灿烂的文化传承，才有了中国傲视世界的底蕴。历史发展过程中的起伏是一种自然现象，不然也不会在落后时期被西方称之为“沉睡的狮子”，狮子醒来便是君临天下！

中国在跨世纪前后的30多年经济发展史已经证明了这一点。而且，改革开放后醒来的中国企业，在各个领域、各个时期引领风骚的，都不是西方企业的翻版，而是中国土壤上发展起来的、与中国世代相传的文化底蕴、思想哲学、企业运营、企业模式、企业内涵以及管理风格、管理特色相关的企业。虽然存在的形式古今大不相同，但这种传承可以在中国改革开放中成长起来的任何一家企业中感受到。

正是先人的经验教训、先人的理念方式，让现代企业人在没有现成管理理论指导，即使有西方理论引进也没有应用、却仍然成就大业的原因所在。从历史长河中可以发现，“北京人”① 时期，中国已经能够制造和使用简单的劳动工具，使用天然火，通过采集和狩猎获取食物，这就是先民原始民营制造的诞生。此后，距今六七千年前母系氏族时期，农耕和畜牧工具产生，陶器制造业应运而生。陶器，正是中国文化的重要元素之一，陶器制造，是中国古代制造业一直延续到今天企业发展的重要内容。公元前16世纪，商朝手工业很发达，尤其是青铜器制造业，西周时青铜器制造业比商朝更加发达，春秋战国是中国丝织业空前发展的时期，这些都流传至今，且成为中国元素的代表。而后的万里长城、大运河、明清故宫以及多姿多彩的各种出土文物，无不反映出中国古代大胆、高超的生产技术；包括指南针、造纸术、火药和活字印刷术等无数科技成就，更使全人类受益匪浅。15世纪以前，中国的制造业一直执世界牛耳，引领世界风骚上千年，特别是丝绸和陶瓷。即使在1860年中国制造业仍居世界第一，有数据说明占全球32.9%②。原始制造业、古代工商业、近代工商业、现代企业，在中国有着一脉相承的关系。自然的，中国企业管理思想，也有着相应的继承与发展的关系。把握现代中国企业管理史，不能不了解这个起因。

从上述几位民营企业代表人物的经历说明，重新崛起的中国民营企业，是推进中国过去30年经济快速发展与社会结构深刻变革的关键因素，也是理解当代中国变革的一个重要窗口。这一过程中，时代背景、政府作为、国企变革三个相互影响的因素在起作用。背景：1978年，中国刚刚走出“文化大革命”，实施经济变革必然会给人们带来一个思想认识上的阵痛期，国家对民企方针政策也会经历一个矛盾期，政策一会儿收一会儿放，在外人看来不可思议，却是中国改革路上探索前行必经的一个过程。在30多年的变革期内，农村改革极大地激发了中国农民的创造力，为中国民企发展提供了大批创业者和劳动力。政府：政策的放

① 北京人又称北京猿人，科学命名为“北京直立人”（拉丁语：Homo erectus pekinensis），又称“中国猿人北京种”（拉丁语：Sinanthropus pekinensis），是生活在旧石器时代的直立人。距今约70万年前。

② 2010年CCTV财经频道播放纪录片《华尔街》中：“1860年在全球制造业总产值中美国只占1.8%，处于世界第一的是中国，占到32.9%。而到了1900年，美国成为世界第一，占到15.8%，中国占到11.1%。”

与收、作为与不作为直接影响民企发展。国企：国企体制僵化，但其组织架构、经营管理是刚刚崛起的民企模仿学习的对象，同时大批的民企老板来自国企（直接辞职创民企、先承包国企而出道的、国企改制等），大量的人才来自国企。这三个因素都具有典型的中国特色：中国独特的企业背景、中国风格的行政变革、中国专有的国企内涵，书写了具有浓郁中国元素的企业改革开放篇章。

全世界企业实践的共同是，真正成就大企业的，一定有一个核心人物为灵魂，而这个人物从不按常理出牌，更不按理论专家设定的管理模型运行。只有企业发展到一定规模后的集团管理，才会走向规范管理，而这个人物自身对身边人身边事的管理，依然可以天马行空——理论专家们将之总结为“文化管理”。而这种“文化管理”显然具有了各自文化的特殊性，也造就了中国企业家烙印深刻的中国特色。

吴仁宝、鲁冠球、宗庆后等，都没有接受过任何正规的商科或经营管理的学习，但是却有无数科班出身的专家学者在研究他们的战略原则和商战技巧。他们坎坷的人生经历和丰富的商战实践，使得他们能超越一个又一个阻碍，在国内市场和国际合作上大显身手，使“华西”“万向”“娃哈哈”成为一个家喻户晓的品牌的同时，也使自己成为中国企业界、甚至是世界企业界不能被忽略的人物。

以他们为代表的中国民间力量的崛起，是中国企业尤其是民营企业崛起的重要基础。本书所提之“民营企业”，既包括真正草根创业的私营企业（含个体户），也包括改制后民间资本进入的股份企业和国有民营的企业。这样，中国改革开放过程中出现的“红帽子企业”、集体企业、乡镇企业等，在今天看来其实质意义上说都是民营企业。从这个角度看，中国企业的管理一开始就是中国式的管理，从来没有真正意义上的西方管理——民营企业的管理实践都是以有效实用为原则，不是以西方理论为原则——中国职场中凡是成功的管理一定是水土合宜的本土文化为内核、理念相融的中国元素为本质的管理。也正因为如此，有人开始批判西方管理理论中引进的绩效管理、员工敬业、流程改进是“全世界最坑爹的三种商业骗局”①。事实上，西方的这些理论都没有解决“人”的问题，更没有涉及“心”的认同，无论是绩效问卷，还是员工忠诚度调查，或是“六西格玛”（Six Sigma），都是没有把员工放在一个平等的、可以尊重的位置上。他们忘记了最重要的一点，只有员工变得有激情，当员工们享有依照这种激情行事的权限时，他们才会实现巨大的成就；只有员工们心中认同，当员工们享有这种认同行事的权限的时候，他们才会发挥出巨大的内生性能量，才会让这种内生性能量转化为巨大的工作动力和工作成效。而这一方面恰恰是中国管理哲学所崇尚、所擅长的。

---

① 来源：福布斯中文网，http：//j.news.163.com/docs/99/2015012206/AGHUFH6E00294MA1.html。

中国管理学界的理论研究，从一开始完全照搬，到模仿，到理论西化，再到案例本土化，只是从“用西方的咖啡杯装咖啡给中国人喝”改变为“把西方的咖啡装入中国的茶壶给中国人喝”，实质上并没有变。如果说改革初期需要学习和引进，那么30年后应该创立了中国自己的管理文化、管理理论和管理体系，而不再是照搬西方的。问题是本书在成书的时候，在经济学界、管理学界有话语权的依然是有西方（基本是美国）留学背景的人，他们用国际化的口号，不顾国情化的诉求，导致管理理论与管理实践“两张皮”现象。好在管理实践领域依然是以从自身出发、国情出发的中国式管理为主。

第二篇　中国民企重生的粗放管理

1978年后的30年间，是新中国成立以来第二个30年，也是中国改革开放的30年，中国企业茁壮成长的30年，中国经济腾飞的30年。这30年中，中国企业经历了重生、发展、壮大的波澜壮阔的伟大历程，中国工业经济发展走完了西方国家工业发展的百年（有的领域达两三百年）历程，从私有民营企业绝迹到个私企业全国遍地开花，从手工作坊起步到现代化厂区林立、设备科技高端化，这30年成为中国几千年历史上最精彩的华章，世界经济史上最伟大的事件之一。一群又一群的普通老百姓，把中国变成了一个巨大的经济试验场、巨大的企业实验场：从个体户的四面开花，到亦公亦私的红帽子企业灿烂；从轰轰烈烈的乡镇企业成长，到异军突起的私营企业发展；从国企民营的变革到民营企业的辉煌，从外资公司叩开国门到"三资企业"蓬勃发展；从来料加工的粗放经营到民族品牌的艰难翻身，从满地廉价的中国制造到兼并外国名企的中国创造之华丽转身，中国企业用30年创造了让世界惊讶的奇迹，成就了让世人注目的丰功伟绩！同时，中国管理也走过了西方百年以上的历程，从私企重生时的粗放管理，到现代理论指导的组织管理，中国企业管理以跳跃式发展完成了中国管理理论的冲刺前准备。

第三章　个体户承继传统管理

数千年前中国出现古代制造业时就已存在企业管理（虽然没有"企业管理"这一名词），传承与发展过程中形成了独特的适合中国人文环境的中国企业管理体系。与几千年中国文化传承相同的是，中国的企业管理一直就在古代制造业发展的过程中实践着，且在实践中一直保持着中国自己的特色。很多人一直认为"管理"一词是西方的舶来品，而且以讹传讹，几乎成为定论。事实上，"管理"一词中国古已有之，《旧唐书》卷十二："节度刘大使兼知节度，管理度支、营田、观察、押奚、契丹，经略卢龙等军使。"该书成书于公元940~945年间，比西方要早700多年出现[①]。而且与其内涵相近、相类的如管辖、管教、管制、统治以及梳理、治理、清理等词语，在中国古代使用更早、更广泛。虽然中国古代重文轻理、重农轻商，导致商科未能成为社会主流，但在浩瀚如海的中国文化传承里，仍然有着大量商业经营管理的著书立说。至于认为中国本土管理理论只讲人性、缺乏科学性，中国文化下的管理学说只有思想无法操作的观念，其实是对中国文化没有真正了解的结果。用明清以来中国国力衰弱招至列强欺压的历史来全盘否定中国文化、中国元素，本身就是不负责任的。中国现代企业成长史有效地说明了这一点。

1976年10月，长达十年的“文化大革命”动荡结束，经过两年拨乱反正的摸索、政治经济体制的比较以及思想领域的讨论，1978年年底国家把工作重点转移到经济建设上来，当代史是以中国共产党第十一届中央委员会第三次全体会议为标志的，因为这次会议重新确立了实事求是的思想路线，抛弃了“阶级斗争为纲”，确定新的历史任务是建设现代化强国。这一年，被认定是中国改革开放元年。这之后的四五年时间里，中国社会发生了翻天覆地的变化：个体户崛起，专业市场形成，并彻底改变了原来百货公司一统天下的局面；探索经济建设新路子的特区出现，用一种全新的思路办企业、融资金，国门打开，“三资”进入。

第一节 个体户起步时的管理

春江水暖鸭先知，1976年“文化大革命”结束，1978年十一届三中全会召开这两件具有历史标志性的事件，让一些有敏锐感觉的人感受到了不同于以往的时代气息，政策松动的前兆让一批敏锐的创业者提前感知了，于是草根阶层艰难创业开始了。先是在计划经济的商业领域撕开了一点点口子，摆摆小地摊、做做小生意，喝到头口水赚到第一桶金后进而前店后厂[②]；当时政策还不允许私人办企业，于是承包企业经营权出现了，国有企业改革中民营资本进入了……

改革意味着改革旧制、放开束缚。最早出现的是一个中国原创的新生事

---

① 根据管理史学家摩根·威策儿（Morgen Witael）的研究，在西方“管理”及其相关的“管理者”等词首先出现于16世纪晚期英国的莎士比亚时代。最初来源是拉丁语 *manus*，字面意义是“手”，也有“权力”和“权限”的深层含义。

② “前店后厂”从大处说是指珠江三角洲地区与港澳地区经济合作中地域分工与合作的独特模式。其中“前店”指港澳地区，“后厂”指珠江三角洲地区。往小了说是因为私营经济发展起来了，许多个体户一面开着店，一面组织生产产品，有的干脆在形式上就是门面房开店，后院房开厂，故称“前店后厂”。

物——个体工商户[①]（以下简称“个体户”），这是中国私营经济重新萌芽最初的工业商业业态，也是中国草根阶层进入市场领域最早也是参与者最多的形式，逐渐成为草根阶层创业的基础门槛，流通领域市场化的最初试水者，个体户从城镇到农村全面开花。

一、第一张个体户证

改革开放之初，国家财政困难、经济濒临悬崖，百姓收入极低、生活用品匮乏，“大锅饭”[②] 导致生产力落后低下，加上政策上限制自由贸易，老百姓拿个鸡蛋去卖也属于“投机倒把”，因此没有民营商业，只有国营的百货公司，生产什么卖什么，一切由政府部门计划确定，老百姓购物要凭票供应[③]，因为物品严重匮乏，票种繁多：布票、粮票、肉票、蛋票、鞋票、烟票、煤票、火柴票、自行车票、缝纫机票等不一而足，无票便买不到生活日用品，连生存都困难。

历史上，凭票供应、定量购物在许多西方国家都发生过。都是在国家困难时期、物品不丰富时代的计划限量供应的一种方式。搞活经济自然而然就会从解决物品不丰富的问题开始，当时的中国也是从事关百姓生存的小商业领域开始突破禁制的。先是私底下进行着针头线脑式的小打小闹交易，统称摆地摊（也有北方叫练摊、南方称街边摊的）；然后是逐渐形成地摊群——这就是最早的小百货市场、专业市场的萌芽，许多走南闯北的行商也稳定下来成为坐商；眼光敏锐、胆子大一些的地方政府引导这些小商贩集中起来统一安排摊位，并给每户颁发地摊经营和外出收货的临时个体经营许可证，这就是后来个体户证的前身；渐渐地形成规模冲破了“投机倒把”的藩篱，队伍壮大起来了。比较典型的是商业街和小商品市场，商业街如广州高第街的街边仔（女）、北京秀水街的临街铺子，市场如浙江义乌市的路边摊升级的小商品市场、浙江温州的纽扣市场、福建泉州的估衣摊……

个体经营者在全国范围内的零零星星出现，标志着私营经济的重新抬头。从最早的偷偷摸摸到后来自豪地大声吆喝、从不合法的投机倒把到合法社会主义经济的有效补充，再从小打小闹的个体经营到堂而皇之开厂设公司，中国的私营乃

---

① 个体户，是指有经营能力并依照《个体户条例》的规定经工商行政管理部门登记，从事工商业经营的公民。《个体户条例》第二条第一款规定：“有经营能力的公民，依照本条例规定经工商行政管理部门登记，从事工商业经营的，为个体户。”

② 大锅饭，是对分配方面存在的平均主义现象的一种形象比喻，包括两方面含义：一是企业吃国家的“大锅饭”，即企业不论经营好坏，盈利还是亏损，工资照发，企业工资总额与经营效果脱节；二是职工吃企业的“大锅饭”，即在企业内部，职工无论干多干少，干好干坏，都不会影响个人工资分配，工资分配存在严重的平均主义。

③ 计划经济物资匮乏，采用供给制，从吃的米、油、蛋、肉、菜，到穿的衣裤、鞋袜，以至于锅碗瓢盆都定量供应，一率凭供应票及其配额购买。

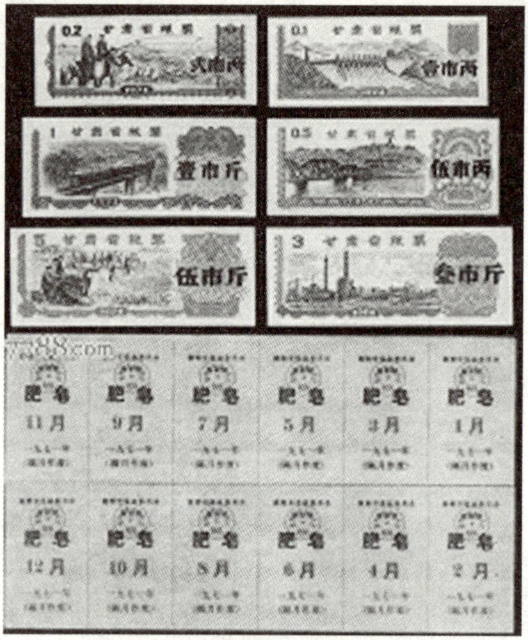

图 3－1　计划经济时期票证举例（全国粮票和肥皂票）

至更广泛的民营经营者，正是在这样的背景下“无中生有”，冲破环境冰封开始发展了。

在这支个私大军中，有一批人需要提及，即响应国家号召上山下乡的知识青年——“到农村去接受贫下中农再教育”的一批来自城市的中学生，在改革开放后，政策允许陆陆续续回城，他们被称为“回城知青”①。但是，国营和集体企业职位有限，无法安置成千上万回城青年的工作，由此引起无业人员、待业人员越来越多。这些人要住房、要吃饭，于是生活逼着这些人支起摊子、打开临街房的门窗摆摊做小生意。地方政府面临巨大的就业压力和社会压力，如果跟以往一样等上面“红头文件”来安置回城知青、城市游民、乡村闲人，显然来不及且不可能，根本就无法管理这些不合规的谋生行为。这让地方政府的管理陷入两难境地，不管是不作为，管又无从管起。而“上头”则正处在“文化大革命”结束后的拨乱反正期，百废待兴到处救火，既无暇也没有好的解决办法，最明智的做法就是让大家实践，各显神通，从中找出解决问题的思路与方法。正是在这样的背景下，一些思想相对开放的地方政府鼓励自谋职业，并开始发放个体营业证。这个时期的地方政府管理，不可避免地出现了抓一抓（上面要求）、放一放

① 20 世纪 60～70 年代，为缓解城市就业压力，动员城市初中以上文化的知识青年“上山下乡”到农村、农场，总人数达到 1200 多万人。20 世纪 70 年代末开始有序回城安置。

（现实要求），再抓一抓（政策限制）、再放一放（政策松绑）的循环当中。

当时领取个体户证也是令最早自谋职业者心惊胆战的。1979 年，年仅 19 岁的章华妹在浙江省温州市区解放北路的家门口悄悄地开了一家店，经营小百货生意：一张小桌子放在自家门口，几毛钱的日用品、纽扣、纪念章、表带摆在上面。其实在此之前，在温州解放北路开店摆摊做小生意的人也已很多。每到白天，家家户户都会搬出一张小桌子摆在家门口，卖各种日用小商品。“那时候，干个体户是被人看不起的，还要担心被抓。因此，摊子不敢铺得很大，是为了一旦‘打击投机倒把办公室’的人一来，好立即收摊关门。”① 偷着做生意的章华妹后来如是说，那时候她和那些摆摊的人们整天都是提心吊胆的。1980 年，工商行政管理局的人来通知，让她们去领个证，并说以后可以正大光明地做生意了。个体户们将信将疑，领还是不领？领了，被登记在册，以后割资本主义尾巴，那一纸证书岂不成了证据？当时个体户们都很犹豫。章华妹也犹豫过，是在父亲支持下才跑到工商局填了表格，交了照片。过了一段时间后，工商局的人把执照送过来了——工商证字第 10101 号。

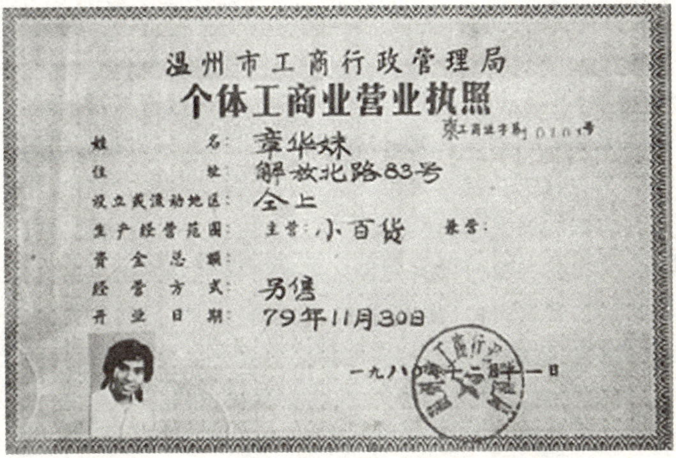

图 3－2　中国第一份个体工商户营业执照

图片来源：《温州个体户风云录，中国领证个体户第一人原来是她》，浙江新闻网之“温州”。

在温州、在浙江、在中国，章华妹不是最早在街口摆摊做生意的，但这张用毛笔填写并附有相片的营业执照，却是中国政府颁发的第一份个体工商业营业执照，并因此而载入了史册。1980 年，温州共发出了全国第一批个体营业执照 1844 户，这批人后来很多成了温州的大老板。此后，温州城区先后出现了三大市场——铁井栏、环城路、木杓巷。这三条被温州市民亲切地称为“马路市场”

① 《温州个体户 市场先行者》，参见 http：//www.88088.com/wzsb/sbdt/2008/0707/306336.shtml。

的街巷，活跃着中国第一代个体户的身影，出现了最早的一批“万元户”①。这一年，原温州市革命委员会在松台街道正式发放了1844份个体户营业执照。

二、义乌马路市场

其实，浙江义乌廿三里和老火车站附近的马路市场更早地就存在了，“鸡毛换糖”的行商变成了家门口设摊的坐商。在1978年年底时，义乌县（现为义乌市）工商部门采取“明管暗放”策略，发放了具有那个时代特征的《义乌县工商行政管理局临时许可证》（经营有效期3~6个月），这其实就是短期个体户证。正是这些有证的个体户，开创了义乌乃至中国私营工商业的新天地。后来义乌把小商品市场做到了“世界超市”的规模，实现了“市场立市”的中国式新奇迹。

义乌小商品城脱胎于一种叫作“货郎担”的交易行为。当地农民早在乾隆年间开始挑着货郎担到农村开展“鸡毛换糖”的经商活动，那时候的义乌人用红糖换来的鸡毛做鸡毛掸子，每逢过年过节，便走街串巷地叫卖。20世纪70年代中期，义乌廿三里镇出现了几百个经营小商品的地摊，但由于政策的限制，廿三里鸡毛换糖队伍举步维艰，直到1979年3月24日，《浙江日报》一篇《“鸡毛换糖”的拨浪鼓又响了》，给廿三里镇乃至整个义乌的商品经济的发展注入了生机。文章充分肯定了“鸡毛换糖”是社会主义经济的补充，其利多弊少，既推动了义乌红糖事业的发展，又换回来出口所需要的“红毛”，农田所需作肥料用的“废鸡毛”，让粮食增产，农业增效，搞活流通，于国于民都有利。1980年，鸡毛换糖被允许，工商局也为鸡毛换糖颁发了临时许可证。于是，廿三里镇的男劳力一到空闲时期，便“倾巢而出”，村里可谓“十室九空”，盛况空前。图3-3的临时许可证就是由义乌县工商行政管理局于1980年12月4日颁发的，序号为11956，见证了义乌颁发临时许可证的数量，这是当时义乌县工商行政管理局核发的最后一张“鸡毛换糖”临时许可证，目前被陈列在中国小商品城发展历史陈列馆中。

1979年年初，廿三里镇、稠城镇两地的农民自发在稠城镇（县政府所在地）县前街歇担设摊，出售针头线脑等小百货以及板刷、鸡毛掸等家庭副业产品。1980年移至北门街经营。1982年上半年，移至湖清门，继而向新马路北段延伸，经营方式转以批发为主。1982年9月5日，稠城镇湖清门小百货市场正式开业。市场内持有营业许可证的个体商贩200户，持临时许可证和提篮叫卖的共600多人，每市参加购销交易人数一般有3000余人，多时可达5000多人。义乌小商品

---

① “万元户”这个词是在20世纪70年代末产生的，指存款或者收入在10000元以上的家庭民户。那个年代工人工资一般是每个月28元左右。万元户在当时是相当有钱的人家了。

图3－3　“鸡毛换糖”的货郎担与临时许可证

图片来源：中国义乌“地方志鉴”，《兴商史话——漫谈义乌商史中几个具体问题》，《吴承先，始终走在义乌市场发展前沿》。

市场从此发轫。

此后，义乌个体户蓬勃发展，个体户风潮也从1981年开始刮遍全国，从这一年起到1999年的18年间，中国大陆个体户从81万户猛增至3160万户。进入2000年后，个体户数量增长渐弱，转而是民营企业数量比例呈上升状态。

义乌人以小谋大，从小促大，从小做大，将小与大的辩证法融进了每一个商机，终使小饰品、小玩具、小五金、小家电……千千万万个“小”企业和家庭生产单位，把千家万户的创业汇成一个巨大的产业集群，托起了全世界最大的小商品市场，逐渐在义乌形成了占世界生产总量40%的电子钟表，占全国70%的饰品，占全国50%的胶带、40%的拉链、35%的袜子，国内最大的清洁球、织带、易拉罐生产企业等，同时“义乌制造”形成了针织袜业、文体用品等20多个特色优势产业，并创下了多个中国第一乃至世界第一。

流通，带来民营企业的大发展。就当时而言，很多义乌企业都是家长式或家族式管理，这也是后来股份制改革后，股市翻云覆雨，却很少有义乌企业主动上市的重要原因。因为业主们认为，上市了的企业在规模上、在资金量上、在管理上、在市场上、在股份上都不是自己可以控制的，与其去做自己难以控制的事，还不如不上市，做自己能把控的事最佳。这可以理解为是一种企业发展上的局限性，也可以理解为是义乌人量力而行的一种自我认知、自我选择和自我保护。

三、个体户成大气候

在北京，领走首都第一张个体餐馆执照的是幼儿园的一个勤杂工刘桂仙，1980年9月30日，她在东城区翠花胡同开了一家悦宾餐馆（仅四张桌子）。美国合众社记者尤步乐在报道中写道：“在共产党中国的心脏，美味的食品和私人工商业正在狭窄的小胡同里恢复元气。”然而，在一切凭本凭票购货的票证年代，个体经营面临着“巧妇难为无米之炊”的挑战，供应短缺让刘桂仙“急得直撞墙”，逼迫刘桂仙起五更远走河北三河、高碑店等集市购货。那时候粮油、豆腐都是计划供应，开店要找到食材所需的票证很难。最后是东城区工商部门动员了方方面面的力量帮她开了下去，“悦宾”餐馆的名字是工商局帮刘桂仙取的；当时的“悦宾”饭馆只是一间自家的住房，简单安了上下水道，找来个大汽油桶盘了个灶，又从旧货市场买来几张破旧的小桌子，回家维修后铺上新的塑料布；餐桌有了，还得有个冰箱啊！可东拼西凑的一点本钱都用光了，刘桂仙拿着户口簿到信用社想贷点款。信用社说，你自己不行，要贷得找个担保人。正当刘桂仙手足无措时，又是一位工商局干部站出来，替她担了保，贷来500块钱，买了台处理的“雪花”牌电冰箱。

“悦宾”餐馆开张后生意一直不错，可刘桂仙心里总是不踏实，就怕万一将来政策有个什么变化，来个运动，自己这个做了“第一”的出头鸟还要被一枪打死。1980年大年三十（公历1981年初），当时的两位国务院副总理陈慕华和姚依林来给她拜年，这从一种无言支持的形式上宣告了个体户的合法性。此后的1981年刘桂仙增加了经营“悦宾”餐馆的姊妹店——“悦仙”餐馆；1995年刘桂仙出资300万元组建洪喜木业有限公司，任董事长；1996年再出资8万元开张古玩店，成为北京紫檀木古玩最大收购者。

个体户，最初是个贬义词，基本上就是待业青年、无业游民的代名词，与主流社会格格不入。个体户做的也大多是些不成气候的小营生，被称作“街边仔”（摆地摊出道）。后来，许多小打小闹的个体户发财了，人们才开始由鄙夷变为羡慕。个体户赶上了流通领域的市场化，他们练摊①，到南方倒腾服装、电器、各种小百货，凭差价发了。全国各地大都出现“个体户一条街（区、城）”，这成为中国最早民营经济的象征、民营企业家的摇篮，如广州高第街、武汉汉正街、北京秀水街、温州五马街、福建石狮服装城、中国义乌小商品城、永康中国五金城……

个体户无疑大大激发了社会底层老百姓创业致富的巨大热情，也催生了私营企业、民营企业。个体户是这个时期的弄潮儿，只是作为一种企业形式而言，单个的个体户太小了，多数只是一两个人的经营规模或者一家子的经营规模，大一点的也就在生意好了后聘请了几个帮工。就当时来说，本地人谁雇佣谁都不是件好事，于是外地打工的人有了机会。然而在国营企业无力大规模发展现实下，个体户这种小规模经营方式成为当时的最佳方式，而且在内部管理上不需要花多少

① 练摊，民间俚语，指本钱不多下海摆地摊的行为，一项历史悠久的商品交易方式，也是中国城市的民间文化重要组成部分。20世纪80年代初，“练摊”和“个体户”“倒爷”一样都是带有贬义特性的词。

精力，家长式管理就可以。重要的是，这样的小规模，为后来的企业发展探索了路径、积累了经验、培养了人才，一句话，奠定了中国企业未来腾飞的良好基础。

在全国范围内，数以千万计的个体户的经商故事，非常富有人生哲理。很励志，但相对来说，个体户不适宜企业和品牌的自主化发展，不适宜企业的国际化运作——规模、格局太小了。

图 3－4　义乌廿三里鸡毛市场和义乌湖清门市场上的个体户

图片来源：中国义乌"地方志鉴"，《兴商史话——漫谈义乌商史中的几个具体问题》。

但毫无疑问，在改革开放大潮中涌现出来的这批经历过个体户、练摊者洗礼的商人，他们虽然没有文凭，没有师傅的"传帮带"，但中华民族的思想传承、文化印痕仍然影响着他们的经商生涯，充满了朴素辩证法的商业文化深入他们的骨髓，融入他们的血液，使他们拥有了许多独特的具有传统特色的经营管理秉性，而这种秉性是区别于西方工商业者的，也是他们在商战中屡屡制胜的原因。

这时候中国的经营管理，是自发式、模仿式、传承式或这些的综合方式，没有真正意义上的西式管理，自然也没有完全明晰的中式管理。

第二节　武汉汉正街初级管理

一、天下第一街

500 年前的汉正街名不见经传，是一条与汉口沿岸大道平行的普通沿河墟市，经明、清两代发展，逐渐形成玉带门、杨家河、武圣庙、石码头、永宁巷等若干个方向的"正街"。汉江水成全了一片街市，一片街市延续了原始住民的商业传统。早期的商人中流传着"要做生意你莫愁，拿好本钱备小舟"的戏言。汉江沿岸的码头众多，水运通达，被冠以"江湖连接，无地不通，一舟出行，万里唯意"，吸引了四面八方的商旅、墨客，繁闹非凡，成为内接荆州、孝感各地，外接山西、陕西、四川、湖南等各省的商业要塞，人们纷纷慕名涌入。到清代康熙、乾隆年间，汉正街已发展成为著名的货物集散地，经济达到了鼎盛，终成为"汉口之正街"，为汉口历史上最早的中心街道，万商云集、商品争流、九省通衢，以"买全国、卖全国"闻名天下，号称"天下第一街"。

1979 年 9 月，武汉市决定利用汉正街悠久的商业传统，给早在此经营小商品的有冒险精神、有经营经验的 103 位待业青年、社会闲散人员开办全国首个市场——汉正街小商品市场，给他们核发了个体户经营执照，发展个体经济，建立商品自由流通市场，冲破国营商业一统天下的格局，在"大一统"的计划经济体制上打开了一个缺口。1982 年 8 月《人民日报》发表了《汉正街小商品市场的经验值得重视》的社论，赞誉汉正街是中国改革开放的"试验田"和"风向标"。同年 10 月，国家工商总局在武汉召开现场会，推广了汉正街的经验，这时，汉正街个体经营户达到 458 户，销售额达 1600 万元。此后最多达到了 13200 户，日均吞吐货物量达 400 余吨，市场日均人流量 16 万人次。当年闯汉正街的 103 位个体户，被后人称之为"勇士"——在当时来说要冒很大的风险，谁也不敢保证哪天会被抓起来坐牢了。

以个体户出名的武汉汉正街小商品市场，是中国私营经济的摇篮，被尊称为"新中国第一所私营学校"。汉正街市场取得合法经营资格后，各地乡镇企业、城乡个体户纷纷来到汉正街经营，武汉市政府作出"敞开城门、引客入室"的决策，实行"三放宽、两扶持、一引导"的政策。同时，还采取与国营、集体统一税收标准，协助组织货源等措施。在这段时间里，汉正街经历了不断的改革历程：由允许存在到适当发展，到敞开大门；由个体经营到允许雇工，再到从业人员迅速增加；由单一型小商品经营到多种日用工业品经营，再到出现专业市场；由经贸型到贸工型，再到出现贸工大户。就当时而言，相对于偏远地级市温州专业市场、县级城区义乌小商品市场，武汉市因为是大城市个体户发展的代表，名声更响。

二、汉正街创业代表

汉正街的个体户渐渐出现了中国式的个私经济的初级管理。这种管理模式，与一个叫郑举选的人相关，他以"麻瞎"又称"盲侠"而闻名遐迩。

郑举选 1940 年出生在汉阳农村，5 岁时因患天花，双眼视力严重受损。自 20 世纪 60 年代起"看"准了农村，尤其是山区的市场，经营地下小百货，时间长了，便拥有一个横贯数省的地下营销网（参与者大多是盲人，因而称"看不见的战线"）。当时，武汉市有一个"打击经济犯罪办公室"（人称"打办"），几乎每天都会过来清理摆小摊的，抓住就没收货物，另外还罚款。1966 年到

1978 年 10 年间，郑举选不记得货物被没收过多少次。他只记得自己一见穿制服的人，第一反应就往厕所里躲。但仍没能躲过 1978 年那一场牢狱之灾：这年 1 月 18 日，郑举选的家和亲戚家同时被抄出库存几万元的货物，郑举选被送进了监狱。拷问的人逼迫他交代“同伙”，如果供出买货人或者供货人，就可以被放出去。郑举选闭口不答，他坐牢 18 个月，右眼彻底失明。改革开放后的 1979 年 6 月，郑举选获得释放出狱。甘愿自己坐牢也不愿意牵连他人的举动为他赢得了“盲侠”的称号，也为这位命运多舛的盲人带来了希望。他用借来的 15 元闯荡汉正街，从扣子生意做起，以敏锐的市场眼光抓住了一次次机会。这说明，能人式经营管理开始崭露头角。

1983 年武汉一家毛笔厂制作笔杆时废弃的竹节堆成垃圾山，郑举选找来 12 个山东民工，把笔杆做成吹气球的小哨嘴。“你们来生产，我包销。”几个月时间，用大卡车运往各地农村销售小哨嘴几十万，进而畅销全国赚了一笔。用报废的尼龙降落伞改制的钥匙带子，有一段时间成汉正街紧俏货，每条卖到 1.4 元，一客商赊销 1400 元货物给郑举选，不料几天后尼龙带子跌价一半。客商去收款时，侠义郑举选仍按原价照付，客商过意不去，直接把某工厂的关系介绍给郑举选。这种诚信与侠义，让郑举选成功了，1982 年到 1985 年，他在汉正街经营户中创下四个第一：销售额第一、纳税额第一、各种捐款第一和认购国库券第一。

1985 年，硚口区有个侨属企业“友谊华侨贸易部”，开张两个多月就亏损了 2 万多元，区侨联三顾茅庐请郑举选“救火”。郑举选出资 5000 元，募来 6 万元，被推选为董事长。他定位于农村小商品，为公司，也为汉正街初期发展指出了正确路线。当时“飞马牌”手电筒是十分紧俏的名牌货，郑举选一口气买下 28 万只，货到付款打出了信誉。上海“三叉牌”钢针全国畅销，一直被国营百货独占销售，他想方设法打开渠道，先后购进 3.6 亿根钢针，一销而空。由此武汉市场上的手电筒和钢针，就被郑举选垄断。一次，郑举选得知江苏省某县玻璃厂积压 100 多吨玻璃珠子，十分便宜。他马上同厂家联系，将积压的货全部买下。小玻璃珠装了 3000 多麻袋，30 多辆卡车运送。在人们的惊讶中，郑举选不慌不忙，魔术般将每粒售价仅半分钱的小珠子抛售一空，还为贸易部赚了 2 万元。郑举选由此名扬生意场。

正是这样一群个体户用他们的智慧、他们的经营管理模式催生了中国民营企业：经营部、贸易公司、前店后厂、工厂、运输公司、物流公司……应运而生。从这一点上来说，汉正街具有里程碑式的功勋作用，郑举选也成了风云一时的全国个体户传奇性代表，汉正街市场发展的里程碑式人物。

当时的政府管理，是“你做好了，我支持你鼓励你”，而创业者的管理则是不管是 36 计还是 72 策，只要成功就证明是正确的。这时候还没有真正意义上的公司化现代管理，属于粗放管理中的能人管理阶段。这是因为中国改革开放的第一代第二代创业者们，其实是没有任何成型的经济理论、管理理论为指导，只是一种谋生手段的应用，其经营管理可以说是人的本能、个性特征与社会经验结合下的一种自然反映，在个体户情况和市场并没有完全放开的情况下，这种初级管理模式，反而起到了任何成熟理论都无法起到的作用。就当时的政治背景，中国的人文环境，一切外来的管理理论，其实也根本起不了什么作用。

第四章　经济特区催生市场化管理

民间因谋生需要而得到政府支持进而出现个体户现象的同时，政府也在探索一种区域发展的新生事物，按当时的管理体制来说，在全国同时放开政策，显然不切实际，也不合时宜，必须要有几个试验点建成新的榜样区，才有可能探索出全国范围的经济开放政策和区域经营管理策略。于是政府管理层面也出现了一个新生事物：经济特区[①]，并由此衍生出改革试验区、经济开发区等新兴的区域经济发展模式。世界上原本没有“经济特区”一说，自意大利于 1547 年在里窝那湾[②]创设免税自由港后，许多国家纷纷仿效，建立自由贸易区、出口加工区。1979 年 4 月邓小平首次提出要开办“出口特区”，后于 1980 年 3 月改名为经济特区，再后又推出新特区，引进外资发展企业。企业管理层面，也因此开始了带有市场化特色的管理模式，中国民营企业管理起航。

第一节　经济特区孕育新型企业

一、经济特区总体规划

如果说个体户是个私经济的回归标志，那么经济特区则是民营企业回归的标志，同时也是新型企业和新型企业管理出现的标志。1979 年 7 月，中共中央、国务院同意在广东省的深圳、珠海、汕头三市和福建省的厦门市试办出口特区

① 经济特区是世界自由港区的主要形式之一。以减免关税等优惠措施为手段，通过创造良好的投资环境，鼓励外商投资，引进先进技术和科学管理方法，以达到促进特区所在国经济技术发展的目的。包括 1980 年建立的深圳、珠海、汕头、厦门，1988 年的海南岛，2010 年的喀什，2011 年的霍尔果斯等 7 个地区。

② 里窝那（意大利语：Livorno）是第勒尼安海的一个港口城市，位于意大利托斯卡纳西部，是里窝那省的首府，意大利西岸第三大港口城市。

(1980年5月，改称为经济特区）后不久，又于8月26日正式成立了深圳经济特区、珠海经济特区，又于10月7成立厦门经济特区，10月16日成立汕头经济特区，加上1988年4月13日成立的海南经济特区，这就是著名的“中国五大经济特区”；后来所提的“七大经济特区”，是包括事隔30来年后于2010年5月成立的喀什经济特区和霍尔果斯经济特区。

经济特区，特就特在投资政策、管理模式，为外商创造方便安全的投资环境，订立优惠条例和保障制度。一般在国内划出一定地区，如港口附近、交通方便的地方，以利于区内企业货物流转，节省费用，降低成本；同时以发展工业为主、实行工贸结合，并相应发展旅游、房地产、金融、饮食服务等第三产业，所以相应企业不断出现，且在经营与管理上完全区别于当时的公有制企业；企业的产品以外销为主，建设资金以外资为主（通过政策上减免关税吸引外资），形成“三资”（外资、侨资、港澳资）企业为主的经济结构，企业享有相当的自主权。特区的经济运行机制是在国家计划指导下的市场调节为主，行政管理机构有权制定因地因时制宜的特区管理条例。经济成分则包括国有经济、集体经济、外商独资经济、中外合资与合作经济、个体经济等。

经济特区试验成功，于是扩大战果，1992年借邓小平南方谈话之际，第一个国家级新区——上海浦东获批。此后过了10多年进入新世纪，中国才又陆续批准了16个新区：天津滨海新区（2005年10月），重庆两江新区（2010年6月），浙江舟山群岛新区（2011年6月），兰州新区（2012年8月），广州南沙新区（2012年9月），陕西西咸新区、贵州贵安新区（2014年1月），青岛西海岸新区、大连金普新区（2014年6月），四川天府新区（2014年10月），湖南湘江新区（2015年4月），南京江北新区（2015年6月），福州新区、云南滇中新区（2015年9月），哈尔滨新区（2015年12月），长春新区（2016年2月）。截至2016年年中，共计17个新区。新区的成立以及开发建设已经上升为国家战略，总体发展目标、发展定位等由国务院统一进行规划和审批，相关特殊优惠政策和权限由国务院直接批复，在辖区内实行更加开放和优惠的特殊政策，鼓励新区进行各项制度改革与创新的探索工作。这已经成为中国新一轮改革的重要标志。

此外，中国另设立改革试验区“10+2”，即包括上海浦东新区综合配套改革试点、天津滨海新区综合配套改革试验区、重庆市全国统筹城乡综合配套改革试验区等10个综合配套改革试验区（简称“新特区”），以及义乌市国际贸易综合改革试点、温州市金融综合改革试验区2个综合改革试验区。

大运作的特区建设，为中国经济发展开出了一个又一个试验区，为招商引资促进三资企业壮大民营企业队伍打开了一条又一条通道。人们见识到了区别于中国原有的行政性管理的企业管理模式，从这个角度来说，特区之特，还特在企业形式之特、企业管理模式之特。

二、经济技术开发区规划

特区因为其特，总量自然就有限，尤其在20世纪80年代初只有寥寥几个特区，相对于960万平方公里的中国来说，点太小，面铺不开。于是又一种新形式在经济特区出现后不久也出现了，这就是“经济技术开发区”，其政策开放程度小于特区，却大于其他地区，更重要的是，经济特区只限某些特定区域，而经济技术开发区各省、市、县甚至乡镇都可以开办（后来乡镇开发区的权限收归县级政府），可以惠及全国。这是中国最早在在沿海开放城市设立的以发展知识密集型和技术密集型工业为主的特定区域。从这个意义上说，经济技术开发区是经济特区的延伸。从发展模式来看，经济技术开发区是以招商引资为主要任务发展地方经济的一种经济模式，增加区域经济总量是其直接目标，以外来投资拉动为主，产业以制造加工业为主，所以在更大规模上发展了中国企业，实践了中国管理。

国务院早在1981年就批准沿海开放城市建立经济技术开发区，但一件史无前例的关乎国家发展的大事，在思想还没有完全解放的情况下，理顺各种关系、借鉴特区建设经验、设立经济技术开发区政策框架等，也需要不短的时间。开发区真正建设是在1984年邓小平同志南方谈话后，全国掀起了经济建设新高潮的背景下，这年5月，14个沿海港口城市正式开放，相应的，公司如雨后春笋般崛起，后人称这一年为中国公司元年；1986年8月起陆续又建立了17个经济技术开发区：上海市闵行、虹桥、漕河泾，南京、珠江三角洲、闽南厦（门）、漳（州）、泉（州）三角地带、长江三角洲以及山东半岛、辽东半岛等。这样，遍及全国的国家级经济技术开发区第一层面布局完成，这些开发区的建设，为全国树立了榜样，此后省（自治区）、地市、县市也都相继开设了经济技术开发区。

作为国家层面的经济技术开发区，在新世纪后再布局，如2009年12月，廊坊开发区、扬州开发区升级为国家级开发区；2010年3月，国务院批准的34家省级经济开发区晋升为国家级经济技术开发区；2010年12月新升级临沂、盐城、西青、武清、许昌、大同、长春、萍乡、宁波石化9家经济技术开发区为国家级开发区。截至2010年全国国家级经济技术开发区数量增至116家，2011年增至131家。2012年10月，“河南红旗渠经济开发区”经国务院批准升级为国家级经济技术开发区，定名为“红旗渠经济开发区”。经过二十几年的发展，经济开发区成规模在全国展开，在经济建设和企业发展及中国管理探索中发挥了极其重要的作用。

经济技术开发区是开发经济的，也是开发经济技术的，也就是在全国范围内探索经济开发的途径、方式、模式等，所以引进投资、办厂开公司是其重要内容。同前面说的经济特区一样，初期引进的仍然是有外资背景的为主，提供给“三资”企业的优惠条件，也是“超国民待遇”的，所以这些引进开发区的企业，或多或少地带来了海外管理思想、管理模式，这个时期的企业管理，对“三资”企业而言是西方管理的嫁接或照搬阶段，对内地民营企业而言，则是模仿西方管理阶段。与经济特区不同的是，经济技术开发区的发展方向是技术密集型产业，经济结构比较单一；享受的优惠条件少于经济特区（只有工业企业才可享受一些优惠条件）；着重于发挥枢纽作用，即对内对外辐射作用，沟通中外经济联系，通过外引内联促进内地经济发展与对外贸易。

经济技术开发区的招商引资、开矿办厂催生了民营企业的蓬勃发展。可以说，各地经济技术开发区都是企业的集聚地。

经济特区、经济技术开发区，是中国市场经济最早试行的区域，这些区域内的企业最早开始了市场化企业管理。从这个角度来说，特区催生了市场化管理。

第二节 经济特区诞生管理模式

中国古代的制造业管理是官家管理和作坊管理，也就是指令性管理和家长式管理，遵循的是中国文化中的识人、用人哲学思想，和谋略变通管理理念。新中国计划经济时代是行政管理和计划指令运营模式。建设经济特区和经济技术开发区后，才开始引进西方管理模式，逐渐建立现代公司制。从这个角度看，中国的经济特区、开发区建设，诞生了中国现代公司管理模式的雏形。这就不能不提“特区中的特区”——蛇口工业区，不能不提号称中国第一经济特区的深圳。

一、蛇口工业区

提到蛇口工业区，就不能不提被官方和民间共同认可的“中国改革的启蒙大师”“中国开放先行者”的功勋人物——袁庚；也不能不提由袁庚喊响的一句口号：“时间就是金钱，效率就是生命”，正是这句口号，开启了中国企业管理发展史上的激励机制——奖金制度，绩效机制——效率考核。

戎马沙场大半辈子的袁庚，是在花甲之年受命在商海弄潮的。1978 年 10 月，袁庚受命调任香港招商局常务副董事长，主持全面工作，这个 60 岁花甲之年的老人任香港招商局第 29 代“掌门”，招商局当年的总资产林林总总加起来仅 4000 多万元，只有一个破码头，一个修船厂。袁庚的破局之举就是起草《关于充分利用香港招商局问题的请示》，他提出要一块地盘，搞“面向海外”的工业区，即“面向海外、冲破束缚、来料加工、跨国经营、适应国际市场特点、走出门去做买卖”。对刚刚走出“文化大革命”之创的当时中国普遍的思维模式来说，这相当于石破天惊的“乌托邦式的幻想”，是一份复辟资本主义的宣言书。但袁庚这个有着“天才演说家”之称的掌门人，通过三天游说（因设想契合当时中国改革开放的愿望）而获得中央批准，这成为香港招商局重获新生的转折点。1979 年 7 月 20 日，有着中国“改革试管”之称的蛇口工业区正式运作。袁庚用“立足港澳、背靠国内、面向海外、多种经营、买卖结合、工商结合”的 24 字经营方针为招商局画出了一个多元化跨国公司的宏图，并在其主政的 14 年间坚持不变，努力经营，最终得以实现。

袁庚走马上任后，开始了有别于当时国有企业的管理模式。在其上任一个月后，带着一帮人跑遍了包括当时世界第一大港鹿特丹在内的世界上许多港口，从而得以时准确地把握国际航运市场，并以此为据设计了蛇口工业区的破冰行动——建立国际港口。之后，在袁庚和他的团队的共同努力下，蛇口深水码头、蛇口港泊位、集装箱码头相继建成，并成为后来的大都市深圳市的重要港口——深圳港口（蛇口港）。在 2003 ~ 2013 年间，该港口集装箱吞吐量连续 10 年稳居全球第四位。

图 4－1　1982 年建设中的蛇口工业区码头与改革开放急先锋袁庚

图片来源：《蛇口：改革开放的第一支试管》，天津广播网．2008 年版 21 日．

在工业区开发方面，袁庚确立了“三个为主五不引进”：即产业结构以工业为主，企业投资以外资为主，产品市场以出口为主和来料加工、补偿贸易、技术落后、污染环境和挤占出口配额的项目不引进，确立了蛇口工业区生产型和外向型的大方向。作为中国改革开放最前沿的蛇口工业区，率先开始了生产型企业和外向型企业的公司管理制模式。也正是这种领先，蛇口工业区还创办了中国大陆第一家股份制中外合资企业——中国南山开发股份有限公司，创办了中国第一家股份制商业银行——招商银行，成立了中国第一家由企业合股兴办的保险公司——中国平安保险公司，同时还收购了伦敦和香港的两家保险公司，成为第一家进入国际保险市场的中国企业。这些企业的管理模式，成为后来许多企业的榜样。可以说，中国的现代公司化管理，就是从引进、学习、模仿中建立起来的。

袁庚 1992 年离任时，招商局的总资产从最初的 4000 万元增至 200 亿元。他的继任者沿着袁庚开创的路子继续努力，不断创新。到 2000 年，招商局资产管理总额达1200多亿港元，列中国大型国有企业“500强”的第26位。

袁庚和蛇口工业区开创了改革开放后中国企业的先河，也成了备受争议“第一个吃螃蟹”的人。袁庚用一句“时间就是金钱，效率就是生命”的口号让商业利益变得正当起来，让激励机制、竞争机制进入中国企业，给深圳甚至国内商界带来的理念性的革新，在那个闻利色变，谈富色变，谈钱脸红的年代，就像商界的一声“春雷”，之后这句口号还出现在天安门广场国庆的巡游队伍中。这句口号对中国企业管理的确立也是功不可没。

其中比较典型的案例是，在全国沸沸扬扬的袁庚用4分钱奖金买效率的故事。那是1979年8月，蛇口工业区600米长的顺岸码头工程动工。当时采取内地惯用的平均主义分配办法，这种“大锅饭”管理让工人积极性不高，每人每天只运泥20～30车，工程进展缓慢。10月，承建商开始引进奖励制度，推出完成定额者每车奖励2分钱，超过定额者每车奖励4分钱的激励机制。这样一来，工人生产情绪高涨，劳动效率明显提高，每人日平均运泥80～90车，最多的每天运泥达130多车，提前一个月完成了任务，为国家多创造的价值达130万元，而工人们拿的奖金还不及产值的2%。对企业而言，这无疑是很好的管理方式。

但是，这一既受工人拥护又使国家获益的奖励制度，却因“滥发奖金”的理由，被上级有关部门勒令停止。工人的积极性顿时受挫，工程进度明显缓慢下来。袁庚也知道，就当时的政治气候来说，这样的理由也成立，但毕竟这是享受特区政策的“特事”，于是一份“关于蛇口码头延误工程”的内参送到了中央领导同志的案头。当时的中央领导胡耀邦看了之后，批示说发奖金的办法可行。至此，蛇口又恢复了定额超产奖励，并在此后的华益铝厂、华美钢厂、南海石油基地等项目实行，使这些工程都比原计划提前竣工，“蛇口效率”成为外商来此投资的一个先决条件。由此，计划经济时代从未出现过的奖金制度进入了中国企业。

1979年，蛇口工业区创办之初兴办了23家工厂，开通了国际和直通香港的货运码头，其后又吸引外资兴办企业。

蛇口工业区是香港招商局全资开发的中国第一个外向型经济开发区，对全国的改革开放产生了巨大而深远的影响。也为民营企业的发生、发展和企业管理探索出了一条新路。2011年，深圳市委、市政府相继颁布《前海深港现代服务业合作区条例》《前海湾保税港区管理暂行办法》等相关条例，将蛇口工业区所在的前海定位为“特区中的特区”。蛇口，原宝安县政府的一个公社，30多年的发展，已完成了“杀出一条血路”的历史使命，较早地进行了自身的转型。从蛇口公社到蛇口镇，再到如今的蛇口街道，它的变化，是中国改革开放的一个前哨，也是一个缩影。

二、深圳经济特区

蛇口工业区是深圳经济特区的“排头兵”。1980年8月，深圳经济特区（含罗湖、福田、南山三个区）成立。广东省经济特区管理委员会利用3000万元的银行贷款与部分地方财政，参照“蛇口模式”在罗湖区0.8平方公里的区域兴建金融、商业、旅游住宅设施提供给外商，利用从中赚到的利润继续进行工业园区的基础建设。这种利用银行贷款“滚雪球”式的深圳发展模式为珠海、汕头的起步建设提供了经验。深圳市制定了一系列吸引外资的优惠政策，包括企业经营自主权、税收、土地使用、外汇管理、产品销售、出入境管理等，吸引了大量外资，加速了经济特区的迅猛发展。到1989年约10年间，深圳与世界30多个国家与地区的客商签订协议6890多项，实际利用外资27亿美元。至1999年20年间，共有60个国家和地区的客商来深圳投资，累计投资项目2.36万项，合同外资达298.39亿美元，实际利用外资200.45亿美元。1979～2002年实际利用外资315.18亿美元。

效率管理的标志，是中建三局建设工程股份有限公司创造的“深圳速度”。1982年11月～1985年12月的37个月期间，该公司在承建深圳国际贸易中心大厦（当时深圳地标）时，创下了三天盖一层楼的速度，由此“深圳速度”“三天一层楼”成了当时改革开放效率的象征。

深圳特区建设过程中，各行各业都不乏在管理领域“第一个吃螃蟹的人”，不断书写着石破天惊的传奇：骆锦星，原深房集团股份有限公司总经理，在中国土地拍卖“第一槌”中夺标，创造了国有土地有偿使用、按国际惯例实行建设工程公开招标等多个第一；马福元，组建了中国第一个电子配套市场——赛格电子市场，成为深圳电子工业的奠基者；王石，从饲料科长到“饲料大王”，从经营小型电子仪器设备到刊发中国第一份《招股通函》，培育出内地房地产业第一个驰名商标“万科”；马明哲，从只有13人的保险公司起步，率领中国平安发展至全球金融企业20强，成为中国金融保险领域的改革旗帜；马化腾，带着5个人的团队和50万元的资金研发出了QQ软件，一只“小企鹅”发展成为服务4亿网民、全球市值名列第三的创新型互联网企业。王之，中国IT业“教父级”人物，制造出第一台由中国人自己研发设计的中文计算机和硬盘；邓国顺，开创出全球第一块闪存盘，填补了中国在计算机存储领域20年来发明专利的空白；任正非，以2.4万元的创业资本，自主研发中国的通信设备……那时，所有人都相信，深圳，是创造奇迹的地方，是中国现代公司制企业管理的最初试行者。

前面所提之骆锦星，是深圳市房地产局一名干部，在《列宁全集》中查到列宁引用恩格斯的一段话：“……住宅、工厂等等，至少是在过渡时期未必会毫无代价地交给个人或协作社使用。同样，消灭土地私有制并不要求消灭地租，而是要求把地租——虽然是用改变过的形式——转交给社会。”在理论上堵住了反对土地开发者们的论调，为“共产党的国土怎么可以出租给资本家”的责难扫清障碍。当时的深圳干部人人会背这段语录，有人来参观学习或责难，就背这段话。

第一块土地出租协议在骆锦星等人的推动下于1980年1月1日签订。香港商人刘天竹承租开发“东湖丽苑”楼盘，首期108套房子设计图出来后就在香港出售，仅三天便一抢而空。这为特区政府筹集开发资金打开了一条通道——出租土地、用地金换现金。当时，深圳的土地每平方米收取使用费4500港元，这个价格仅相当于深圳河对岸的香港地价的1/11。很快，1980～1985年，深圳实际利用外资12.8亿元，累计完成基建投资76.3亿元，建成了一大批能源、交通、通信等基础设施，推出了九大工业区，港人、外商纷纷涌进深圳办厂开公司，个私企业风起云涌，并且南风北吹，很快席卷全国。这个时候，很多港商看好特区发展前景，将工厂转移到深圳。于是，衣着光鲜的香港老板骑着自行车来到深圳，一头大汗、一裤腿泥巴谈生意的场景成为许多港商难忘的记忆。

民营企业的发展史上，不能少了这样一群人，他们有一个共同的名字——打工者（打工仔、打工妹）。没有人能够统计有多少外来民工在城市、工厂洒下的汗水，他们的历史功绩不可磨灭：从上屋电业公司的25位女工[①]，到20世纪90年代初迎来打工潮的第一个高峰，民工纷纷南下深圳。民工最早的聚集地宝安区有400万人活跃在电子、服装、钟表等各类工厂间……郑艳萍，当年蛇口第一起劳资纠纷中对违法港商说“不”的打工妹；安子，通过打工实现了自己的大学梦，创办了深圳第一个“打工者之家”；魏小明，成为广东省农民工人大代表；祝日升，以个人传记《圆梦、感恩》记录打工者的奋斗梦、创业梦……起初，民工进城是同一家族或同一村庄的乡党结伴而行，进城后偎依在城墙下、工棚里、车站旁，寻人待顾。活路是淘厕所、扫马路、做保姆、拉板车、擦皮鞋、收破烂、装卸货物，凡是最脏、最苦、最累、最下贱的力气活，他们都能够接受。后来他们集体参与了建筑、公路、矿山等大生产劳动，用自己的双手创造了崭新的城市，用自己的肩膀撑起了改革的历史，成为中国城市化进程中绝对不可忽视的力量。同时，也是中国企业管理最重要的主力军。

民工进城打工与国家计划内招工有着天壤之别。从形式看，民工虽然也是离乡进城做工，但其身份仍然是农民。他们的名字被登记在另册中，充其量也只是城市的过客。吃、住、行没有任何保证，也没有相对稳定的工作，常常处于流动

① 1977年年底，香港商人冯志根来到深圳石岩，当时水电限制得很严，在这样的条件下，冯志根创办了全国最早的“三来一补”企业之一“上屋电业（深圳）有限公司”。这家企业已由最初只有25名女工发展到1400多人，香港的生产基地全部转移到了深圳。

或流浪状态。有幸找到一份工作，基本劳动条件却极差，尤其是缺乏基本安全生产设施，没有劳保福利，生病、工伤都要自理，有的甚至在事故中死亡。虽然环境险恶，生存艰难，但民工们还是要到城市来。他们认为这是自父辈以来最好的时机，他们不能因为有风险就丢掉这种千载难逢的赚钱机遇，他们太需要钱了。况且他们还要赡养老人，要供孩子上学读书。上学读书是改变农民身份，逃离“另册”的唯一出路。教育也进入商品市场，成为新的经济增长点，供孩子上学要花天文数字的钱。正是他们的忍辱负重，才让改革开放初期的企业发展和企业的粗放管理也能成绩斐然。

20世纪90年代初沿海开放城市迎来打工潮的第一个高峰，民工纷纷南下深圳。正是有了他们，才有了深圳速度、深圳模式，才有了现代化大都市的新深圳。电影《特区打工妹》、电视连续剧《外来妹》说的就是这一群人中的女性外来建设者的故事。当年只有3万人的深圳，经过30年的建设、汇聚和繁衍，已成为1400万人口的现代大都市。

几年前，第一代打工妹去看望深圳改革开放的元老袁庚，已经90多岁的老人突然取下帽子深深地鞠了一躬：“我要向你们鞠躬!”

第五章　体制变革中探索企业管理

就改革开放初期物质匮乏的现实来说，增加企业总量、做大GDP是经济起步的一种必然选择。一方面GDP总量的上升离不开搞活企业，因为企业是GDP总量的主力军；另一方面，企业总量和规模的上升离不开创业规模和企业规模的扩大。虽然从长远角度看，过度追求GDP会带来一系列后遗症，如环境问题、分配问题、廉政问题、人心问题等，但发展中国家只有先做大GDP，才能论及其他。搞活企业实际上就是为企业松绑，提升企业内部管理制度的适合度。

第一节　改革开路先锋引入西方管理

历史是人民创造的，企业管理史也不例外。没有以邓小平为代表的一批政府领导人在思想上拨乱反正、在政策上解围松绑、在改革试验中旗帜鲜明，经济破冰就没有这么顺利更没有这么快捷，民营企业也还很难破茧而出。同样，没有一批草根创业英雄的拼死拼活和他们前赴后继的努力，不可能有中国如此浩大的中国企业规模和成就。引进西方管理，起步中国管理的年代，包括伟人在内的人民群众，书写了中国企业管理史的开山之作。

一、邓小平设计改革开放引进企业理论

20世纪80年代初，普通百姓还是不能随意出国的，能够转道往返于东西方之间的也不敢更不能把西方经济、管理书籍带入中国。真正启封东西方文化交流的“乒乓外交”[①] 也只是在政治上打破中美“冷战”，还不能在经济领域、管理领域有所突破。是一系列中国领导人出访，由出访代表团带回的一些资料，交流的一些成果，才真正意义上引进了经济理论、企业和管理理论。

邓小平于1978年3月8日当选为全国政协主席；10天后在“全国科学大会”上提出“科学技术是生产力”“知识分子是工人阶级的一部分”；9月访问朝鲜后视察东北华北，强调恢复“实事求是”思想路线；10月10日会见德国新闻代表团提出中国要实行开放政策，要引进国际上的先进技术、先进装备，作为发展的起点；10月11日在参加中国工会第九次全国代表大会致辞中提出，实现四个现代化，各个经济战线不仅需要进行技术上的重大改革，而且需要进行制度上、组织上的重大改革；10月22日至29日访问日本，已带有“招商”意味；12月13日，在中共中央工作会议闭幕式上作《解放思想，实事求是，团结一致向前看》的讲话，提出“允许一部分地区、一部分人先富裕起来”的著名论断。12月17日中美双方发表《中美建交联合公报》（第二天就获准美方向中国出售瓶装可口可乐）；12月18日至22日，中共十一届三中全会召开，恢复了党的实事求是思想路线，停止使用“以阶级斗争为纲”的口号，作出把工作重点转移到社会主义现代化建设上来的战略决策。在这繁忙而紧张的一年里，邓小平从政治、外交、思想、经济、科技等领域确立了中国改革开放的基调，招商引资也做出了成果：全年签订了78亿美元的外资引进协议，其中一半左右金额是在12月20日到年底的10来天时间里抢订的。这一年邓小平还作出批示：“合资经营也可以谈”，德国大众汽车率先进入中国。这一年，邓小平主导了真正意义上的恢复高考[②]。

从西方引入项目的同时，邓小平不忘记人才计划的培养。1979年，邓小平访美，与美方达成了一项协议——中美两国共建一所管理培训中心，引进美国管理理论、技术和教学方法，由美国选派人员给中国企业的厂长经理们讲述现代管理理论和实践。这就是“大连培训中心”（放在大连工学院，即后来的大连理工

---

① “乒乓外交”，是指1971年期间中华人民共和国乒乓球队与美国乒乓球队互访的一系列事件。中美两国乒乓球队的友好往来，不仅推动了中美两国关系正常化的进程，也加速了新中国走向世界的步伐。

② 真正恢复高考是在1977年10月21日，中国各大媒体公布了恢复高考的消息，并在同年冬天举行了高考，共有570多万人参加了考试，录取了27.3万人，1978年春季入学。同年夏季610多万人报考，录取了40.2万人，秋季入学。所以，中国恢复高考后最初的两届考生，都是在1978年入学的。

大学)。1984年，时任上海市市长的汪道涵在美国发现了菲利普·科特勒的《营销管理》一书，并决定要将其引入中国。在当时，像这样比较系统的营销书籍在国内还没有见过，其中的一些学术概念对于那个时代的人来说，简直就是天方夜谭。正是邓小平等领导人的不懈努力，才开始了西方理论的引进。

不仅如此，每天日理万机的邓小平，还在一些“细节小事”上给予关注、实施破冰行动，从而潜移默化引导着改革向深处发展。1978年5月，荣毅仁的儿子荣智健只身去了香港，12月与两个堂兄弟合股开了一家爱卡电子厂，将香港廉价的收音机、电子表、电子钟向大陆贩卖，三年后这家小电子厂以1200万美元高价卖给了美国一家公司。小试牛刀便获成功，促使荣毅仁向邓小平建议，“从国外吸引资金，引进先进技术，是有必要设立国际信托投资公司，集中统一吸收国外投资，按照国家计划，投资人意愿，投入国家建设”。建议中将创办的公司名为中国国际信托投资公司，简称中信（CITIC）。在相当长一段时间里，中信公司扮演了中国引进国际资本的中介角色。1978年10月1日，邓小平邀请香港商人李嘉诚参加国庆观礼，这样一个原先的资本家居然可以走上天安门国庆观礼台，这透露出的信息让许多人惊讶。李嘉诚给自己定了“少出风头，不谈政治”的戒律。此后李嘉诚的赞助、投资便源源不断。1978年10月22日，邓小平访问日本，与83岁的“日本经营之神”松下幸之助会面。第二年，松下幸之助回访中国，成为访问新中国的第一位国际级企业家，松下公司与中国政府签订了“技术协作第一号”协议，向上海灯泡厂提供黑白显像管成套设备，通过国际交流基金向北京大学、复旦大学赠送价值1.2亿日元的设备，松下公司的北京事务所随之开设。此后其他日本公司蜂拥而至，成为第一批中国市场的外来拓荒者①。

邓小平在努力让中国打开国门，努力让世界认识中国。正是有着这样的努力，中国经济得以非常规性发展，中国企业发展由此开始接触并引进西方管理学，中国管理进入引进学习阶段。

二、华南发展推动中国关注企业管理

如果没有开放国门引进外企、引进外国管理理论和管理模式，那么，中国企业会在传统管理模式中摸索更长的时间。是一批国家和省部级领导干部，他们在引进外资的同时，也注重引进理念、方式和方法，他们领改革风气之先，锐意进取，头顶滚滚响雷、脚踩熊熊火药，走出了一条艰难的发展之路，起到了常人难以起到的作用。1979年，安徽搞“包产到户”的生产责任制，当时安徽的万里压力颇大，胡耀邦说“要吃米，找万里”表示支持。胡耀邦对当时广东的任仲

---

① 吴晓波．激荡三十年［M］．北京：中信出版社、杭州：浙江人民出版社．2007：14。

夷、福建的项南等改革干将的支持，亦是不遗余力。

广东省在开放初期及在相当长的一段时间内，担当着改革开放前沿阵地的重任。广东的发展模式从其诞生的第一天起就受到来自各方的责难，66岁的任仲夷1980年赴广东上任，那时“求富”心切的一些人确实有不顾党纪国法铤而走险、走私贩私等现象，但如果“一刀切”就会葬送改革开放的局面。任仲夷提出：“要自觉地排污，不要盲目地排外。”也就是不要把凡是来自资本主义社会的东西都看成是有害的。在这5年间，创造了一系列广东骄傲：最早一批“香港游”（首开境外游先河）；率先物价闯关（按照先农副产品后工业产品，先消费品后生产资料的顺序，在全国率先进行物价闯关）；最早利用外资建五星级酒店（广州白天鹅宾馆）；最早放手发展个体私营经济（1980年，广东省工商局出台了全国第一个鼓励支持个体经济发展的具体措施）；最早“借鸡生蛋”发展基础设施建设（“贷款修路、收费偿还”）；最早突破传统企业建制模式（广深铁路公司突破了传统企业建制模式）。这些举措无疑为民营企业发展奠定了基础。

项南也是1980年当选福建省省委书记，他提出和组织实施了修建厦门国际机场、水口水电站，引进全自动程控电话等改变投资环境，支持和鼓励为国有企业“松绑放权”；他大胆提出“乡镇企业打头阵”，积极倡导和扶植乡镇企业；他强调智力开发，以智取胜，推进山区和沿海两条线建设；他十分重视落实华侨政策，加强与港澳台同胞、海外侨胞的联系与合作，激发华侨爱国爱乡热情。他任职期间，是中华人民共和国成立以来福建省发展最好的时期之一。他被写入民营企业史，有两件大事不可不提，一是努力争取到把厦门列为第一批对外开放的沿海城市；二是大力推动“乡镇企业”的大发展，为福建争取到了“三个要干”政策：对外商和我们双方有利的，我们要干；对外商有利，我方无利也无害的，我们要干；对外商有利，我方吃点小亏但能解决我们的就业等问题的，我们也要干。

1981年早期的中外合资公司——福建日立电视机有限公司在开工问题上，舆论一片紧缩，已有人定性为“殖民地性质的厂子”，唯独项南力排众议“该上就上”。对社队企业也是认定“该上就上”，强调“要把乡镇企业看得比亲儿子还要亲!”正是在这样强有力的支持下，民营企业得以生根、开花、结果。中国改革开放后真正意义上的民营企业，一是私营企业，二是乡镇企业，后来才有改制企业、国有民营企业等。如果说三资企业的管理是以西方管理为主，那么中国本土企业，则是在综合中国官家管理、粗放管理、家庭管理模式基础上，模仿和吸收西方管理而成的“三不像”但适合当时的厂情、市情和国情的管理。

以任仲夷、项南全力推动经济发展的粤、闽为“桥头堡”，连通了东西方交流，才有了华南经济的复苏和开放，也才有了后来南风频吹全国改革的壮举。那时候，“南风吹”成了响彻中华大地的一个关键词，也导致了后来的人才南流热潮。

三、草根创业英雄辈出践行中国管理

中国改革开放之初，真正走进私营经济领域的基本上是草根创业[①]阶层，更准确地说是无业者闯荡江湖。那个年代，只要能谋得一个公职，只要在公职岗位上混得下去，一般是不会“下海”[②]的。后来名噪一时的企业大佬们，在当年有许多是草根阶层。1978 年时，王石住在深圳镇的一个建筑工地的竹棚里，张瑞敏在工厂里当工人，柳传志在中国科学院计算所当一个看看报喝喝茶的助理研究员，宗庆后在校办工厂做推销员，任正非正在部队当兵……他们有的是在 1984 年开始创业的；娃哈哈宗庆后、华为任正非、太阳神怀汉新等更迟，则要在 1987 年才开始创业。后来形成的管理模式如“海尔模式”“联想模式”“华为模式”等，无不渗透着中国人自己的管理智慧，中国文化中独特的管理哲学思想。

苏南有吴仁宝的华西村号称“天下第一村”，形成了农民参与企业管理的“华西模式”。20 世纪八九十年代，在北方也有一个“天下第一村”，这就是天津静海县蔡公庄的大邱庄。有个叫禹作敏的于 1974 年担任大邱庄大队党支部书记，在村里偷偷办起了一家冷轧带钢厂，1981 年后，大邱庄的工业企业飞速发展。1982 年，建起印刷厂和电器厂。1983 年，建立大邱庄农工商联合总公司，并把建分厂的权力下放到各厂。此后，以冷轧带钢厂、高频制管厂、印刷厂、电器厂为中心，每个工厂都以滚雪球的方式建起若干个分厂。1987 年，将 4 个总厂改为四大公司；1992 年，又将四个工业公司改为尧舜、万全、津美、津海四大集团公司。1992 年，投资 10 亿元，在村西北方建大邱庄百亿元工业区，每年生产能力达 100 亿元。1992 年年底，大邱庄共有工业企业 200 余家，成为富甲一时的“天下第一村”。也因此以家长式管理为特色的“大邱庄模式”名闻遐迩——禹作敏是大邱庄的“土皇帝”。

性格决定命运，吴仁宝的低调与谦逊，跟飞扬跋扈的禹作敏形成了鲜明对照。吴仁宝性格灵活，能屈能伸，最后寿终正寝；禹作敏性烈如火、狂傲不羁，竟动用武力对抗国家法律，最终成阶下囚而死于非命。

华西村、大邱庄、万向公司以及后来成千上万的乡镇企业，在当时还都挂名集体企业（后改制成民营企业），真正以民营企业形式出现的，应该是“上海市

---

① 草根创业即指由普通大众或平民针对业已识别的商业机会建立新的小型组织，或通过简单创新，使已经成熟的商业模式持续焕发新的活力。它与精英阶层通过高新技术变革，或通过整合大量社会资源，特别是通过寻求风险投资（亦称创业投资）机构融巨资建立和重组创业机构的方式有显著的不同。

② 下海是中国改革开放之初兴起来的一个词语，意即“走进商海”，主要是政府机关人员、企事业单位工作人员等放弃在传统体制内的位置，放弃或保留原来的工作去经营商业和创业。

工商办爱国建设公司”，这家公司是上海一些老工商人士和境外公民以民间集资方式创建的，普通民众还不能正式办民营企业，即使办起来的，要么挂“红帽子”的“三来一补”，要么只能是“地下工厂”。“三来一补”首先是在广东开展起来的，到底是在顺德先起步还是在东莞先起步，有过争议。1978 年 8 月 8 日，顺德容奇大进制衣厂成立。该厂由港方出资并提供原材料、设备，中方出厂房和工人，以加工费偿还设备款。1978 年 9 月 15 日，东莞太平手袋厂正式开工，工商批文号：粤字 001 号（就是因为这个批文号，才称“三来一补”第一家）——其前身是虎门太平竹器社，这家加工厂主要是来料加工、来样加工、来件装配和补偿贸易。张细，广东东莞人，于 1979 年回乡创立了全国第一家农村“三来一补”企业——龙眼张氏发具厂。经过多年的发展，张细在香港和南粤大地有多家公司，号称“假发大王”。历史选择了广东省的顺德、东莞。顺德、东莞在后来的企业大潮中各领风骚。“地下工厂”说的是沿海一些地方，在当时计划经济环境下悄悄开起了小五金、小化工、小塑料、小纺织、小冶炼、小加工等上不了台面的小厂，其中最著名的是浙江温州、广东潮汕、福建石狮，这三地也是走私最多的地方。不得不承认，走私、假冒伪劣是那个时代完成原始积累的标签之一。

“三来一补”企业形式是转型时期的产物，毕竟没有自己的品牌、自己的产品设计、自己的市场网络，所以管理也是比较单一的生产管理，或者说车间管理，管理的目的只有一个，即保质保量按期完成订单。也可以简单将其归纳为“订单管理”。

商业领域，或工贸结合领域，在南方沿海地区悄然出现，形成了特有的商业管理模式。那时的商业贸易管理，基本上是在违法违规边缘甚至是中间进行，沿海地区，走私潮越刮越劲，但专业商人仅靠走私，货源有限。能够掌控货源的，很快做成行业老大。

温州人被国人称之为东方犹太人，1980 年前后，温州的乐清、苍南一带个私经济十分活跃，做生意成为温州人的首选，后来名噪一时的温州“八大王”就出现在这个时期。逐渐形成市场大市，专业市场遍布温州城乡。潮汕地区历来为粤东、赣东南、闽西南的商品集散地。潮州形成陶瓷、服装、食品、电子、五金不锈钢、婚纱晚礼服、印刷包装、皮塑制鞋为支柱产业的特色工业体系。汕头市经济为纺织服装、工艺玩具、化工塑料、食品医药、机械装备、印刷包装、电子信息和音像材料八大支柱产业和 17 个产业集群。石狮是著名侨乡，会收到海外亲戚朋友寄来的大量日用品包裹。居民们将多余的拿到市场上出售。甚至主动寄钱给亲友购买一些新鲜的日用品拿到市场上卖。渐渐地，就形成了一种独特的经营模式——“估衣摊”。一些有生意头脑的石狮人还办起了规模较小的工厂和作坊。那个年代人人称羡的万元户，其实早在 20 世纪 70 年代的石狮就有了。

"估衣摊"属于无证经营，常常遭遇打击"投机倒把"行动，但市场仍以惊人的速度发展着，初生的私营经济就这样在中国式管理下萌芽、壮大。

四、"中国硅谷"陈春先

北京的中关村，因称其为"中国硅谷"而闻名世界。联想、四通、北大方正、用友、新浪等多家科技公司在这里展示着不发达国家创办科技产业的模式。1980 年，陈春先借鉴"美国硅谷"大胆提出在中关村打造"中国硅谷"的设想。他顶住各种非议和压力，走出中科院的高墙，建立了中国第一个民办科技机构——北京等离子体学会先进技术发展服务部。在这块民营科技的试验田里，包括陈春先在内的每名职工每月可以领取 7 元津贴，这区区 7 元钱引发了"知识分子能否以知识谋利"的巨大争论。面对随之而来的"不务正业、歪门邪道、腐蚀干部"的帽子，陈春先坚持真理，最终得到中央领导的明确肯定。

陈春先点燃了科技人员"下海"的火种，中关村"电子一条街"由此而起，中国高新技术企业由此而生。陈春先"中关村第一人"的称誉他受之无愧。但由于性格原因，也由于陈春先是科技人才而非市场人才，他的企业从未做大做强过。后来中关村的发展也与陈春先创办"中国硅谷"的初衷渐行渐远。"高科技"的含义渐渐被演绎为电子卖场的"恶性"扩张，更多的人、公司是在这里做贸易、组装机器、炒货，而相继带来的也是餐饮行业在中关村的兴起。"走火入魔"的商业化模式让"硅谷"一词成为中关村的乌托邦。如何摆脱过重的商业气质，回归其科技创新本质，这需要壮士断腕的勇气，需要一个转型的契机和一种明确的信号。进入 21 世纪，中关村"退市还研"才被提上议事日程。

显然，这一系列政界要人、草根英雄的上下共同努力，同时学习西方开发与管理经验，开创了中国经济的新局面、中国企业的新局面、中国管理的新局面。

第二节　试水悲情人物叩问中国管理

体制改革、政府管理与中国企业管理一样都经历了起起落落。中国改革开放，是一个"政策—实践—政策改进"的循环发展过程，被实践证明不好的政策，用新政策加以取代。也正因为这种不确定性，最初的改革者在 1982 年遭遇了第一波政治冲击。当时国有企业越来越难过，中央财政出现严重赤字。

一种观点占了上风：笼子里的鸟（国有企业）日子不好过是因为笼子外的鸟（民营企业）来抢食，于是"打击投机倒把"的第一次宏观调控开始了，一批民营企业改革试水者，成了悲情人物。也因此提出了体制形式、管理模式的系列问题，与管理相关的最重要问题是政策没有延续性，何来管理的连续性？

一、温州八大王事件叩问企业市场化问题[①]

1982年年初，中央政府下发紧急通知，要求在全国范围内打击严重经济犯罪活动。浙江省委下派“打击投机倒把工作组”进驻温州市乐清县柳市镇。《柳市镇志》中写道：“在这场全国性的斗争中，浙江省将温州作为重点，温州将乐清作为重点，乐清将柳市作为重点，柳市的一些冒尖户被当作重点中的重点。省委派出工作组进驻柳市，时称“八大王”的八个冒尖户，有的被关押，有的逃往他乡。1982年，柳市镇工业产值比1981年下降了53.8%。”

“螺丝大王”刘大源，在镇上开了一家“柳市五金螺丝商店”。当年上海最大的五金店里，只有2万多种螺丝，而刘大源店内却有4万多种，年营业额在460万元左右。他在镇上，第一个买了摩托车，也第一个装了电话。1982年之前，他一直被乐清县作为一个先进榜样。和刘大源一起被称为“大王”的其实还有9个人（因当地流传“八大王”的版本不一样），“目录大王”叶建华、“线圈大王”郑祥青、“五金大王”胡金林、“矿灯大王”程步青、“翻砂大王”吴师濂、“胶木大王”陈银松、“旧货大王”王迈仟、“电器大王”郑元忠、“合同大王”李方平等。1982年4月中旬，柳市镇来了第二个省工作组“打击经济犯罪”。“八大王”抓的抓、关的关、逃的逃，当时为八大王据理力争的乐清县县委书记、县长被集体免职。

这一年，全国有3万人因“投机倒把”获刑。而以民企立市的温州，1980年工业增速为31.5%，到了1982年，下滑到-1.7%。这时的整个中国，虽然“打击经济犯罪”起到了一些效果，但是也挫伤了各地改革的积极性。幸好两年后的1984年“八大王”事件被捕的9人全部平反（“螺丝大王”刘大源在亲友的劝说下潜逃在外），被英雄般请回家后，各大媒体对他们的报道不断升级，称他们是“信息专业户”“农村经营能人”……然而，非常可惜的是，在“八大王”势头正劲时，一个工作组就把他们的翅膀折断。此后，“八大王”雄心浇灭，辉煌不再。那时候做生意最重要的是如何应对“上面”，哪能顾及企业管理？

对“八大王”的高调讨伐，令全国私营、民营经济从业者、企业噤若寒蝉，再也不敢公然与国营企业抢原料。中国民营企业和企业管理刚要起步就遭遇闷头一棍。

---

① 《洪流》，《南方都市报》特别报道组，广州：花城出版社，2012。

二、武汉韩庆生事件叩问企业人才管理问题[①]

在这个过程中，不仅是原料问题，人才问题也被提出来了。发生在武汉的一个案件展现出技术和人才领域里民营企业与国营企业的争抢，这种行为，在当时当然也是不能容忍的。而事实上，那个年代人才没有自由流通，无论是技术人才还是管理人才，民营企业（当时叫乡镇企业）都十分紧缺。而大批研究机构、国营企业的专业人才却在单位里无所事事，大量人才被埋没。在当时的体制下，人才与公共财产一样，可以放着不用，甚至可以让财产在日晒雨淋中腐烂，人才在无聊寂寞中消磨，也不能供给他用，否则轻者是投机倒把，重者属于侵吞国家财产。

1981 年，国营 181 厂的韩庆生和另外三个工程师为武汉的“九峰农机厂”（乡镇企业）设计了两套生产污水净化器图纸，编写了 2 万多字产品技术说明，这家濒临倒闭的农机厂起死回生了，当年就实现利润 5 万元。农机厂年底发给 4 个工程师每人 600 元。就是这 600 元，韩庆生被判有罪：利用国家技术牟取私利，属于“技术投机倒把罪”，一审判决入狱 300 天。据当时报纸记载，1982 年 3 月 2 日，韩庆生和他的律师杨霞第一次出庭辩护，参加旁听的就有 300 多人，大部分是与韩庆生类似的知识分子。法庭辩护整整进行了一天，一共辩论了十轮，这在当时的司法界已是罕见的透明，当杨霞发言时，因辩词动人几次被听众鼓掌打断。当年 8 月，武汉市武昌区法院宣判韩庆生无罪，公诉人向上级中院申诉；12 月，中级人民法院改判韩庆生罪名成立。当日，韩庆生家人去北京上访，中央领导人亲自过问，事件峰回路转，1983 年 2 月 3 日晚，武汉市市长带着判决书和退还的 600 元来到韩庆生家中道歉。

在当时的中国，向民营企业偷偷输送技术的绝不只有韩庆生他们几个，当时国内科技人员号称 800 万名，其中 1/3 闲置无事。新兴的乡镇企业则人才短缺，便有很多国营企业的工程师在周末被乡镇企业主接走，偷偷地到这些工厂帮忙进行科研。人称“星期日工程师”，也就是星期一到星期六为国营企业工作，到了星期日就被接到城外的乡镇企业，为那里的工厂提供技术帮助。

其实，在韩庆生事件之前，上海就已发生过类似的一件事：改革开放初期，上海奉贤县钱桥镇有一批企业，设备旧，人手缺，全镇上下兴起一股引进技术人才之风。据 1979 年年底统计，全镇共引进 80 多位“星期日工程师”。韩琨就是镇委领导“三顾茅庐”，亲自上门为钱桥橡胶厂请来的。韩琨几乎牺牲了八个月的全部节假日，加班加点，终于研制成功出口产品上急需配套的橡胶密封圈，一年为橡胶厂扭亏为盈 13 万元，为国家节汇 6 万元。为了报答韩琨的辛劳付出，

---

① 和讯网《韩庆生：知识分子第一案》（改革开放 30 年）。

社办企业先后向其发放了经批准的3400余元报酬奖金。由此构成了韩琨的“受贿罪”，并由此引发了20世纪80年代初《光明日报》头版头条就“韩琨事件”展开前后将近两个月的全国性大讨论。最后惊动中南海，中央政法委一锤定音：韩琨无罪！

“星期日工程师”提出了中国企业管理中的人才管理问题，赢了官司，不仅仅是让韩庆生、韩琨们免于无妄之灾，更重要的是折射出一点：人才流动已开始破冰。上述事件后，全国约有2万余科技人员下农村，开发了700个科技项目，创造了10多亿元经济财富——这可是20世纪80年代初的铁饭碗、低工资时代。

三、广东汪庆事件叩问企业经营自主问题①

农村被家庭联产承包责任制滋润，正在释放出前所未有的活力，各种土特产、家庭作坊产品往外推销。由于长期被压抑的消费需求集中释放，流通不畅又造成供给不足，市场价格与计划价格间的价格差被一些精明的生意人发现，农村活络者，城市推销者开始盯上这一块蛋糕，逐渐发展到推销员遍布全国各地。仅浙江温州一地，奔走于各地的推销员就高达30万名。当时全国有各种公司30多万家，2/3是在流通领域混饭吃。广东经济的发展，除了地处香港边界，政策给予倾斜以外，从“人民公社”② 时代走过来的推销员们，也功不可没。

广东省电白县农民汪庆，把当地盛产的沉香从农民处收集过来，卖到国营的药材厂或医疗站赚取差价。逐渐打开了销路后远近闻名。不仅农民求着汪庆，政府也找上门来。他说，在最多的时候，自己做过9个公社的推销员。汪庆与公社的合作方式，是公社出一笔钱用以收购沉香，汪庆将沉香卖出，然后本钱加双方约定的利润还给公社。销售的货款不直接给汪庆，而是先给公社，再由公社转手。汪庆的生意越做越大，在带给公社可观回报的同时，自己也收入颇丰。有钱后，他跑到广州，买了辆进口摩托车，从广州一直骑到300多公里外的家里；他还花了900多块钱，买了台上海产的“金星”牌电视机。

1981年4月19日，汪庆带着妻子到县里做产检，顺便去县工商局问问：自己前段时间被冻结的一笔资金，何时能解冻？前一段时间，汪庆家里来了几位县“打击投机倒把办公室”（设县工商局）工作人员。他们看似无意地问了很多问题。这些人走后没几天，汪庆的一笔20余万元的货款就被冻结了。汪庆的工商局之行，后来证明是自投罗网。而且一拖1年零3个月后才庭审，起诉书中说：

---

① 《广东男子因投机倒把罪被判9年，近6000斤沉香被没收》，中国新闻网（北京），转引自网易新闻中心。

② 人民公社，是1958年夏季建立的、计划经济时代的中国农村基层组织，其组织结构与职能相当于现在的乡镇政府，上对县级政府负责，下辖各农业生产大队（村）。

汪庆不择手段，大量贩卖贵重药品，从中牟利，严重违反了国家政策。最终汪庆被判了10年徒刑。1988年出狱，10年后的1998年11月，茂名中院判决撤销电白法院一审和原湛江中院二审的判决，宣告汪庆无罪。

拿回无罪判决书路上，汪庆把车开得很慢，“总共两公里的路，走了起码两个小时。”他不时把车停在路边，掏出判决书再看一遍，看着看着就泪如泉涌。

中国管理的篇章，就是这样在一批批试验者的前仆后继中书写着的。这时候中国管理仍然在一定程度上延续着“政治挂帅”，是一种“政治管理”。但让人欣喜的是，这时候的“政治管理”导致的错误，大多能够在日后自我纠正，只是被“管理”掉的那些人，多多少少会感叹“造化弄人，生不逢时”。然而从历史的眼光看，没有他们一次次触碰禁区的震动和变化，也就没有改革开放的深入。

第三节 三资企业起步冲击粗放管理

改革开放初期，最大的困难是国内资金、技术和经验的严重匮乏。于是，政府推行对外开放政策，以吸引国外投资，引进改革所急需的资金、先进技术和管理经验。正是在这种旨在缓解短缺问题的政策推动下，“三资”企业在20世纪80年代获得了初步发展，为90年代外资的大规模涌入奠定了基础，也真正意义上冲击了中国公有制企业的计划管理和民营性质企业的粗放管理。

一、20世纪80年代的外企带来了外国企业管理

在当时来说，国外企业谁最早进入中国市场，谁就带来其所在国的管理模式。

最早进入中国的外资家电是松下电器，所以，很长一段时间里，电器行业的管理是日式管理。1978年10月，邓小平出访日本参观了松下电器大阪府茨木工厂。1979年6月，松下幸之助访华，与中国政府签订《技术协作第一号》协议，向上海灯泡厂提供黑白显像管成套设备。不过真正的合资企业是在1987年，松下与北京市和电子部等下属的4家企业合资成立北京松下彩色显像管有限公司，是当时投资（248亿日元）规模最大的中日合资企业。

最早进入中国的外资快销品牌是可口可乐，可口可乐刚进入中国的饥饿营销策略成为中国商业领域的法宝之一，“三资”性质的饮料业生产企业，以美国管理为主。1978年12月13日，可口可乐与中国粮油进出口总公司在北京饭店签订协议，采取补偿贸易的方式和其他支付办法，向中国的主要城市和旅游区提供可口可乐，并在中国设厂罐装销售。在装瓶厂建成投产前，以寄售的方式由中粮

安排销售。

此外，最早进入中国的外资计算机是 IBM（1979），最早进入中国的多元化跨国公司是通用电气（1979），最早进入中国的外资服装是皮尔·卡丹（1978），首家独资移动电话外企是摩托罗拉（1987）……瑞典的“爱立信”与北京电信部门关于通信设备的合作谈判于 1982 年有了结果，瑞典公司将在北京安装 7500 门程控电话。当时中国 10 亿人口，仅 200 万部电话，其中北京和上海就集中了 40 万部，全国只有 12 个城市能打国际长途电话。1982 年 3 月，Nike 公司急急忙忙地在福建开办第四个工厂，那时候它还被翻译成“乃基”，生产的运动鞋全部出口海外。几年后内销中国市场的时候，“Nike”才被称为“耐克”。1982 年，南洋商业银行深圳分行开业，成为新中国内地引进的第一家外资银行。日本三洋公司一口气开办五家工厂；本田公司与中国最大的摩托车工厂——重庆嘉陵机器制造厂签订了合作生产 5 万辆摩托车的合同。他们都给中国企业带来了管理理念和管理模式，为中国的管理提供了借鉴。

上述企业进入中国都比较早，但由于各种原因，还称不上真正意义上的“第一家”三资企业，但他们对中国企业管理的影响是显而易见的。

大力发展外源性经济，吸引外资企业的进入，对中国经济体制是一个很好的补充和完善。它不但解决了中国企业发展改革过程中的劳动就业问题，也兼顾了国有、民营、三资企业的市场格局。“三驾马车”并行发展，为国民经济长期发展提供了源源不断的动力。外源性经济，体现最深的是珠三角，吸引外资力度最大的是东莞。在 30 多年中，东莞市共有 50000 多家企业，其中三资企业有 15000 多家：港资 9000 多家、台资 5000 多家，外资和合资企业共约 1000 多家。三资企业为社会提供就业和 GDP 增长做出了重要的贡献。

二、第一家三资企业的管理风格

（一）内地第一家中外合资企业

1980 年 4 月 10 日，中外合资企业——北京航空食品有限公司被批准成立，5 月 1 日公司在北京正式挂牌。这是全国第一家中外合资企业，取得了国家外资委发放的中外合资企业第“001 号”。“北京航食”不仅结束了中国民航没有航空配餐的历史，更具意义的是，它开创了中国利用外资的先河，并以自身的发展，见证了中国引进外资事业的历史。

1979 年第一部《中外合资经营企业法》的出台，虽然带着浓重的历史痕迹和计划经济色彩，但仍以其开创性、奠基性为中国打开国门、引进外资提供了可靠的法制保障，它标志着中国对外开放迈出了实质性步伐。

1978 年 12 月 23 日，30 岁的伍淑清第一次到内地。在香港到广州火车的广播中，伍淑清听到了邓小平的声音：要以经济建设为中心，欢迎外商到中国投资。1979 年，伍淑清带队到内地考察，恰巧遇到李先念出访菲律宾，伍淑清的父母就带了厨师、厨具，一路为李先念做饭。而伍淑清经过十多天的考察，返回香港后，当即向父亲伍沾德建议，到内地去投资发展。1979 年 6 月，当时民航局的沈图局长等人和伍淑清的父亲伍沾德进行了长达一年多的协商、谈判。谈判的过程中，沈图把准备和香港一家食品公司合资搞航空食品的事情汇报给了邓小平。邓小平说："你要了解一下，你的合作伙伴懂不懂得做面包，做出来的面包掉不掉渣。不懂得做面包，做的面包掉渣，就不要谈了。"伍淑清觉得，邓小平考虑问题非常务实，非常实事求是。经过数轮洽谈，双方决定合办航空食品公司，总投资约 600 万美元。经有关部门批准，有了中国"001 号"合资企业。

用了短短半年的时间，北京航空食品有限公司完成了装修厂房、购买设备、人员培训、制定规则、开拓市场等各项准备工作。1980 年 4 月 10 日，中国第一家中外合资企业中国民航合资的北京航空食品有限公司被批准成立。5 月 1 日，公司在北京正式挂牌，结束了中国民航没有航空配餐企业的历史。

（二）内地第一家外商独资企业

美国 3M 公司（Minnesota Miners Manufacturer Corporation Ltd.），即明尼苏达矿业生产公司，1983 年以前一直保持与上海绝缘材料厂及其上级部门的联系、谈判，1983 进入中国"探路"。1984 年，绝缘厂出借位于上海浦东民生路 40 号内一厂房给公司，作为该公司在上海开始小规模生产的场地同时兼办公用地。公司初期投资 300 万美元。由此该公司获得"中国第一家外商独资企业"头衔。

当时 3M 公司在美排名属前二十强的最大公司之一。1985 年 3 月 7 日，3M 中国独资公司正式注册成立"3M（中国）有限公司"。同日，公司在当时的上海西郊地区虹桥路上的西郊宾馆举办了成立庆典宴会。出席的有美国 3M 总部董事会成员及董事长，各部门高级管理人员等。中方出席宴会的是上海市市长汪道涵，各部委、局各级领导及主管，上海投资公司主要领导及相关人员等。

（三）内地第一家中外合作企业

1979 年 11 月 12 日，媒体称的中国第一家中外合作旅游企业石景山旅游中心在珠海签约诞生，由珠海市旅游公司与澳门商人吴福的澳门珠海旅游发展有限公司合作经营。1980 年 10 月 12 日，石景山旅游中心第一期竣工开业。这次全国首例的中外合作，珠海人由此第一次学习并接受了包括董事会制度等一系列全新的管理运作方式。

另外还有一说"第一家中外合作设计公司"是大地建筑事务所。事情起源于 1979 年中国领导人访问加拿大，原国民党爱国抗日将领彭鸿文将军及他的儿子彭培根应邀回国，1982 年，彭培根举家迁到北京。1984 年彭培根联合加拿大哈佛大学教授汉可梅、多伦多大学教授司徒凯作为外方代表，中国著名规划大师陈占祥、著名结构大师孙芳垂、清华大学教授张昌龄和著名室内建筑师曾坚作为中方代表，共同创办了大地建筑事务所（外方是加拿大大地开发公司），1985年1月19日挂牌成立。

本篇小结

新中国成立后，初始的30年是学习苏联“社会主义老大哥”的计划管理，全部由国家下达指令性计划，没有商品经济、没有市场经济，更没有市场化管理，当时的人们听都没听过这些名词。再加上20世纪六七十年代那场“史无前例的无产阶级文化大革命”，虽然让全民万众一心，让贪官无所遁形，但也是只顾“抓革命”，忽略了“促生产”，经济越来越困顿，中国优秀的传统文化也被“革命”了，最基层的宗族管理被当作“封资修”扫进“历史的垃圾堆”，最重要的知识与科学被“革命”所代替，一切管理皆以“政治挂帅”，一切行为皆“以阶级斗争为纲”。可以说，“1978年以前，中国是一个封闭自守的经济体，它有一整套非常严密的计划生态链；它在一个高度集中、全面封闭的体系内运行，全国的企业就像一个个车间，国务院总理相当于厂长，计划委员会是一个调度室，计划点菜，财政拨款，银行数钱，看上去是那么井井有条”①。

中国改革开放波澜壮阔的伟大历程，从1978年起航，这年被认定为中国改革开放的元年。万事开头难，1978～1982年这最初的几年最为艰难。这是中国民营企业重新萌芽的几年，这时候，公有制企业依然实施计划管理，私有制尚未被政策所认可，人们的思想也还没有真正意义上的解放，更重要的是，政府没有可能进行大规模基础建设投资，一切都还在思考中、探索中……正是在这种背景下，城市无业者、知青回城者、乡村剩余劳动力等生活在社会底层的普通人，开始了商业领域的破冰行动；国家则划出了经济特区探索发展经济的新路子，改革先锋们在尝试着中国个私经济的复苏，民营企业悄然萌芽。这是一个冰雪初融而冰山依旧的年代，政策未明晰、思想未解放，守旧与革新在交错，城市的无业者、农村的手艺人等一批批小人物开始尝试着冲破“投机倒把”的藩篱，一批有识之士在当时的政策限制和政府的默许中闯入禁地，于是有了个体户，有了经济开发区——私营企业开始回暖，“竹外桃花三两枝，春江水暖鸭先知”，这批先“鸭”们在探索中感知了水中的丝丝春暖，成就了一代拓荒者的伟业。

“改革”红火起来的同时，应“开放”需求放开了国门，“放进”了最初的“三资”企业，用中国的市场和低劳动力成本换取发达国家的技术和管理经验。

---

① 吴晓波，《中国企业史（一）从“违法”开始》，http：//www.doc88.com/p－997962318204.html.

从这个角度来看，中国管理一开始就不是纯粹的中国式，也不是单一的西方式，恰如南方人喜欢吃的“三和菜”一样是混搭的：中国传统管理（包括国企管理）、企业领导经验管理、西方管理参照，三个方面合而为一。这个时期，真正的中国管理还没成体系或类型，呈现出一种混合型特征，这种混合的结果，就是中不中、西不西，企业政府管着，内部本能管着——本质上还是粗放式管理。但毕竟为后来的管理规范作出了有益的探索，毕竟，这是在做以前从没做过的事，开创以前从没开创过的事业。

于是，“管理”这个词成为经济运行中出现频率越来越高的词，可是当时的中国没有商品经济（中国特有的从计划经济到市场经济的中间过渡时期的经济模式），没有工商管理理论，没有市场营销理念……随着南风窗吹进了西方企业管理理念，出访者和海归者带回西方企业管理书籍，引进了西方管理思想、管理理念、管理体系，而这一切在当时又与现实无情地冲突着，没有人能明确个体、私营是一个什么样的界限，可不可以允许其产生、发展；当时的政策上却有一个名目，叫作“投机倒把”①。于是，先一步行动起来的许多人倒在打击“投机倒把”的政治运动中。

正是这样向前冲冲、又被四处围堵，冲破围堵再向前冲冲的循环过程中，改革一点点深入下去，开放的门一点点拉开。在这个过程中，虽然传统管理在恢复，西方管理在引进，但不可否认的一个现实是：最初的个私企业管理，基本上就是“家长式”“直线形”“师徒制”和“拍脑袋”决策的粗放化、简单化管理。其实，在西方，泰勒“科学管理”出现之前，也是原始的粗放管理。

---

① 投机倒把，计划经济时代的产物，主要指一些人凭借手中权力，通过计划或者走后门，搞到平价的紧俏产品，然后囤积居奇、翻手倒卖，环环转手，层层加码，最后以较高价格卖给最终使用者或者消费者。随着2008年1月15日《投机倒把行政处罚暂行条例》的取消，标志着投机倒把行为的正式谢幕。

第三篇　企业浪潮带来的管理碰撞

历史的巨轮驶入20世纪80年代，东方大国终于开始在全世界发出更强音。经济领域，承继着计划经济时代布下的国有企业一统江山的格局，开始打破、开始出现变革的松动。而民营企业在1983～1989年间进入大崛起时代。从1983年改革先锋步鑫生，“温州模式”崛起，到1984年一批企业领袖如王石、张瑞敏、柳传志、李经纬、潘宁等开始创业，再到1985、1986年乡镇企业崛起，“红帽子”企业遍地开花，全国各地各显神通，“顺德模式”“温州模式”“苏南模式”“义乌模式”……相继兴起。同时，IT业风生水起、家电业攻城略地、饮料保健品业各领风骚、服务业东风劲吹。中国民营企业恰如南宋诗人杨万里的诗句“毕竟西湖六月中，风光不与四时同。接天莲叶无穷碧，映日荷花别样红。”企业风光无限，一望无际的“碧荷”中，朵朵“企业之花”别样红。

但由于思想意识觉醒、宏观调控能力提升、政治体制改革落实，需要一个适应期或者叫磨合期，一下子跟不上如脱缰野马般奔驰的经济增长速度，经济管理、企业管理缺乏本应前置的理论指导，中国管理是在摸索中实践着，没有成熟的中国特色管理理论指导。所以就当时而言，国有企业度日维艰，民营企业艰难求生，民间借贷风波迭起，股市证券风云变幻……这种情况下，从政府到学界，无一例外地开始在西方发达国家中寻找成熟的经济、管理理论，加上“三资企业”开始在中国落地所带来的西方管理体系和方式方法，政府加大派遣留学生力度、并逐渐鼓励自费留学，一时间，西方各种学术观点、理论流派成建制引入国内，并逐渐形成美国管理理论一家独大的情况。所以，不可否认的是在理论界、学术界，中国管理一开始就是搬用美国管理理论和体系的，并用欧洲一些国家的思想、理念、观点充实之。中国传统“治理”“统治”“管控”以及中国文化对人的思想、心态影响的各种理论、方式方法、修身养性之道都被“改革”了，“开放”进完全西化的适应海洋文明土壤的管理系统。

第六章　创业潮中管理思想突变

20世纪80年代是一个风云激荡的年代，各种政策、各种思想、各种物品、各种行为眼花缭乱的更替出现，让许多人应接不暇。人们的消费观念在悄悄发生着变化，人们的职业倾向也在悄悄发生着变化，更重要的是，练摊人登堂入室了，小生意人腰缠万贯了。还在大家担心政治风向会不会变时，邓小平同志第一次南方谈话发表了，一股席卷全国的创业浪潮不由自主地爆发出来……赚钱也需要思想，办厂开公司更需要先进管理的观念深入人心，可是政治上风向变动太快，市场上形势变动更快，企业运营理念、管理思想互相之间不可避免地发生碰撞。

第一节　民企发展初期的有管无理

改革开放后的中国草根企业，严格意义上说，是从流通领域开始的，从四处叫卖的"行商"到坐地摆摊的"坐商"，从"马路市场"到"店铺市场"，商品流通活跃了市场，商品供不应求就自己开小厂生产而发展了日用品制造业；市场辐射越来越大，从而发展了物流业，发展了服务业……也"发展"了"倒爷"①。这一阶段的创业潮，风起云涌，政府在管、公司在管，而人们则在各种管中东冲西突，寻求一次次新机会；缺少的是"理"，梳理、清理、修理，理物而疏于理事、理人而疏于理心。所有的管理者都忙于管而疏于理，这也与历史所处的时期有关，刚刚从运动不歇、满目疮痍、一穷二白中过来，尝到了改革开放的甜头，致富欲望被激发出来，政治、经济正在体制转型，能抓好"管"就不错了，既没有精力也没有时间更没有能力静心来"理"。

一、"温州模式"形成之前的"管"与"理"

浙江省的经济模式是中国经济崛起的模式之一：先有专业市场，商品网络辐射中小城镇与乡村；网络销售带动产品生产，周边冒出一大批家族工厂，形成"前店后厂""双轮驱动"的初级产业格局。义乌中国小商品市场是如此，永康

① "倒爷"，是北京方言，北京管做小买卖的（卖衣服、手表等）的人称为"倒爷"，就是倒买倒卖的人，俗称二道贩子。当时，"倒爷"名动华夏，一个区域性方言，一下子成为全国性通行词。

中国五金城是如此，绍兴中国轻纺城是如此，后来名扬全国的“温州模式”亦是如此。全国各地四面开花的专业市场，都可以看到义乌人的身影、温州商贩的身影。温州市场以数量取胜，义乌市场以规模取胜。中国南方的民营企业，很多是从走市场开始的，有的是一直在跑销售做市场，赚了钱后开始投资办企业；有的则是在各个专业市场开商铺，赚了钱后再投资办企业。

任何一种地方模式被总结出来、宣传出来，都说明这个地方有过一段异于其他地方的艰苦奋斗的历程。“温州模式”被总结出来之前，不仅有面向全国的“温州发廊”“温州餐馆”，更有20世纪80年代全国知名的市场群和依托市场群开办起来的工厂、作坊、公司群。很多后来出名的温州商人都是以搞推销跨进商海，然后进入市场，到后来开办市场。他们在本地成功后，到外地开店、设铺做市场，逐渐形成了一个非常典型的特色：“在内竞争、出外抱团”，即使后来办了企业，仍然一帮人“抱团”外出经商，将所在地的市场整层整层或整片整片租下来，然后分割开来给温州人开铺。所以，温州人，本地是亲情化办企业，出外则老乡帮忙进市场。

温州专业市场始于20世纪70年代，发展于80年代，繁荣于90年代。20世纪80年代时的温州已有415个大大小小的专业市场，其中年成交额在8000万元以上的就有10个：乐清县柳市低压电器市场，乐清县虹桥综合农贸市场，永嘉县桥头纽扣市场，苍南县宜山再生纺织品市场，苍南县金乡徽章标牌市场，苍南县钱库综合商品市场，平阳县水头兔毛市场，平阳县萧江塑编市场，瑞安县仙降塑革市场，瑞安县塘下、莘塍塑料编织袋、松紧带市场。这十大专业市场，是中国第一批农村专业市场，是温州“大市场”的有形载体，其背后是数以万计的“小商品”，户户炊烟的“家庭工业”，以及千军万马似的“十万供销大军”。专业市场和家庭工业成了温州经济发展的“两个轮子”，中国市场最早的东方启动点。

温州市场是当时中国的一个缩影。也是专业市场的领跑者。浙江省本就是由市场兴盛而逐渐成为市场大省的。这一专业化市场模式，从浙江、广东开始，渐渐漫延全国，从而推动了全国的商品流通，促进了国内的市场化机制形成。

1985年，随着温州经济在全国的脱颖而出，有专家开始总结“温州模式”。这是指温州地区（涵盖台州地区）以家庭工业和专业化市场的方式发展非农产业，从而形成“小商品、大市场”的发展格局。小商品是指生产规模、技术含量和运输成本都较低的商品；大市场是指温州人在全国建立的市场网络。“温州模式”与同时期的“吴川模式”[1] 并驾齐驱，以“北有温州，南有吴川”而享誉全国。

与广东注重利用外资发展的模式不同，温州模式是一种放手发展民营经济、发展市场经济、政府在经济发展中“无为”的模式。415个专业市场基本上不在闹市区或交通要道边，而在不起眼的、交通十分不便的山谷、水湾乡村。这是农民式的狡黠，也是改革初期突破旧体制所做出的最佳选择。市场的摊位只是一个窗口，从这个窗口伸向错落在城乡各地的工厂、公司（生产、供应“小商品”）和伸向全国乃至全世界的商业触角（庞大销售网络所形成的“大市场”）。

温州与全国大多数地方一样，刚开始时企业不用管理，或者说只要老板家长式管理就可以，基本上也就是家族管理方式在企业（也就一作坊）的翻版。后来企业渐渐大了，员工人数多起来了，于是弟弟妹妹、叔叔姑姑什么的进来帮着一起管——只有“管”，而管是任何人几乎天生就会的；即使刚开始不大会，只要有个可以“管”人的职务（即“官”）给他做，很快就会把“管”的能力发挥出来。真正缺少的是“理”。更何况，那时候忙业务都来不及，哪有闲工夫重视“理”！

值得一提的是，温州城乡分别出现了城市的士“菲亚特”和乡村的士“小三卡”[2]。20世纪80年代中期，温州生意已十分火爆，南来北往的客商在温州城乡间穿梭，迫切需要散运、简便的短途客运。当时的温州城区巷子比较窄，于是微型小车“菲亚特”被选为出租车——开启了中国地级市的士先河。这种车售价9365元，要到上海提车，刚开始车身会印“某某三轮车站”的字样挂靠在三轮车站。鼎盛时，温州街头有3500多辆菲亚特出租车，曾令温州人自豪宣称：温州的“行”全国第一方便！直到1994年10月出租车二代更新，菲亚特才退出市场。满城“菲亚特”穿街走巷，是一代温州人挥之不去的“记忆”：没有后视镜（为钻小巷方便而折叠或拆除），夏天后备厢敞开（后排及相关设备风凉），招手即停，倍儿有范儿。

在乡村的公路、基耕路、村道上，则到处跑着一种小型的柴油三轮卡车（小三卡），限定载客6人，但事实上常常载客达十几人，有的干脆蜘蛛般半个人吊在车外，车主极热情地揽客，嘭嘭作响的柴油发动机声一直在乘客耳膜里钻进钻出。

菲亚特、小三卡不仅记载着温州人最初的创业史，同时也说明那个时期重

---

① “吴川模式”指广东湛江吴川（县级市）所形成的“镇办、村办、个体办、联户办”的发展局面，人人争做老板。遗憾的是，吴川没能开创民企创业壮大先河，“吴川模式”在20世纪90年代便渐渐销声匿迹。

② 菲亚特，一种合资企业生产的微型小汽车；小三卡，农村使用的三轮运输车。都是初级交通工具。

图6-1　温州的窄巷、菲亚特、小三卡

“管”轻“理”的现实。大家都在努力赚钱，管理让位于利润。就政府部门对企业的管理而言，也是“一白遮百丑”，能赚钱就是好企业，就有好管理。

这样的市场为先导的企业管理和发展模式，是不需要以西方理论为指导的管理体系、管理法则的，只要能赚钱，啥招都行。所以，要说这时候有什么管理思想，也就是“生产队队长”管理思想、普通家庭的家长式管理思想。

二、“倒爷”与“假冒伪劣”冲垮管理壁垒①

20世纪80年代末90年代初，有一个词流行全国——“倒爷”。当时因为计划经济价格“双轨制”，同时存在国家统配价和市场价，就给那些嗅觉灵敏或者拥有关系的人带来了利用价差牟利的机会。最初不过是从乡下收来鸡蛋之类的农产品，小心翼翼搬回城里换粮票，或从沿海论斤称的买来电子手表，然后用军帽装了在各地大城市兜售；后来发展到市场缺什么倒什么、什么紧俏倒什么。

如前所述，第一种倒爷是有能力获得紧俏商品批条的“官倒”，不用肩扛手提，凭关系就能轻松赚大钱（通过“走后门”“批条子”，利用价格差行贿受贿、投机诈骗、倒买倒卖。所以“官倒”是那个时代腐败的主要表现）；第二种是底层百姓中头脑灵活的人，利用关系差价、地域差价倒腾商品。

与俄罗斯接壤的黑龙江等地，中俄边境贸易早在1980年就已经相当兴盛，许多村庄几乎村村都有人在俄罗斯做“倒爷”，回来又走，走了又回。当地人至今念念不忘当年“一车西瓜换一辆坦克”的“盛景”。也是在这个时候，在北京有“国际倒爷后仓库”之称的秀水街，逐渐成为中国与东欧相互了解的重要通道。那个年代，北京人曾目睹过俄罗斯商人席卷秀水街的采购狂潮，于是，胆大和聪明的一些人便试着自己携货奔向俄罗斯。

那时候，麻包袋、三轮车、火车硬座几乎成了“倒爷”们共同的道具。当时在浙江，火车接近义乌时，有经验的顾客就开始关窗户、挪行李，因为来自全国乃至世界各地的倒爷，会在火车到站时从四面八方往车上塞倒腾的一袋袋、一箱箱物品，不管你里面是什么状况，往往还未见人影，一袋袋、一箱箱货物便通

---

① 于川著．中关村倒爷．广州：花城出版社，2002．

过一切入口（窗户是重点）硬塞进来，全不管是不是推着车厢内的旅客，而其主人若门口挤不上来，就从窗口拼命往里爬——这是那个年代义乌市场发展特有的一道“风景”，也是倒爷现象最明显的标记之一。

倒爷的产生活跃了商业，有助于推动社会经济发展、满足消费者需求、促进商品流通体制的完善；但大潮涌动，泥沙混杂，有些倒腾的买卖属于非法牟利，如“官倒”。还有一种是因为商品供不应求，有不法商贩为牟取暴利，市场就出现了假冒伪劣商品。

这种情况下的“倒爷”，应该属于“关系管理”范畴，而且是权力关系，即使纯粹到市场上倒腾商品的“倒爷”，也一定会在全国各地建立起了自己的关系网络，这个网越大越通畅，生意也就做得越大越广。“倒爷”们的所作所为，使铁板一块的计划流通体制出现松动，直至坍塌。沿着他们的足迹，原来为国家所独有的外贸体系在私营企业和国际“倒爷”的联手作用下走向开放。而随着贸易的发展，从前的“倒爷”也成了后来的企业老板，或往返于国际的华商。

图 6－2　那些年曾经疯狂的倒爷

图片来源：央视新闻会客厅.《中俄边贸中的“大倒爷”》，转引自新浪新闻中心.

经济增速过程中，中国管理固有的以“道”为先的管理失落了，反而是完全迷信并扩大了西方重“器”之作用，经历过“物品稀缺”时代的人们，再也控制不住对财富的渴望，导致追求财富中出现一些偏差。温州，因“劣质皮鞋”事件给当时的经济带来了一次几乎是毁灭性的打击。1987 年 8 月 8 日，杭州市下城区工商局执法人员在市中心的武林广场，一把火烧毁了 5000 多双温州产的劣质皮鞋。引起全国震动，各地对温州鞋一片喊打声。商场挂出了告示：本店拒售温州鞋，有的甚至干脆就是“本店无温州货”。这个事件，一下子让已经行销全国的温州货信誉跌入谷底，在很长一段时间里，温州皮鞋甚至都不敢贴上“温州制造”的标签。温州皮鞋只是假冒伪劣产品盛行的一个缩影，当时的全国，几乎到处充斥着假冒伪劣产品，小到花生牛轧糖，大到套件家电；假烟假酒泛滥成灾，电器产品仿冒低劣，电冰箱没法用，电子琴音调不准，金宝牌彩电，亮度不好还很快出现蓝色，彩电变“蓝电”。

不仅如此，“万元户”的刺激、港台人的牛气、外商的空手套白狼，让许多体制内的机构、人员也抵挡不住诱惑，机关单位利用自身资源自寻生财之道，号称“象牙塔”的文化教育领域也开始从事商业：学校办起了工厂、开起了旅馆，科研单位走市场做测试、科研人员偷偷迈入“第二职业”，地方剧团开起了迪斯科舞厅……这些做法有的也确实促进了社会和经济的活跃，但从公开的集体自谋“照顾”到个人的以权谋私，这个界限很容易逾越。在这个全民做生意的年代，管理几乎被经济增长、致富高潮给边缘化了，只有高校的课堂里、学者的文章里、海归的“引进”中，才能看到从西方搬来的以美国管理理论为主导的传播。至于在企业管理领域，这些几乎连一点点涟漪都没有兴起。管理的一切问题，都掩盖在数钞票的声音和动作中。

所以这个时期，谈不上什么管理，硬要套上管理一词，充其量也就是“胆量管理”，或者说是“能量管理”，有胆量就行，有能量就行，说不上真正意义上的现代管理，更谈不上中国特色的企业管理。

一切都在既胆大包天又小心翼翼地试探性中尝试着。

第二节　南方谈话的春风引发的公司潮涌

如前所述，中国的改革开放是“摸着石头过河”[①]，在摸索过程中小心前行。第一次宏观调控和打击投机倒把后，改革之路到底应该怎样走？民间在试探，地方政府在观望。1984 年初邓小平同志赴南方视察，推动中国民营企业进入了一个大崛起时代。致富热情充分调动起来的中国人在各个领域开展了如火如荼的创业活动。在 1986 年中国改革开放后第二次宏观调控的同时，乡镇企业如雨后春笋般发展起来，“五分天下有其一”[②]。后来做大做强的企业大都在 20 世纪 80 年代中后期开始的，专业市场、有限公司、证券股市、上市企业竞相露脸，形成了民营企业发展百花齐放的局面。这个时候对管理的需求，是真正意义上的需求。开办公司后，问题才忽然间摆在了公司领导人的面前：如何有效进行公司管理。

---

① 原是民间谚语，本意是在事先不知道要过的河的详细情况下，只能以身试水摸索着河里的石头一步一步地过去。1980 年 12 月在中央工作会议上，陈云讲话称：“我们要改革，但是步子要稳。……随时总结经验，也就是要‘摸着石头过河’……”（《陈云文选》第 3 卷第 279 页）。邓小平对陈云提出的“摸着石头过河说”完全赞同，在多次讲话中提到。这是在勇敢实践中不断总结经验的一种形象性的说法，对于大胆解放思想、积极稳妥地推进改革起到了巨大的指导作用，成了在中国家喻户晓的经典用语。

② 国有企业、集体企业、乡镇企业、三资企业、混合所有制企业五种企业所有制形式中，乡镇企业严格来说是属于集体企业形式，但因其 20 世纪 80 年代的迅猛发展，而被人们当作一种专门的现象进行分析和研究。

一、公司大崛起前的管理无序

1983 年的春暖还没完全到来，“倒爷”已从北京、深圳南北两地延伸至全国，生意人已从温州、义乌开花蔓延到长江两岸、世界各地。这时走在改革前列的、作为国家层面改革试点的特区，处在了风口浪尖上——特区之路到底可行吗？能继续走下去吗？

讨论归讨论，只要政策没限制，地方政府就大都保持“无为”的态度，人们就悄悄地办起了市场，开起了公司。1983 年的义乌市场，个体户已达 8667 户，第二年达到 14259 户。1983 年，深大电话有限公司在深圳正式挂牌成立，成为中国内地第一家中外合作电信运营企业。后来创办了“希望集团”，一度成为中国首富的四川“刘家四兄弟”也在这年初创业，四兄弟变卖了手表、自行车等财产，筹集 1000 元开始创业之路。后来成就了“万科”大业的王石，这年跌跌撞撞走到了做猪饲料领域中。愣愣地闯进了刚来深圳的泰国正大集团饲料厂，提出从东北拉玉米给正大，1983 年 4 月到 12 月，赚了 300 多万。有钱赚总是好的，意味着真正意义上的市场主体在悄然兴起，只是那时的企业大都是一个经营部性质，还没有完全意义上进入公司化管理。

无可争议的一个事实是，改革开放后需要的大批企业管理人才，中国没有足够的储备，大家都是边做边探索管理，出了问题往往是头痛医头、脚痛医脚。聪明的人不仅把争取技术人才的目光瞄向公有制企业，也把争取管理人才的目光瞄向公有制企业。中国改革开放的第一代管理者中，真正能够称之为管理的，大都是公有制企业（国企为主）出来的。公有制企业为中国改革开放培育了大量不可或缺的人才，这是历史事实。

但问题在于，一方面公有制企业自身也需要改革发展，另一方面公有制企业需要留得住的人才的机制出现，当时国有企业是“大锅饭”的代名词，企业“等、靠、要”现象是一种常态，效益低下，人才思动。而在当时，也就是 1983 年前的国有大企业中找不出有说服力的能使国营企业大翻身的“学习榜样”。这个时候，浙江海盐县衬衫总厂的厂长步鑫生一不小心被选中做了典型。一个叫童宝根的新华社浙江分社记者写了篇《一个有独创精神的厂长——步鑫生》，发在了内参上，当时的中共中央总书记胡耀邦看到这个内参后，写了一段批示，新华社向全国报纸发了通稿，“步鑫生热”平地而起，迅速形成一股席卷全国的“步鑫生旋风”：步鑫生首先“打破大锅饭”，做多少衬衫，就拿多少工钱，上不封顶，下不包底。然后抓质量，做坏一件衬衫赔两件。“你砸我的牌子，我砸你的饭碗”。步鑫生还重视渠道建设，每年都开订货会，邀请全国百货商店的负责人到海盐，吃住行全包，每年花“巨资”8000 多元。全国各地参观团、考察团、学习团络绎不绝通向海盐，造就了“步鑫生神话”，开始在全国各地巡回演讲。

在鲜花和掌声中、在耀眼的光环中，步鑫生迷失了自己，“粗暴专横”成了他的常态。1985 年改革开放中第一颗国有企业明星因此陨落。

这一事件，带来两个明显的影响：一是“能人管理”被许多行政领导、企业经营者所关注，挖掘“能人”、挖别人墙脚成为一时之风气；只是步鑫生“过山车”似的旋起旋落现象（从“能人管理”转到“独裁管理”导致有“管”无“理”，出现管理无序现象）反而在当时未被引起重视，后来的经济调整发展过程中，一大批抓住机遇迅速红遍大江南北的企业产品和企业领导人，也因为自信心的过度膨胀而刚愎自用，瞎指挥致使企业倒闭或品牌跌落，企业管理者也“香消玉殒”。二是当时中国的改革热情因高密度宣传步鑫生而被煽动起来，且势头日益高涨，所引起的负面作用就是使澎湃的激情让社会失去了几分冷静、几分理智；正面的作用则是这种创业与发展的大趋势，为中国公司大崛起蓄足了劲儿。

二、邓小平同志南方谈话催生了公司元年

国有企业如步鑫生的改革，虽然推动了企业变革，但到底该如何做才是正确的，没有人可以提供标准答案或运营模式。私营企业、民营企业可不可以存在，能不能发展，怎样发展等，亦没有红头文件、更没有经验借鉴。这个时候，全国人的眼睛都盯着中央，期待着中央给一个明确的态度。因为没有先例、没有理论支撑，一切都是摸着石头过河，地方上先试着，看看情况再定，在这个过程中找到症结、发现榜样，明晰思路、确立路径。当时的中国领导人邓小平，在众说纷纭中，在经济特区“姓社还是姓资”、是“五星红旗”还是“资本主义”的讨论中，冷静地分析世界格局、中国现实，鼓励各地试验探索，从而逐渐明确了执政思路和改革途径，为了将改革开放的蓝图设计得更为准确有效，也为了更有发言权，邓小平有了第一次南方视察。

1984 年 1 月 24 日，邓小平同志抵达深圳视察，欢迎人群中的特区书记梁湘，因为处在改革开放最前沿阵地，备受来自各方压力，因此特别想得到邓小平同志明确的支持态度。但邓小平却没有发表任何意见，而是一头扎下去视察调研，数日间邓小平马不停蹄地走遍特区，听取汇报、现场视察、向各层面人士了解情况，只是无论走到哪里，一路上都是不发表讲话，不表明态度，即使在参观时也很沉默，不露声色。这可把广东、深圳、蛇口等地的各级官员给闷坏了。视察队伍抵达蛇口工业区时，袁庚在汇报中说道：“我们提出‘时间就是金钱，效率就是生命’作为整个工业区的口号，不知道这个口号犯不犯忌？我们冒的风险也不知道是否正确？我们不要求小平同志当场表态，只要求允许我们继续实践试验。”全场大笑，邓小平也和大家一起笑了，但仍没表态。

1 月 27 日，邓小平离开深圳前往另一个特区珠海视察，在珠海他一反在深

圳的沉默态度，写下“珠海经济特区好”的题词，一言定乾坤，给特区经济下了结论，一个“好”字把讨论的特区“姓社还是姓资”问题给解决了，肯定了“社会主义不是贫穷”的定义，既然如此，社会主义为什么就不能致富？珠海领导欢天喜地，深圳领导着急了，广东省的领导也着急，珠海经济特区好，那深圳经济特区呢？2月1日，已经回到广州的邓小平，在广东省和深圳领导的再三恳请下，终于挥笔写下“深圳的发展和经验证明，我们建立经济特区的政策是正确的”。有一个细节必须说明：在最后的落款上，邓小平特意把时间写为“1984年1月26日”，这表明，对深圳经济特区，是在赴珠海之前人还在深圳时，就已经有这个评价了。邓小平同志的南方视察行程，当时每天都以新闻的方式传播全国，这个题词一发表，关于特区的所有争论立马告一段落。

建设经济特区作为改革开放桥头堡的做法，由此得到了中央主要领导的认可，在邓小平离开广东后的第二个月，中共中央做出重大决定，宣布“向外国投资者开放14个沿海城市和海南岛”。中国的对外开放由点及面，最终形成了沿海全境开放的格局，为中国企业尤其是民营企业发展奠定了政治和经济基础。

邓小平同志南方谈话的春风瞬间吹遍全国，对内改革、对外开放的热潮迅速在全国掀起，一个代表性的经济现象出现了：全国性的公司热兴起！机会像救命稻草一样，人们抓住一切能抓住的东西：资本、技术、经验等。中国企业在这一年如雨后春笋般发展起来，后来功成名就的一大批企业都在这个时候起步，并迅速蔓延到整个20世纪80年代中后期，出现了一大批名扬四海的公司和创业者：1984年5月，王石创“深圳现代科教仪器展销中心”，后来人们熟知的“万科房产”，是在1988年转行进军的房地产行业，成立了万科企业股份有限公司；1991年成为深圳证券交易所第二家上市公司，此后发展成为国内最大的住宅开发企业，业务覆盖珠三角、长三角、环渤海三大城市经济圈以及中西部地区。与王石同时代的许多人也在这个时期创业，张瑞敏与海尔、李经纬与健力宝……还有怀汉新与太阳神等，以及稍后一点的宗庆后与娃哈哈、李宁与李宁牌服饰等……1984年7月，中国第一家股份公司北京天桥百货股份有限公司成立；10月，中国第一只股票——飞乐音响股份有限公司（小飞乐）股票在上海发行；11月，联想成立。

所有人都相信，中国企业大发展的春天到来了。1985年，赵新先携带“三九胃泰”等科研成果和500万元借款南下深圳，在笔架山下的荒地上创办了南方制药厂，后发展成为拥有以药业为主、多业经营的国有大型企业集团。同样是1985年，为了推销刚刚从日本工厂被淘汰下来的彩电生产线设备，松下幸之助又一次来到了中国。青岛的海信、四川的长虹和广东的康佳相继引进了松下的彩电生产线。这一年前后，中国一共引进了105条日本的彩电生产线，日本企业成为第一批在中国赚到钱的跨国企业，而那些引进了生产线的中国企业也迅速崛起。1986年关广梅承包租赁了辽宁省本溪市蔬菜公司一系列商店并组建东明商业集团，当年关广梅收入44000元人民币（大约是当时中国人均收入的50倍），租赁、承包、股金三位一体的经营形式为改革提供了新鲜经验。1987年，马胜利组建中国第一个跨区域的商业集团“中国马胜利造纸集团”。这年，43岁的任正非退役后，与人用凑来的2万元人民币创立了华为公司。1988年12月，王文京以5万元借款与苏启强合伙创办财务软件服务社，从2个人的软件服务社逐步发展成为中国最大的用友财务软件公司、中国最大的管理软件公司、中国最大的独立软件厂商。……逐渐的，“经理多如牛毛，老总满街走”，整个20世纪80年代中后期，出现了公司创办高峰。

图6-3 1984年国庆游行“小平您好”标语

图片来源：《1984年国庆游行“小平您好”标语诞生》，观察者新闻中心，2014年10月10日，沪ICP备10213822号。

中国民营企业发展风起云涌，改革大潮一浪高过一浪。全国人民欣喜于赶上一个好时代，以各种方式表达对邓小平的敬爱。1984年庆祝新中国成立35周年的游行队伍中，北大学生打出了“小平您好”的醒目横幅。这句话感情真挚，像是对待亲朋，又像是对待自己最热爱、最熟悉的家人的问候，真真实实地表达了人民群众内心深处对邓小平同志的由衷祝愿和朴素、深厚的爱戴之情以及对改革开放的由衷喜欢。这里有个后话，1992年，邓小平同志进行了第二次南方视察，南方谈话发表后，1984年扛过“小平您好”标语的大学生张志便辞职下海，创办药厂。在此之前，民营企业还从未涉足过制药业。

在对“南方谈话”的解读过程中，人们看到了新的希望，中国催生了改革开放后真正意义上的第一波企业创办热。1984年这一年由于中国公司大爆发，被普遍认为是中国公司元年。从企业管理角度看，这一年也可以称之为是中国企业管理元年，因为这一年成立的公司，无论是主动还是被动，也无论是中式还是西式，只要是公司，就必然开始了公司化企业管理——虽然从今天的眼光来看也许还谈不上真正意义上的现代企业管理，但毕竟起步了。

三、饮料和保健业的无序经营

一直以来靠农业产粮吃饭的中国人，不经意间发现，许多以前从未听过、见过的生活用品，突然间铺天盖地而来，让人目不暇接。冲击力比较大的是，本来只喝开水、茶水解渴或消遣的中国人，忽然被一种叫作饮料（包括“营养液”）的产品及其广告弄得眼花缭乱——此前的国人，对广告也很陌生。

1983年，体委干部出身的李经纬听说广东体育科学研究所的研究员欧阳孝研发出了一种“能让运动员迅速恢复体力，而普通人也能喝”的饮料，便主动找上门去要求合作——一种橙黄色的饮料开发出来了，当时有一个很拗口的名称：促超量恢复合剂运动饮料（实际上是一种含碱电解质的饮料）。1984年4月，亚洲足联将在广州开会，李经纬想把饮料带到这个会上去，经过苦思冥想，终于想出了一个新的名字——“健力宝”，并大胆提出用易拉罐包装健力宝。这是首次以市场为导向的创业企业，也是以经营促管理的产销合一企业的起步。

当时易拉罐是高档饮料的代名词，国内尚无一家易拉罐生产企业。李经纬说动了深圳百事可乐公司为他代工生产健力宝。200箱光鲜亮丽的健力宝准时出现在了亚足联广州会议上。1984年6月，健力宝毫无争议地成为中国奥运代表团的首选饮料。同年8月，洛杉矶奥运会开幕，中国奥运代表团凭借许海峰的射击实现了金牌“零的突破”，并最终夺得15枚金牌，位居第四。极大地激发了全民的热情和民族自豪感，而作为中国奥运代表团的首选饮料，健力宝也获得了难以想象的关注。8月7日女排决赛场上，已经成为民族英雄的中国女排姑娘们以勇不可当之势，直落三局，击败东道主美国队，实现了“三连冠”的鸿鹄伟业。

在1983年8月11日的《东京新闻》上，日本记者有贺发表了一篇花边新闻稿《靠“魔水”快速进击?》，他好奇地发现中国女排运动员比赛间歇在喝一种从没有看到过的饮料——事实上，健力宝在当时除了供给中国奥运代表团以外，在中国国内市场上几乎没有任何销量——于是便猜测“中国运动员取得了15块奥运金牌，可能是喝了某种具有神奇功效的新型运动饮品——健力宝的缘故”。很显然，这是一篇信手写来的、没有经过任何采访与核实的新闻稿。中国运动员成绩的大幅度提升曾在国际上引起过很多猜测，这无非是其中还算友好的一种猜想。没有想到，一位随团采访的《羊城晚报》记者看到了这篇新闻稿后，竟妙手改写成了《“中国魔水”风靡洛杉矶》。当这条“出口转内销式”的新闻在晚报上刊出后，居然被迅速广泛转载。“中国魔水”与“东方魔女”（对中国女排的昵称）的交相辉映，在早已沸腾的奥运热上再添了一分充满神秘气息的骄傲，它实在非常吻合一个刚刚回到国际舞台的东方民族的心理满足。

从此，健力宝一夜而为天下知。1984 年，健力宝年销售额为 345 万元，第二年飞蹿到 1650 万元，再下一年达到 1.3 亿元。在此后的 15 年里，它一直是“民族饮料第一品牌”。在最紧俏的时候，健力宝所在地三水县（现广东省佛山市三水区）到处是全国各地前来拉货的大卡车，一车皮健力宝的批条被炒到了 2 万元。1987 年 11 月，广州举办的全国第 6 届运动会，为得到“六运会指定饮料”名号，健力宝公司与可口可乐公司竞争，后者愿意出资 100 万元，而李经纬则一口气把价码抬高到 250 万元，并外加赠送 10 万元饮料。健力宝如愿以偿，媒体记者津津乐道。赛会期间，在新建成的广州天河体育中心，大到墙壁，小至痰盂、垃圾桶，都铺天盖地地印上了健力宝的广告。在闭幕式上，当日会场的入口处，200 多名工作人员穿上清一色印有健力宝标志的运动服装，并向入场的 8 万名观众每人赠送一听健力宝饮料。放眼环形运动场，星星点点全都是健力宝的饮料罐，简直成了一个橙红色的海洋。“六运会”一过，李经纬趁热打铁召开了全国经销商订货会，短短两个小时，订货额就达 2 亿元。第二年实现销售额 2.7 亿元。健力宝的广告也第一次出现在中央电视台上，李经纬亲自拟定的广告词非常实在也朗朗上口：“您想身体好，请喝健力宝。”

李经纬的智慧在于他不但乘上了改革的高速列车，还搭上了中国体育复兴的航班。李经纬的智慧还在于他的眼光。当克林顿夫妇参加大选时，他把健力宝送到了第一夫人的手中，使其成为国际知名的品牌。

健力宝的崛起，意味着中国饮料市场春天的到来。它极大地激发了人们的想象力，一群极富野心的创业家纷纷涌入了饮料食品领域。在珠江三角洲一带相继冒出大大小小的饮料厂和食品厂、保健品厂，“珠江水”和“广东粮”“北伐”中国的时代开始了。同时，也搅得刚刚起步的中国企业管理东倒西歪。

广东东莞黄江镇，怀汉新创办了太阳神保健品厂，他的创业传奇几乎是李经纬式的翻版。怀汉新在广州市体委当过司机，他的岳父在广东省体育医院工作，研制出了一种将鸡与蛇的提取液进行混合、用于治疗厌食和失眠的滋补液，在试用之后效果很是不错。怀汉新便带着这个配方和 5 万元，跑到黄江镇办起了一个小工厂。在产品还没有批量生产成功情况下，怀汉新仿效李经纬的招数，在 1988 年 1 月国家体委在广州召开第 24 届奥运会中国代表团专用运动饮料营养补剂评选会议上，怀汉新带着他尚未面市的“生物健”四处公关，一举荣获第 24 届奥运会中国代表团专用运动补剂和中国运动营养金奖。获奖后，怀汉新将厂名、商品名和商标都统一注册为“太阳神”，他拿着健力宝的易拉罐对设计人员说：“这是中国最好的饮料，你就按它的样子来设计。”“太阳神”横空出世，风光一时。

1987 年，杭州城东的一个街道里，比李经纬小 6 岁的宗庆后接手杭州市上城区校办企业经销部，以 3 个人、14 万元借款起家。1988 年，瞅准儿童口服液这一市场空白点的宗庆后筹建娃哈哈儿童保健品厂，在浙江大学医学营养系主任朱寿民教授帮助下，研制成功一种以桂圆肉、红枣、山楂、莲子等天然食品为原料提炼精制而成的儿童营养口服液，并起名为“娃哈哈”。凭借“喝了娃哈哈，吃饭就是香”的广告一下打开了市场，娃哈哈营养液 3 年销售过亿元。公司完成了初步的原始积累。这位日后中国最大饮料公司的创办人回忆说，这句广告词的灵感整个儿是从健力宝“偷”去的。

这样一来，大批狂热的追梦人，踢翻常规路，一心想赚钱，踏踏实实办企业、规规矩矩搞管理的也稳不住神了，赚钱、捷径，梦想在飞翔。

李宁，在 1982 年第 6 届世界杯体操赛上，一人独揽男子体操 7 枚金牌中的 6 枚，被誉为“体操王子”。1984 年，第 23 届洛杉矶奥运会上，他又获得 3 金 2 银 1 铜的佳绩。1986 年，他还获第 7 届世界杯体操赛男子个人全能、自由体操、鞍马 3 项冠军……在李宁 18 年的运动员生涯中，共获得国内外重大体操比赛奖牌 106 枚。

1984 年洛杉矶奥运会上，李经纬与李宁相识；1988 年汉城奥运会上，李宁在吊环比赛中意外失手摔了下来。回到北京的李宁不再是媒体簇拥和追逐的对象。他黯然神伤，孤单地从机场的一条偏僻通道悄悄出关……在灯光暗淡、寂寥空旷的通道尽头，站着一个高个子的男人，微笑地捧着一束鲜花在等候他，那就是李经纬。1988 年 12 月 16 日，在健力宝的赞助下，李宁在深圳体育馆举行了盛大的告别晚会。李经纬鼓励李宁创办一个体育企业。几个月后，李宁提出想办一家体育服装厂，李经纬陪着李宁寻找到一家新加坡公司为其投资。

1990 年，三方共同投资的中新（加坡）合资健力宝运动服装公司挂牌成立，其中健力宝出资 1600 万元。李宁出任总经理，其服装品牌则被命名为“李宁牌”。这一年第 11 届亚运会在北京举行，李宁以 250 万元拿下亚运会火炬接力传递活动的承办权。8 月，在世界屋脊青藏高原，李宁作为运动员代表，身穿雪白的“李宁牌”运动服，从藏族姑娘达娃央宗手里接过了亚运圣火火种。从这一刻开始，“李宁牌”真正诞生了。1994 年年底，健力宝运动服装公司从健力宝的母体上顺利脱身；1996 年初，李宁将公司总部从广东迁到北京，并更名为李宁运动服装公司，彻底告别了健力宝。2004 年 6 月 28 日，已经是中国最知名、规模最大的国产体育用品公司的李宁集团在香港联合证券交易所上市。

这一阶段的公司，除了三资公司及后来成长为大型公司的少量企业外，大部分企业无论是生产性企业还是商业性企业，大都以生产、销售为先，以管理为后，管理是在逼得没办法时才去思考或者借鉴该怎么管理。那时候，往往是繁忙的生产、销售掩盖了没有管理带来的诸多问题，所以，几乎很少有企业主动从管理视角着手发展企业。那时候在大批中小企业主心中，认为管理是空谈，而且一讲管理就要花钱，几乎都不愿意在这方面“投资”。无序经营，是这一时期的管理特征，企业战略有战无略、营销有销无营，而这些缺陷被商品缺乏年代的市场需求旺盛掩盖了。

第三节　海尔模式的管理理论贡献

一、狂热创业潮中的理性：海尔模式形成

1984 年，35 岁的张瑞敏被派到一家濒临倒闭的“青岛日用电器厂”当厂长，这是一个资不抵债亏空 147 万元的烂摊子。在张瑞敏之前，一年之内已经换了三个厂长。对形式主义深恶痛绝的张瑞敏，不愿意还在这条老路子上继续走下去。于是他开始有章程的管理，这一管理举措，在今天看来可能会让人发笑，但在当时，却是张瑞敏不得不新解决的问题，他在上任伊始制定了 13 条规章制度：不准在车间随地大小便、不准迟到早退、不准在工作时间喝酒、车间内不准吸烟和不准哄抢工厂物资等。从中可以看出当时公司管理的起点有多么低，公司管理的内容有多原始，公司管理的方式有多粗糙。张瑞敏将工厂牌子变更为“青岛电冰箱总厂”，退出洗衣机市场转而引进利勃海尔的技术生产电冰箱，并定名为“海尔”。1985 年“张瑞敏砸冰箱”成为这家日后中国最大的家电公司的第一个传奇，它跟几年前鲁冠球把 40 多万元的次品当废品卖掉的故事如出一辙，表明了中国第一代企业家的自我蜕变正是从质量意识的觉醒开始的。

1985 年的一天，张瑞敏的一位朋友要买一台冰箱，结果挑了很多台都有毛病，最后勉强拉走一台。朋友走后，张瑞敏派人把库房里的 400 多台冰箱全部检查了一遍，发现共有 76 台存在各种各样的缺陷。张瑞敏问大家怎么办？多数人提出，也不影响使用，便宜点儿处理给职工算了。张瑞敏说：“我要是允许把这 76 台冰箱卖了，就等于允许你们明天再生产 760 台这样的冰箱。”他宣布，这些冰箱要全部砸掉，谁干的谁来砸，并抡起大锤亲手砸了第一锤！很多职工砸冰箱时流下了眼泪。然后，张瑞敏告诉大家——有缺陷的产品就是废品。

三年后的 1988 年，海尔人捧回了中国冰箱行业的第一块国家质量金奖，1991 年获得全国驰名商标，海尔不仅扭转了被动局面，而且逐步成长为国内著名的企业和驰名品牌，20 世纪 90 年代末海尔开始走向品牌国际化。一个亏

损 147 万元的小厂，17 年之后成为一个国际知名的大型企业集团，年销售额从 1984 年的 384 万元到 2001 年的 600 亿元，业绩增长了 1 万多倍，并保持年 80% 的平均增长速度。海尔的成功之路堪称中国企业发展史上一个罕见的成功案例。

总结起来海尔集团的发展历程可以分为四个阶段：一是名牌战略阶段（1984 年 12 月至 1991 年 12 月）。此阶段只做冰箱一个单一产品，做到了国内第一。实现的手段是“通过抓质量，突出企业的差异化”，全面引进德国利渤海尔的冰箱生产线和标准体系，制定标准化战略——“高标准要求是高质量产品的保障”，标准化工作重点是把国外先进标准转化成为自己的企业标准。二是多元化战略阶段（1991 年 12 月至 1998 年 12 月）。此阶段向多个产品发展，进入黑色家电领域，并将规模做大，打进国际市场。实现的手段是“通过兼并等方式扩张规模的同时，坚持通过标准提升企业竞争力，除了具有高档质量和优质服务之外，还具有足以与任何对手竞争的实力”。三是国际化战略阶段（1998 年 12 月至 2005 年 12 月）。此阶段产品销往全球主要经济区域市场，在海外建厂，海尔品牌有了一定的知名度。实现手段是“自主创新，增强企业竞争力”，从企业的国际化转变成为一个国际化的企业，标准化战略是“创造新标准，创造新需求”。四是全球化品牌战略阶段（2005 年 12 月至今）。此阶段每类产品都要成为全球化名牌，在每一个市场，海尔都要成为本土化的品牌，使海尔成为世界名牌。实现手段是通过自主创新和自主产权支撑海尔品牌，实行纵向和横向的扩张，通过标准领导行业，成为世界家电企业的第一。

二、海尔模式对中国管理的贡献

与海尔发展历程相应，海尔管理也经历了四个时期：一是从无序管理到有序管理。此阶段主要推出了《十三条制度》，张瑞敏适时推出震动全国的砸冰箱事件，按照张瑞敏的说法是砸出了新观念，这就是“零缺陷，精细化”的质量观念，由此建立了一条长期的名牌战略发展之路。二是从有序到形成体系。此阶段主要是全面引入质量认证体系，特别是美国 UL 质量体系，为海尔管理全面落实到海尔的方方面面管理打下了基础。三是从体系上升到高度。这种高度表现为以产品为中心的管理转变为以人为中心的管理，这里面就体现在海尔创立的现代管理的 OEC 管理法，其“日事日毕，日清日高”的理念有效地提高了人的素质，为海尔管理上台阶提供了扎实的基础。四是从高度向周围延伸。这阶段海尔管理全面提速，全面系统地完成了海尔的多方位管理哲学，其中包括生存哲学、用人哲学、运营哲学、服务哲学等，至此，海尔管理的金字塔日渐完美。

海尔20余年的创业过程所运用的管理浓缩了发达国家100余年的管理精华，从古典管理理论阶段、人际关系—行为科学理论阶段、现代管理理论阶段、比较管理—企业文化理论阶段到第五代管理阶段（即速度、变革、全球化、创新阶段）。而且，海尔管理是管理理念、方法、手段不断创新的过程。其永远不变的内核就是海尔管理：质量、用户步步到位，生产、营销事事落实，流程、物流不断创新，而在员工关系的特点是：双向认识管理、自助激励管理、情感管理、竞争比较管理和文化管理。这种特点在海尔人力资源管理上也得到了充分体现。

在海尔管理行为上以采用人为核心的现代管理理念，主要表现在人的主体性、权利平等性、成果分享性、情感沟通性、手段多样性等管理特性上。海尔还开展了员工自主管理实践探索，包括共同目标管理、参与管理、人才开发管理、构建命运共同体。真正意义上开发员工的内生性生产力。海尔人力资源管理方面是有创新的，其人力资源理念是“人人是人才，赛马不相马”。

海尔从初创到成熟，其管理思想、管理体系、管理风格经总结后开始向全国推广，并由此形成了一个新产业——海尔培训产业。海尔培训引言中的一句话是：“创立于1984年的海尔集团，经过20余年持续稳定的发展，白色家电位居世界第一，并已成为在海内外享有较高声誉的大型国际化企业集团。原国家经贸委在全国范围内推广‘海尔经验’以来，海尔已经成为国内各类企业的教科书。每年有几十万人到海尔集团参观，海尔企业文化、业务流程再造、OEC管理法、即时激励、生产管理、质量管理、企业文化建设等，成为众多国内企业商务考察的理想地点。‘海尔培训课程’对于当下企业发展具有普遍借鉴意义。”海尔模式的兴起到后来进入哈佛大学、洛桑国际管理学院、欧洲工商管理学院、日本神户大学等著名高等学府的案例库，成为全球商学院的通用教材。这是中国管理实践和理论总结对世界的贡献。

这也说明一点，越是中国的，才越是世界的；同理，想要成为世界的，首先必须成为中国的。一个海边人到内陆腹地做客，主人想方设法用海鲜招待，效果不一定好，不仅仅是食材没有海边新鲜，口味、烹饪方法、佐料等都不可能比海边人自家烧的更好；此时，不如拿出内陆当地最好的特色菜、土特产招待海边来客更有意义。反之亦然。只有把本地菜做到最好，才有可能让外地客慕名而来，品尝到他原本没有尝到过的美味，才是他来到你这儿的最佳收获，才有可能回去后传播你的特色、你的好。

为什么在管理领域，偏要反其道而行之呢。海尔的成功，无疑做到了一点：我只做我自己，向你学习不是变成你，只是用你的营养充实我自己。

第七章　电子行业管理破茧而出

随着国门洞开、科技发展，新兴的产业领域一日三变大跨越式发展。最典型的是电子信息产业，这是在电子科学技术发展和应用的基础上发展起来的，具体细分为投资类产品、消费类产品和元器件产品三个大类。电子信息产业的发展由于生产技术的提高和加工工艺的改进，集成电路差不多每三年就更新一代；大规模集成电路和计算机的大量生产和使用，光纤通信、数字化通信、卫星通信技术的兴起，使电子工业成为一个迅速崛起的高技术产业。在中国，这一行业的兴起是双向并发的：一方面是政府层面的宏观掌控，另一方面是平头百姓的微观创业。为了方便说明，这里把 IT 行业归入信息产业，就与电子行业发生关联性。即本章所提之电子行业包括 IT 行业。从管理角度看，电子、IT 行业是新兴行业，行业特性、业内人士都具有国际性，所以管理上与世界接轨反而更具有便利性，在理念、思想面临东西方冲撞的年代，电子、IT 业相对稳定些。

第一节　中关村电子业起步硅谷梦

一、中关村电子一条街

1984 年，被称为中国“硅谷”的北京中关村，开始初显繁荣景象，陈春先成了一个勇敢的“弄潮儿”，他的实践证明走出实验室的科技人员将大有作为。于是，在这种声音的鼓动下，一批批的科技人员跳进了商品经济的大海。这一年，以四通、信通、京海、科海为代表的一大批民营科技公司先后成立，加上满足本地购买需求的店铺，中关村“电子一条街”初具规模。

从今天看来，那时的“电子一条街”只是“电子摊贩集聚地”，但却是电子行业最早的公司创业地，一些公司从这里起步，1984 年中关村已有 40 家科技企业。到 2009 年，中关村当年小小的一条街已发展成面积达 32 万多平方米的 IT 卖场，经营商户约 8000 家，从业人员约 5 万人。更重要的是它对全国的示范性作用和从中关村全国各地的公司下线延伸。可以说，中关村带动了全国 IT 行业的创业浪潮，一定程度上撬动了全国电子工业的发展。1999 年，硅谷、太平洋、海龙三座电脑城先后投入使用，彻底结束了中关村以小型电子市场为主的格局；随着电脑城、电子城大规模入驻，将中关村的商业氛围迅速扩大化。到2006年，中关村三大电子卖场鼎好、海龙、e世界已经齐聚，太平洋数码、硅谷、科贸、中发、中海园浮出水面，一片熙熙攘攘，2010年电子产品销售额达到280亿元。

二、中关村的退市还研

如前所说，兴起的中关村“电子一条街”，有效地推动了中国电子业的发展，促进了电子产品的流通，大大扩展了中国民营企业领域。但与陈春先创办“中国硅谷”的初衷却渐行渐远。“高科技”的含义渐渐被演绎为电子卖场的“恶性”扩张，更多的人、公司是在这里做贸易、组装机器、炒货，而相继带来的也是餐饮行业在中关村的兴起。“走火入魔”的商业化模式让“硅谷”一词成为中关村的乌托邦。如何摆脱过度商业气质，让人们不能一想到中关村就只是去买手机、买电脑、买配件，而是回归其科技创新本质，这需要壮士断腕的勇气，需要一个转型的契机和一种明确的信号。“退市还研”成为一种必然。

很显然，在既得利益和惯性思维面前，让企业以市场化方式主动减弱过度商业气质，回归科技创新的本质，是非常困难的。2010年，中关村企业总收入1.59万亿元，同比增长22.6%。其中，研发服务和高技术产业发展增长较快，实现总收入7054.7亿元，对示范区经济增长的贡献率为44.3%。软件与信息服务业持续引领国内产业发展，约占全国总量的1/7；计算机市场占有率、手机产量稳居国内第一；集成电路设计收入占全国的1/4。截至2013年，上市公司总数达到189家，其中境内113家、境外76家，38家企业在境内创业板上市，初步形成了创业板中的“中关村板块”。但这样的业绩显然不能让中国硅谷满足。

图7-1　从中关村电子一条街到中关村科技城

根据2008年北京市政府下发的关于中关村科技园区发展战略纲要（2008～2020年），希望到2020年，中关村科技园区高新技术产业增加值将占到北京地区生产总值的30%，并初步成为全球新兴的科技创新中心。这就是政府出面，在统一规划和政策扶持下，中关村正在走向“重回硅谷”之路。

应该说，中关村促进了中国企业新领域的大发展，但在企业管理方面还没能做出较大贡献，如果总结其贡献，也主要在市场推广的营销领域。寄希望于回归“硅谷”之后在科技型企业发展和新企业管理方面，能成为业内翘楚，国内领先，并且无论在科技研发领域还是在企业管理领域，都能参与世界竞争。

第二节 联想等公司的管理国际化

一、对人才渴的求与重视

管理领域对人才的重视，首先是从对技术人才的重视开始的。从计划经济向商品经济过渡的时代，缺的是能够拿得出产品的专业技术人才。电子行业是最早表现对人才投入的高关注度的。中关村一直流传着“三个企业家找到三个科学家，成就三个知名企业”的经典故事：柳传志找到倪光南，开发出了联想式汉卡，成就了联想公司；张玉峰找到王选，开发出了方正激光照排系统，成就了方正公司；万润南找到了王辑志，开发出了四通打字机，成就了四通公司。

1984年，柳传志与10名已届中年的科技工作者、怀揣着20万元人民币启动资金，在北京中关村科学院南路2号中国科学院计算技术研究所20平方米的传达室里创办了联想集团的前身——中国科学院计算技术研究所新技术发展公司。1985年初，中科院购买了500台IBM计算机，其中的验收、维修和培训业务交给了“计算机所公司”，从而带来70万元的服务费。也正是通过这个业务，柳传志跟刚刚成立的IBM公司中国代表处搭上了线，成为后者在中国的主要代理公司，为IBM做销售代理成为日后联想公司最重要的利润来源，这一渊源可以一直延续到20年后联想以16亿美元收购IBM的PC事业部。

而真正让联想大翻身的是引入中国工程院院士倪光南的科研成果“汉卡”，倪光南于1984年12月出任公司总工程师，将联想式汉卡的全部技术都带入了公司。联想式汉卡为公司赚来第一桶金。计算所公司创建头三年间它创造的利润（包括退税）达1237万元，汉卡荣获1988年国家科技进步一等奖。今日已成为跨国公司的联想集团，正是以“联想汉字系统起家并由此而得名”（柳传志语）。联想式汉卡在公司的头三年创造的直接效益，是计算所拨给公司使用的办公室、实验室等场地投入和开办费20万元的数百倍。

联想集团实现了许多重大技术突破，除了联想式汉卡，开发出可一键上网的个人电脑，得以领跑中国 IT 业。2003 年，推出完全创新的关联应用技术，从而确立了联想在 3C 时代的重要地位。凭借这些技术领先的个人电脑产品，联想登上了中国 IT 业的顶峰，自 1997 年起联想连续八年占据中国市场份额第一的位置，占中国个人电脑市场超过三成份额。2013 年时的联想集团是全球个人电脑市场的领导企业和著名的高科技产业集团，在全球拥有 23000 多名员工，60 多个国家和地区设有分支机构，在 160 多个国家和地区开展业务，2007 财年营业额近 170 亿美元，2008 年跻身全球 500 强。

图 7-2　联想创业元老于 2001 年在创业时租用的传达室前合影

图片来源：2008 年 12 月 12 日央视《中国故事》专题《柳传志：创业史与改革开放同步》，转引自新浪网新闻中心。

二、联想公司的管理阶段①

以联想为代表的这一批公司，因为是以电子科技为创业内涵的，而且开始的定位就是“硅谷”模式，虽然被商业利益所冲击，但不可否认的是自一开始就带有一定意义上的国际化视野，其企业构架、管理制度、流程和方式，是中国企业中最早引进国外管理经验的企业之一。按联想自己的总结，经历了三个管理阶段：快船模式阶段、大船模式阶段、舰队模式阶段。

1984~1987 年，联想与不少企业组织结构大体一样，可以总结为“平底快

① 《联想集团管理模式转变》，见百度文库教育专区高等教育中心的管理学。

船”模式，组织架构比较简单，总经理直线指挥经理室、技术部、工程部、办公室、财务部和业务部，权力调配集中，没有层级，人员和部门一专多能。这在公司规模小、产品少、资金少、人员少和经营额少的情况下，保证了各部门和员工之间的沟通和信息反馈，适应了当时环境和企业发展战略的需要，促进了联想发展。

1988 年，针对企业规模不断扩大、自有资金上千万元、营业额上亿元、人员和产品都大幅度增加的现实，柳传志提出了“大船结构”管理模式，主要特点是“集中指挥，分工协作”，即围绕公司开发、生产、经营三大主体，设置了决策系统、供货系统和财务部门的“二系一部”结构，权力收归集团，人员、资金统一调动管理，各专业部门实行经济责任承包合同制。这种模式的关键在于能否把企业凝聚成坚强有力的整体，做到了就能产生“1 +1 > 2”的总体效益，就能成为企业独有的企业文化。所幸，联想以其高科技的国际化水平、快速发展的吸引力和领袖独特的个人魅力，联想的管理过渡成功了。很多企业“死”在了路上，就在于没能达成这样的凝聚力而成长为一个坚强的整体。

然而，没有一成不变的管理，也没有放之四海皆准的管理模式，与时俱进、适时改革是必需的。联想的“大船结构”发展到一定程度，必然产生“大船”笨重难“掉头”问题，而且也会阻碍“小船”前行。1993 年，联想的内部没能完成既定销售额，外部国外品牌抢占大量市场份额，宏观上调控开始，“大船”无法随机应变。于是柳传志提出了“舰队模式”，尝试事业部体制，逐渐形成集权和分权相结合模式，即释放各条“小船”出海，通过财务将其“绑”成一支舰队。1994 年 3 月 19 日，联想成立了微机事业部，联想电脑的研发、采购、生产、销售、服务全部环节都统一由事业部自行管理，实现以市场为导向的战略。

创业期的“快船”、成长期的“大船”到成熟期的“舰队”，联想的管理根据内外部的变化而变化，从而在每一个时期都有效地解放了生产力，这种管理模式的变革与发展，无疑与世界性的眼光、国际化的人才队伍、中国式的智慧谋略有关。

第三节　电子工业发展的管理改革

一、中国电子工业的发展

中国的电子工业出现于 20 世纪 20 年代。1929 年 10 月，国民党政府军政部在南京建立“电信机械修造总厂”，主要生产军用无线电收发报机，以后又组建了“中央无线电器材有限公司”“南京雷达研究所”等研究生产单位。中华人民共和国成立后，政府十分重视电子工业的发展。最初，在中央人民政府人民革命军事委员会成立电讯总局，接管了官僚资本遗留下来的11个无线电企业，并与原革命根据地的无线电器材修配厂合并，恢复了生产。1950年10月，政务院决定在重工业部设立电信工业局。1963年，国家决定成立第四机械工业部，专属国防工业序列。这标志着中国电子工业成立了独立的工业部门。1983年，第四机械工业部改称电子工业部。中国的电子工业经过几十年的建设和发展，已经具有相当规模，形成了军民结合、专业门类比较齐全的新兴工业部门。

到20世纪90年代初，中国电子工业已经能够主要依靠国产电子元器件生产20多类、数千种整机设备以及各种元器件，许多精密复杂的产品达到了较高水平，并形成了雷达、通信导航、广播电视、电子计算机、电子元器件、电子测量仪器与电子专用设备等六大产业。中国电子工业已具有门类齐全的军用电子元器件科研开发与配套能力，具有一定水平的系统工程科技攻关能力；基本能满足战略武器、航天技术、飞机与舰船、火炮控制和各种电子化指挥系统的需要；所提供的产品都达到了较高技术水平，其中不少达到世界先进水平。

二、广东电子工业崛起①

中国改革开放后民营电子工业起步与发展，不能不提到改革开放的前沿阵地：广东。20世纪80年代前后的广东，电子工业是以发展外向型经济为主攻方向，所以广东省提出“利用外资，引进技术、产品出口、外汇平衡”的发展策略。1979年，利用其毗邻香港的条件，率先开展电子行业“三来一补”业务，并以加工费抵偿引进或无偿提供的方式引进设备，为发展外向型经济打下了基础。

1987年，广东省电子工业共有中外合资合作企业41家，完成工业总产值达9亿多元，深圳光明华侨电子工业有限公司、深圳华强三洋电子有限公司等22家合资企业，出口额达8230万美元，占全省电子工业出口总额的77.6%。外向型企业，由20世纪70年代以出口电子元件为主转向出口彩色电视机、黑白电视机、组合音响、空调器、电子测量仪器等整机产品为主。佛山市电子工业集团公司和深圳粤宝电子联合公司被国家列为出口生产基地。佛山无线电一厂、三水西南无线电元件厂、江门无线电二厂和三厂、中山无线电总厂、广州无线电厂、广州国光电声总厂、广州曙光无线电厂、广州胜风电子机械公司和信宜无线电二厂等10家企业被国家列为出口扩权企业，初步形成了电子产品出口基地企业、扩权企业、一般出口企业、中外合资合作企业和“三来一补”企业等多层次、多渠道、多形式的出口生产体系。到1987年，全省电子行业内有出口业务的企业

---

① 《广东电子历史回眸　电子工业简史》，见中国电子网“工业控制”。

已达 138 家创汇总额 2.55 亿美元。涌现出一批企事业改革家，如张万镇、马福元（深圳赛格集团公司总经理）、黎绍雄、黄立胜（深圳粤宝电子联合公司经理）、高发（佛山无线电三厂厂长）等全国电子行业的“企事业改革家”。

广东省围绕企业扩权和建立新型管理体制进行了探索和实践，不仅仅是扩大企业自主权。企业把经济承包责任制落实到车间、班组、个人，不仅包利润，而且包括产品质量、产量、品种、物耗、成本等各项指标，以及浮动工资、计件工资、奖金分配与人均税利挂钩等。更重要的是组建经济联合体。到 1987 年，全省电子行业共有 130 家跨地区、跨部门的内联企业。1985 年 9 月成立深圳电子集团公司，与贵州中国振华电子工业公司和北京中国长城计算机集团公司、南京中山电子集团公司一并列为全国电子行业 4 个企业集团试点之一。佛山市电子工业集团总公司于 1987 年成立，拥有 45 个成员企业。

广东电子工业从无到有，从小到大，从弱到强，到 20 世纪 80 年代后期和 90 年代初、中期，涌现了一批销售收入超过 1 亿元的企业 62 个，其中华强集团有限公司、TCL 集团公司、康佳集团股份有限公司销售收入达 30 亿元以上。有 17 家企业进入全国电子行业销售收入百强行列，成为全国进入电子百强企业最多的省份。

这一批电子工业企业，都自然而然进行着企业发展过程中的企业管理。以深圳赛格集团为例，这家深圳市属国有大型企业，成立于 1986 年，经过十年创业，三年结构调整，深圳赛格集团发展成为一个以电子高科技产业为主，以资本为纽带，资产经营一体化的大型国有企业集团，集团公司拥有全资、控股，参股企业 84 家，财务合并报表范围的企业有 41 家（上市公司 4 家，内部股份公司 2 家）。和当时的中国大多数企业集团一样，赛格集团在初期发展阶段，也存在着不少问题：投资过度膨胀、过于分散，战线拉得太长，没有形成规模经济，企业超负债经营等方面。投资过度膨胀的结果导致赛格集团企业经济效益低下，集团发展陷入困境，银行筹资十分困难。据统计，1992 年，赛格集团有 2 亿元的潜在亏损，资产负债率达到 113%。如此高的资产负债结构无疑给赛格集团带来了金融难题。针对赛格集团发展初期出现的种种难题，1993 年，集团调整总体发展战略为：“坚持一个中心，面向两个市场，实现三大转变，形成四大支柱，把赛格集团建设成为以电子高科技产业为主导的多元化、现代化、国际化的企业集团。”“一个中心”就是要坚持以经济效益为中心；“两个市场”就是要开拓国际、国内两个市场；“三大转变”就是要按照社会化大生产和市场经济的客观规律，主动向高科技产业群体转变，向集约化的规模经营方式转变，向现代企业制度转变；“四大支柱”就是要按照专业化、实体化建设的要求，形成电子制造、金融、商贸、房地产四大支柱产业。

此后，公司开始盘活有效资产，抓好中康玻璃和赛格日立这两个产业大项目。同时开始资产重组，并调整产业结构。1993年至1996年，赛格集团不仅消化了历史上的潜在亏损，而且实现税后利润总额11.85亿美元。其中，1996年实现税后利润3.5亿元，比1992年增长3.5倍。截至1996年年底，未经评估的国有资产已达到21.6亿元，比1992年增长了近400%。集团资产负债率由1992年的113%下降到1996年的73%，下降了近40个百分点。形成了鲜明的电子高科技主导产业，产生了一批国有资产占控股地位的大型骨干企业，如赛格股份有限公司、赛格日立、中康玻璃、深爱半导体和赛格高科技投资股份公司等。并且创造出了一批民族彩管、玻壳、超大规模集成电路、大功率半导体管、移动通信系统、电子工程系统以及系统软件等过得硬的主导产品。

三、江苏电子工业的风光

江苏省也一直是中国传统的电子信息产业基地。改革开放后，江苏电子信息产业发展速度越来越快。1977年至1991年是江苏省电子工业走向振兴、实现百亿元的发展阶段，电子信息产业以年均16.6%的速度增长（其中1985年至1990年，江苏电子信息产业产值和销售连续6年保持全国第一）。1984年，竞争远远没有现在这么激烈，广告的概念对人们来说还很陌生。创建于1967年的江苏省盐城无线电厂（燕舞集团前身）直到1981年还只是一个装配收音机的小厂，1982年，终于在全省第一个研制出“燕舞”收录机，“燕舞”投入40多万元在中央电视台打广告，在国内一炮打响。到1987年的时候，“燕舞”的广告费已经达到400多万元。“燕舞，燕舞，一曲歌来一片情”“燕舞888，质量顶呱呱”“到处莺歌燕舞，带来知音无数”等人们耳熟能详的广告词给燕舞带来了丰厚的利润。随后几年，“燕舞”通过形象宣传、苦心经营，一举发展成为全国最大的收录机生产基地，销量连续8年居全国收录机行业首位，成为中国知名度最高的音响品牌。

第八章　规范管理资本市场突起

如果说国有企业为中国民营企业培育了一大批人才，那么乡镇企业则是其中最大的受益者。1984年年初，国家以集体名义创办的“社队企业”[①]改称“乡镇企业”，乡镇企业由此飞速发展，仅两年的时间，从1984年的165万家，到

① 社队企业是中国改革开放之前由农村人民公社、生产大队办的集体所有制企业，后范围扩展为生产队办企业、农民自筹资金办企业和农村各种经济成分间的联办企业。属于社会主义性质的合作经济。

1986 年发展为 1515 万家，实现总产值 3300 亿元，占全国总值的 20%。随着乡镇企业的崛起，改革开放后中国社会的第一波“下海”浪潮兴起来了——体制内、体制外都兴起“下海”高潮。这就意味着，一批受过良好教育或良好职业熏陶的人士，进入了创业或企业管理领域，中国管理进入本能管理与专业管理并存的局面。让人不可思议的是，不一定专业管理者管理就能成功，也不一定本能管理者管理就失败，转型时期的机会，有时候更倾向于胆大者，而不是理性者。

第一节　企业管理出现有战无略

所谓有战无略，是指企业经过市场的洗礼，经过西方理论的引入与学习，知道了战略管理的重要性，但问题是在一知半解的战略管理下，许多企业理解了“战”——竞争，市场商战，却没有真正理解“略”——开战的谋略，包括宏观的战略与微观的策略。所以，在眼花缭乱的现实变迁中，有的倒下了，有的在起起落落的沉浮变迁中渐渐体会到了什么叫管理，有的一开始就注重企业管理、积累企业力量，抓住机会崛起了。

一、政企分离改造国有企业

改革开放之初，中国经济管理体制的一个严重缺陷是权力过于集中，国企改革起步于放权让利，但由于信息不对称，约束机制难以规范，出现了企业为扩大自销比例而压低计划指标、不完成调拨任务和财政上缴任务，“内部人”控制下出现了“工资侵蚀利润”和行为短期化等问题。实践效果与改革预期出现了一定程度的背离。于是 1982 年推行工业经济责任制，旨在解决放权让利中暴露的问题，处理好国家和企业之间的分配关系，解决大锅饭问题。中国一汽第六任厂长耿昭杰挑起了“换型改造”和“上轻轿”两副艰巨的担子；沈阳市防爆器械厂被宣布破产倒闭——这是新中国成立后第一家正式宣布破产的公有制企业；无锡漂染厂厂长王永寿，带领该厂成为最早也是最成功的创汇企业。……总的来说，由于企业外部环境不平等，企业内部条件千差万别，很难找到可操作化的指标来规范国家与企业之间的责、权、利，企业激励不足问题十分严重。

1984 年的国企改革提出政企分开，所有权与经营权相分离，企业成为自主经营、自负盈亏的经济实体——法人，并在此基础上建立多种形式的经济责任制。1987 年年底，全国大中型国企普遍实行了承包制；1988 年年底，全国共有 3800 家股份制企业，其中 800 家由国企改制而来，60 家发行了股票，其余为集体企业。国有民营化方式基本形成。

1984 年，承包之风从农村刮到城市，石家庄市给连年亏损的造纸厂定下的承包指标是扭亏为盈，上缴利税 17 万元，厂里不敢应承。46 岁的业务科长马胜利却把要求承包的“大字报”贴到了工厂门口，提出利润翻番、工人工资翻番。随即被人撕掉，第二天他就贴上了新的“决心书”，还加了副对联：大锅饭穷途末路，铁饭碗日薄西山。他和时任厂长的刘广义的矛盾彻底激化，被斥为“抢班夺权”“野心大暴露”，并被免除一切职务。不过很快峰回路转，马胜利的承包得到石家庄市政府支持。马胜利用一纸大字报换回了石家庄造纸厂的承包权并出任厂长。4 年后，石家庄造纸厂利润增长了 22 倍。1987 年，组建中国第一个跨区域商业集团“中国马胜利造纸集团”，他一人担任 100 家分厂的法人代表。“马胜利模式”展露了超前、快速的商业革新能力，他也迅速成为承包制典型而闻名全国，并被邓小平接见了 4 次。但在 1988 年马胜利和鲁冠球、冯根生等 20 人获得首届“全国优秀企业家”奖后的第二年，造纸厂盲目扩张的诸多矛盾开始暴露。马胜利造纸集团在享受了短暂的扩张快感后，在交通、通讯、地域间资源交流限制等种种因素束缚下，亏损、解散、破产轰然而至。1991 年，造纸集团宣告解散。1994 年，石家庄造纸厂门口“厂长马胜利”的铜字招牌被拆除。1995 年，马胜利被免职。稚嫩的市场并没有支撑起马胜利的雄心。

相比之下赵希友就没有这么幸运了，1988 年对原沈阳市金杯汽车公司进行股份制改造，发行 1 亿股股票，却没人敢买，就在中南海门前支摊贩卖，惊动了总理，结果写了一周的检查。赵希友当初的设想是，公司 5 万职工一人买一股，就有 500 万元。但职工几乎不买，社会人群更觉得是冒险，无奈只能号召各分厂、分公司厂长和经理购买，有的厂实行奖励基金贴现，原本 100 元一股，职工买算 70 元，工厂贴 30 元，后来有的贴了 50 元。即便如此，发行量还是不到总数的一半。在这种困难情况下，也有例外，只是这种例外纯属侥幸，而不是理性投资，当时汽油泵厂厂长本该买 1000 元股票，考虑到手中有闲置资金，就购买了 10 万元的，如果没有收回成本，就当捐献了。谁知金杯公司上市后，10 万元变成了 160 万元。

后来，金杯公司曲线迂回，在百慕大注册了一家空壳公司——华晨中国汽车控股有限公司，一番运作，金杯股票终于在纽交所上市。这起爆炸性事件又一次惊动中南海。在纽交所敲钟回来后，赵希友又被叫去北京写检查：有组织无纪律，跟谁汇报了？谁批准了？

二、股份改制革新乡镇企业

在国企改革的同时，中国乡镇企业获得初始发展。乡镇企业是指由农村集体经济组织或者农民投资为主，在乡镇（包括所辖村）举办的承担支援农业义务的各类企业，是中国乡镇地区多形式、多层次、多门类、多渠道的合作企业和个体企业的统称。包括乡镇办企业、村办企业、农民联营的合作企业、其他形式的合作企业和个体企业五级。乡镇企业最繁华时，许多地方政府还专门成立“乡镇企业管理局”管理。乡镇企业都戴着集体性质的红帽子，但在经营上是民营性质的（苏南模式是官办为主）。后来的改制中，乡镇企业改成股份制，在内容和形式上都民营化了。

“进行村村点火，户户冒烟”这句话，反映出乡镇企业的红红火火。1989年，中国的乡镇企业数达1888.16万个，从业人数达9545.46万人①。显然，乡镇企业对充分利用乡村地区的自然及社会经济资源、向生产的深度和广度进军，对促进乡村经济繁荣和人们物质文化生活水平的提高，改变单一的产业结构，吸收数量众多的乡村剩余劳动力，以及改善工业布局、逐步缩小城乡差别和工农差别，建立新型的城乡关系均具有重要意义。乡镇企业已成为中国农民脱贫致富的必由之路，也是国民经济的一个重要支柱。

乡镇企业管理中曾经出现过一些问题：第一，是认识在存在偏差。乡镇企业领导者素质参差不齐，有的经营思想、管理水平、守法诚信等方面素质相对较低，难以通过科学管理来提高效益。一些企业在开展内部审计过程中，被审计者往往产生抵触情绪，使内审工作难以正常开展。第二，人力资源管理相对滞后。在新经济环境下，每个企业都在培育自己的市场竞争力，而作为这种能力的创造者和执行者，他们的素质高低及管理制度的完善关系到企业发展的原动力，但乡镇企业的人力资源管理问题已成为制约其竞争力提升的瓶颈，主要表现在人员整体素质较低，观念落后，缺乏合理的绩效考核机制和人才选拔机制，导致家族式的管理不够规范（如员工的录用、晋升、辞退等），随意性大，企业的培训不到位，只关注一般的技能培训，而忽视其他方面的素质提高，这些问题成为制约乡镇企业进一步提升的关键。第三，财务管理缺陷。一是产权不清晰，财务目标混乱。相当一部分乡镇企业是家族企业，所有权与经营权的高度统一，企业主集权现象严重，对财务管理缺乏应有的认识，致使职权不分，越权行事，造成财务管理混乱，内部监控不严，会计信息失真。二是内部制衡体系不健全。产权不清晰使内部制衡不完整，加上现在很多企业的财务部门设置不合理，会计和出纳集于一人的情况屡见不鲜，糊涂账现象比比皆是。三是忽视成本管理和存货管理。很多乡镇企业对批量采购的次数和数量带有很大的随意性，有时采购数量过大，导致库存高，流动资金占用大，有时则采购量小，不能满足生产需要。

乡镇企业管理制度是指企业日常运营的各种具体制度的总称。企业管理的动态变化需要企业进行有效的创新，也只有创新才能保证企业管理制度具有相对的稳定性、规范性，合理、科学把握好或利用好时机的创新是保持企业管理制度规

---

① 中国乡镇企业年鉴编辑委员会，《中国乡镇企业年鉴1989》，农业出版社1990年1月。

范性的最佳途径或唯一途径。制度创新主要涵盖企业财产关系、治理结构、分配融资、运行机制、管理模式等方面的创新范畴，它与技术等其他创新既有共性又有个性和显著特征。乡镇企业开始引进人力资源管理制度，注重员工的个性、自主性的塑造和发挥，完善薪酬和福利制度，重视员工的培训和发展。给员工提供多种发展的机会，形成一个合理的人才流动、人才竞争和人才选拔机制。

第二节　精英下海规范企业管理

1984 年，中国大地的热门词之一是“下海”。政府机关人员、企事业单位工作人员等放弃传统体制内的位置，转而创业经商、谋求发展，这样的行为被称作“下海”。以此开始，中国出现过三次下海浪潮，经商的热情激发了起来，一部分人先富了起来，人们的目光不再只盯着“铁饭碗”，创业者翱翔的天空越来越广阔。

一、1984 年下海浪潮

当人们还在“捧铁饭碗、拿死工资”时，一部分人却不安于现状，开始扔开“铁饭碗”一头扎入“商海”，一批民营企业在各地几乎同时涌现出来。

紧随“中关村第一人”陈春先“扔掉铁饭碗，端起泥饭碗”的是中科院计算所工程师王洪德，他创办了京海计算机技术开发公司。据说，王洪德递交了一份“四走报告”要求调走：如果不能调走，无论“聘请走”“辞职走”还是“开除走”他都要走，只要能走就行。浙江大学数学系毕业生史玉柱，在安徽省统计局里编写了第一个统计系统软件，他发誓要做中国的 IBM，于是南下深圳书写了一段高亢而悲壮的创业乐章；同样也是浙江大学毕业的段永平愤然离开分配单位北京电子管厂，发誓自己以后再也不会在国有工厂里上班，因为那里“人人都觉得能干，却什么都不干”，他坐着火车到珠江三角洲去了；赵新先带着“三九胃泰”在深圳笔架山下开始他的事业；李东生在惠州一个简陋的农机仓库里与香港人合作生产录音磁带，催生了日后赫赫有名的家电公司 TCL。潘宁在广东顺德十分简陋条件下打造出了中国第一台双门电冰箱而成立珠江冰箱厂（科龙公司前身）。南存辉领导的正泰集团和胡成中创办的德力西集团都始于他们共同创于 1984 年 7 月的求精开关厂（1991 年分家）。张近东从南京师范大学毕业，凭借 10 万元创业资本下海，随后创办了苏宁电器。上海大众汽车公司建立，并蝉联全国最大 500 家外商投资企业榜首位置多年。无数胸怀野心的青年人如“孔雀东南飞”，纷纷奔赴珠江三角洲、长江三角洲和海南岛。

二、1987 年下海浪潮

1987 年，民众的改革期望值上升，消费欲望膨胀，求富心态暴涨，人人都是在打听赚钱的门道、机会，“脑体倒挂”现象出现，“手术刀不如剃头刀”“造原子弹的不如卖茶叶蛋的”等顺口溜刺激着人们的神经。于是 1987 年到 1988 年的又一波下海浪潮出现了，“十万人才下海南”。

（一）羞羞答答的“第二职业”

第二职业就是兼职，是指在不脱离原组织的情况下，利用业余时间从事第二职业并取得一定的报酬；或为了达到某种特定目的通过交换，为第三方提供体力或脑力劳动支出。从 20 世纪 80 年代到 90 年代中期，兼职是“地下”的。苏州、无锡、常州地区最早请到上海国有科研院所和国有企业的“星期六工程师”，先是少数人员通过各种关系与周边的乡镇企业建立联系，利用节假日为企业担当技术顾问而从中获取一定报酬。那时上海郊区以及苏南浙北，乡镇企业的厂长们往往都随身携带着一张“联络图”，上面写着“星期六工程师”们的家庭地址、联系电话等。只要一遇到技术难题，厂长们就可以打电话或登门求教。国营机构里的科技人员能否外出兼职，引起了不少的争论，1988 年 1 月 18 日，国务院专门下达了文件，称“允许科技干部兼职”，争论才算尘埃落定。这些第二职业人群，帮助了大批乡镇企业，很多人后来下海自己创业。

（二）半遮半掩的“官员下海”

20 世纪 80 年代中期，官员下海还处于半遮半掩状态，“下海”的方式也多是平级调到国有企业任职。如创建了北京万通实业股份有限公司的冯仑，当过中央党校讲师，又在中宣部、国家体改委、武汉市经委和海南省委任职。1987 年，辞职下海到深圳、海南，后到北京，专业从事房地产开发，成为中国地产界大腕、SOHO 中国董事长。

（三）大大方方的“停薪留职”

停薪留职政策产生于 20 世纪 80 年代，是指企业富余的固定职工，保留其身份，离开单位，从事政策上允许的个体经营。有效期一般不超过两年（事实上一般都是顺延）。1988 年，大连西岗区住宅开发公司因负债 149 万元濒临破产，没有人有勇气站出来，正在该区政府任职的部队转业干部王健林停薪留职，于 1989 年来到该公司。王健林军人式的管理，令行禁止，当年公司就实现盈利，区政府奖励他个人 15 万元，但他分给了全部员工。1991 年，国家体改委拟在大连选 3 家企业作为东北首批股份制试点。当时没人敢参与，王健林却是兴冲冲地跑去申请。几年后，国有股退出。王健林“顺势而为”，“发现了最厚的雪——利润丰厚的地产行业，最长的坡——城市化进程、消费勃兴的几次重大的机会”[①]，并开商场影院，杀入旅游业、文化创意产业。

三、1992 年下海浪潮

1992 年邓小平同志二次南方视察之后，改革开放的步伐加快，整个中国社会进入了价值标准多元化的时代，随着民营企业政治地位的提高，官员下海潮再次掀起。

陈东升是“92 派”这个词的发明者[②]。1992 年，他辞去国务院发展研究中心的工作，辞职下海创办中国嘉德拍卖股份有限公司，又于 1996 年创办泰康人寿股份有限公司。陈东升在中南海国务院政策研究室工作的同学毛振华，也于 1992 年下海，创立中国诚信证券评估有限公司。冯仑来到海南，遇到了 5 个志同道合者——王功权、潘石屹、易小迪、王启富和刘军，合称“万通六兄弟”，后来成为中国商业界的风云人物。“92 派”，将商业价值推上了社会主流价值观，不少主流精英们下海创业。同时，新商帮逐渐显示出活力。

如台商，即台湾商人。“92 派”出现前后，许多台湾人进入大陆投资兴业，其中的代表之一是生长于台湾彰化的魏氏四兄弟。1989 年，由于接掌父亲去世后留下的鼎新油脂厂在台湾岛内发展不如意，四兄弟带着 1.5 亿新台币到大陆试水，至 1991 年短短 3 年，他们在北京、济南、秦皇岛、通辽等地开办了 4 家合资企业。先后尝试“顶好清香油”“康莱蛋酥卷”和蓖麻油等产品，但均成效甚微，还亏损了过半的本金。反而是四弟魏应行一次在大陆乘火车出差吃泡面的经历，却令“康师傅”方便面得以诞生，并一发而不止，成就了魏氏兄弟的食品帝国。

下海的官员们已由当初孤单的个例，变成了一个庞大的不能被忽视的群体。他们的出现折射着时代的变迁，他们自身也随着商海的风浪起伏跌宕。

这个时期的企业管理，仍然以家长管理、随性管理为主。一些先知先觉者已经在商海中开始了现代管理。理论上，在高校也已经开始了工商管理、营销管理的探索。1979 年邓小平访美，已经准备抛弃苏联式的企业管理模式，让企业有更多的经营自主权，但长期计划经济下的企业领导人，根本不知道现代管理为何物，中国高层认为有必要让他们接触一下现代管理理论和实践。当时的美国也想开拓中国这个巨大的市场，想先期来中国探探路，虽然双方出发点不同，但却找到了一个结合点。于是有了中美两国共建一所管理培训中心的协议。

1980 年，在当时大连工学院（后来的大连理工大学）院长屈伯川的争取下，

---

① 《王健林：顺势而为，不逆势而动》，中国网财经滚动新闻。

② 《中国商界 30 年大事记》，转引自星巢创业网投资资讯。

这个被列为技术交流的项目就放在了大连工学院。于是，全称为“中国工业科技管理大连培训中心”诞生了。同年，第一期培训班顺利开班，美国从全国选了30多位管理学教授组成教学团，中国也从全国各大中型企业、国家相关部委筛选了150多名学员。教育模式是美国的MBA课程教育的浓缩，采用案例教学和模拟决策教学，内容包括组织行为学、高级财务、市场营销等。也因为如此，大连理工大学也成了中国最早设立工商管理学科的6所学校之一。1986年大连理工大学将管理工程系和系统工程研究所合并，成立了管理学院。

1983年10月，部分高校教师在西安召开了市场学教学研究会（中国高校市场学研究会前身）的筹备会，陕西省工商联和西安市工商联分别赞助了150元和300元人民币，共有18所综合大学和财经院校的24名代表参加。此后，高校关于经营管理领域开课、开专业、开学院渐渐在全国兴起，随着改革开放的深入，工商管理（或企业管理或经济管理以及细分出来的营销管理、财务会计、财务管理）等专业席卷全国高校、中专、职校。

第三节　股份融资引发管理创新

20世纪80年代初，中国城市的一些小型国有和集体企业进行了多种多样的股份制尝试，中国资本市场开始萌芽，最初的股票出现了。1981年中国重新开始发行国债，1984年开始，企业债和金融债开始发行。

一、改革开放后第一张股票

民营企业资金紧张时，通过国有银行融资困难，民办钱庄①因此得以兴起，但规模小，仍不能解决根本问题。于是转向民间私下借贷，出现“抬会”② 这样的怪胎，市场无序，带来的恶果令许多个人和企业身败名裂。那么企业发展所需的资金，除了向银行借贷以外还有别的路子吗？此时，股票、证券开始进入了中国人的视野中。

在纽约博物馆众多收藏品中，有个不引人注目的藏品——改革开放后的中国第一张股票，这是一张1983年7月8日由深圳市宝安县联合投资公司向社会公开发行的“原始股”。这个股票，不仅催生了改革开放后第一个股份制企业——深宝安，更催生国有企业股份制改革先河。1982年，宝安县建制恢复，但新县

① 1984年9月29日，温州苍南钱库镇“方兴钱庄”成立，是新中国建立后大陆第一家由私人投资的金融机构。钱庄老板是方培林。

② “抬会”，又称“排会”，是浙江民间的一种非法高息融资方式，会员交会费和会主付高额利息。

城建设资金短缺，百业待兴。于是政府出面成立宝安县联合投资公司，把农民手上的闲散资金聚集起来。当时县政府办公室副主任曾汉雄执掌公司帅印。

公司成立之初，县委明确表态，只给政策不给钱。曾汉雄和他的同事在只有20万元开办费的情况下，提出向群众集资，提请县人大通过后，县委决定由财政拨款200万元投进公司，占有20%的股份，其余800万元公开向社会集资。机关干部带头投资入股，数额从50元至数百元不等。1983年7月8日，新中国第一张股票由深圳宝安县联合投资公司向社会公开发行。1983年7月25日，宝安县联合投资公司在深圳特区报上刊登招股启事："欢迎省内外国营集体单位、农村社队和个人（包括华侨、港澳同胞）投资入股，每股人民币10元。实行入股自愿，退股自由，保本付息，盈利分红。"

全国20多个省、直辖市、自治区的群众投资参股，首期集资额1300万元。当时群众购买股票的动机很单纯——支持改革开放，支持国家建设，与股票经济价值无关。股民中核电站附近的大坑村，因搬迁费有200万元的集体资金，经当时李广镇副市长提议，以支持国家建设名义投进了公司。宝安股票上市后，该村拥有1000多万宝安股，成为全国闻名的富裕村。

图8-1　北京天桥百货股份有限公司

图片来源：《首家股份制企业北京天桥百货股份有限公司寻踪》，2008年10月1日，见人民网—人民日报，转引自中国文明网宣传信息窗。

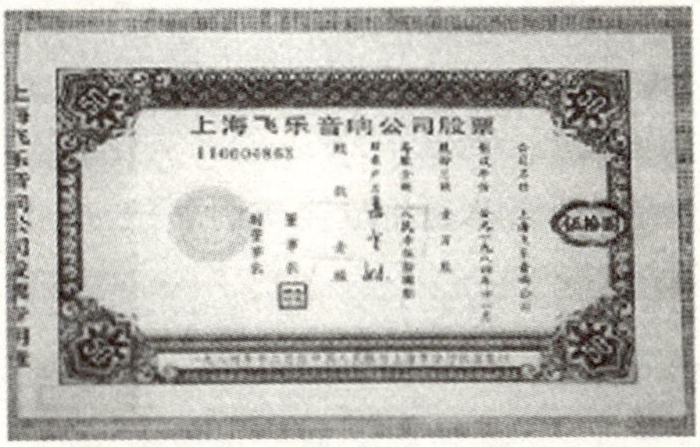

图8-2　新中国第一张公开发行股票

图片来源：《飞乐音响：争议中悄然诞生的新中国第一股》，证券市场20周年系列策划之三：20年20股，见腾讯财经首页。

1986年10月15日颁布了《深圳经济特区国营企业股份化试点暂行规定》，成为20世纪80年代后期深圳股份制改造的重要依据。1987年，由特区6家信用社组成的深圳发展银行成立，这是内地第一家按照规范方案搞的股份制金融企业。随后，深圳共有5家公司实现了股份制改造，并实现了上市，这就是深圳人所熟悉的"老五股"：深发展、深万科、深金田、深宝安、深原野（现为世纪星源）。

二、中国第一家股份制企业

1984年7月25日，中国第一家股份制企业北京天桥百货股份有限公司成立，该公司第一批发行股票 300 万元，其前身是成立于 1953 年的全民所有制企业天桥百货。此后，沿海的上海、深圳先后推出多家股票上市的公司。1986 年成立的深圳市发展银行的“原始股神话”推动了中国“股份制改造”运动大规模地进行。深发展的股票最初也是以摊派的方式才在政府工作人员中勉强发完。1988 年 4 月 7 日，经中国人民银行总行批准，深发展股票上市交易，成为中国第一个开始交易的股票。1990 年在深圳的股市狂潮中炒出了一批百万乃至千万富翁后，人们开始注意到市场上股票巨大的增值功能。正是如此，不少人认为深圳市发展银行是中国真正的第一家股份制企业①。

1984 年 11 月 18 日，经中国人民银行上海市分行批准，上海第一家向社会公开发行股票的股份制企业上海飞乐音响公司成立，并向社会发行每股面值 50 元的股票 1 万股（法人股 5000 股、个人股 5000 股）。这是中国改革开放以来发行的第一张上市股票，也是新中国成立以来第一次公开向社会发行的股票。

1986 年 9 月 26 日，“飞乐音响”股票在中国工商银行上海静安信托业务部首家柜台上市（上柜交易）。1986 年 11 月 14 日，美国纽约证券交易所董事长约翰·凡尔霖先生应中国人民银行总行的邀请前来中国访问，邓小平在人民大会堂接见了凡尔霖先生时，凡尔霖先生赠送给邓小平一枚美国纽约证券交易所的所徽，邓小平回赠他一张新中国第一张股票——“飞乐音响”股票。1990 年 12 月 19 日，“飞乐音响”股票转至上海证券交易所首批上市交易。

三、证券交易改变传统思想

众多的股份有限公司发行了股票，但股票要上市或上柜交易，必须按一定条件和标准进行审查，符合规定的才能上市或上柜自由买卖。据参与组建特区证券的人回忆，在英国考察了证券市场的相关人士回国后，向中国人民银行高层提出了组建证券公司的申请。请求很快得到回应，于是，类似于人民银行其他的下属单位和公司组建形式，深圳经济特区证券公司于 1985 年 1 月开始试运营。在最初试运行的一段时间，特区证券的员工们对证券公司的具体业务了解多是空白，在基本承担国债发行流通工作的背景下，大部分时间员工的主要工作是骑着自行车到城市乡镇各处“推销”国债。

伴随着一、二级市场的初步形成，上市公司每年股票分红派息、代理买卖股票业务开始。代理的第一个股票就是“深宝安”，曾汉雄又从香港亲友中取来股票样板，请深圳本土艺术家骆文冠设计新中国第一张股票。画面中，是一只张开翅膀、伸开利爪，在空中翱翔的大鹏鸟，象征着宝安联合投资公司的事业蒸蒸日上，蓬勃发展。1987 年 5 月，特区证券公司正式成立的前两个月，深发展发行

---

① 人民网，http://www.people.com.cn/GB/historic/0725/6831.html.

图 8－3　深圳证券交易所和第一股票

图片来源：深圳广电集团，《1987 年深圳经济特区证券公司成立（组图）》，见 2010 年 7 月 2 日腾讯新闻《深圳 30 年 30 件大事》。

股票。1988 年 4 月，特区证券公司开始受理深圳发展银行的股票转让业务。同年，为适应国库券转让在全国范围内的推广，中国人民银行下拨资金，在各省组建了 33 家证券公司，同时财政系统也成立了一批证券公司。

资本市场异军突起，必然带来企业发展的新变化，反映到企业管理上，财务透明度要大大提高，企业就必须规范管理。这是一个巨大的变化。

本篇小结

研究西方管理演变过程，可以发现与东方管理有着一些相通处，因为任何国家的工业化过程，所面临的问题有一部分是相同的。西方的管理理论大体可以分为四个阶段——古典管理理论阶段、行为科学理论阶段、现代管理理论阶段和当代管理思想阶段。1983～1989 年中国的企业管理，开始从迷茫的本能管理向相当于西方的古典管理理论阶段转变，一夜暴富后自信心爆棚的感觉管理向制度管理转变的过程。西方古典管理理论产生形成于 19 世纪末 20 世纪初，主要是系统地研究企业生产过程和行政组织管理，包括韦伯的科层管理、泰罗的科学管理和法约尔的一般管理原理。其贡献在于：突出了管理中采用科学方法的重要性；指出坚持学习会不断地改善工作方法；确定了在组织有效运作中的许多重要原则；强调了薪金作为激励因素的潜在重要性。经历了改革开放初期的阵痛，一大批公司在 1984 年前后诞生，其管理必然也不再适用原有的公有制行政命令式管理和非公有制粗放化管理，必须要摆脱传统经验管理或者是感觉管理。这就需要有管理原则、需要明确管理职能，需要合适的管理制度，企业需要追求效率。这就与西方古典主义管理理论吻合了，因为效率主义是古典管理最强劲的主旋律。无论是泰罗及其追随者，还是法约尔和韦伯，皆视科学管理为提高工作效率的方法和手段。

这个时期的中国企业，大都属于创业期或成长期，理论是引进西方的，行动上各取所需，一切都为了效率：生产更多的产品，销售更多的商品。即使在1986年中国改革开放后出现第二次宏观调控时，即使在乡镇企业如雨后春笋般发展起来时，企业追求的仍然是效率。无疑，这是工业化初期的一种现象，西方如此，中国亦如此。这样的结果是，迫使国家在1989年实施了第三次宏观调控，沉浸在产量、销量漩涡中的企业一时反应不过来，政策一紧，银行紧缩，资金来源受阻；而流动资金大都积压在在途货物中，导致国有企业“三角债”总爆发，西方企业管理在中国企业应用的缺陷一点点显露出来。这两次调控，间隔时间如此之短，说明了当时经济的风云变幻。经济变动过快，必然带来企业管理的无所适从。

这是一个创业热情高涨的时代，同时也是一个经营上头脑容易发热的时代；这是一个企业数量暴涨的时代，同时也是一个企业管理懵懂的时代；这是一个改天换地做前人没做过的事的时代，同时也是一个盲人摸象认知看眼前的时代，是革新与守旧、东方与西方、传统与创新、循规与违法共存的时代，没有人知道下一步会是怎样，却都知道这是不管三七二十一往前冲的时代。

正是这种无畏的大步向前，才少了许多的羁绊，而这一点恰恰就是企业管理现实与企业管理研究渐行渐远的原因所在。改革开放，让经济突飞猛进，管理的一切问题，淹没在产量、销量的辉煌中，而所谓的理论研究，在当时而言是不经选择、没有汉化地涌进来，与经济增长共同营造了一个繁荣景象。于是，理论研究者不断输入西式理论，而管理实践者却在实践中摸索着。中国有句古话：“初生牛犊不怕虎”，企业创业者们，正因为企业运行与管理没有那么多清规戒律，才可能在实践中各出奇兵、各行奇招，奉行有效才是真水平、发展才是硬道理原则，虽曾有过一段时间被眼花缭乱引进的管理理论搞得五迷三道，四处听课学习，不断邀请京城、海归专家讲课，但一阵热闹下来很快就趋于冷静，不再盲从，埋头做事——先做再说、只做不说的中国风格传承，恰恰与西方先说再做、说说做做、做了必说的风格相反，中国企业界不再盲目相信西方所谓的企业管理“金科玉律”。而企业管理理论或学术界，引进的是西方的，有着西方理论的“尚方宝剑”，一切唯西方理论马首是瞻，翻译、搬用的同时，不敢越“雷池”半步。最后出现你说你的、我做我的，理论与实践两条道上各自跑的局面。

第四篇　物本管理对中国企业的影响

跨越了风云激荡的20世纪80年代，终于进入到20世纪末。1990～1997年这8年间，已经苏醒过来的中国人，在发家致富的道路上迅速奔跑，民营企业在市场上彼此争雄、长袖广舞。这是中国企业“草木知春不久归，百般红紫斗芳菲”的时代：中原商战爆发，各地筑路开发，彩电业反攻洋军团，江浙私企抢滩，互联网春暖花开、国企两重天忧喜交加，“国退民进”此起彼伏、中国入世名企成长、世界制造工厂逐渐形成、沈阳“飞龙”起飞、河南“三株”开花……同时，禹作敏落马、沈太福被捕、倪柳起争端，“秦池”“标王”的起落、“巨龙”广告的沉浮，“巨人”集团的解体、“爱多”危机的爆发、“玫瑰园”无奈破产、“亚细亚”激情燃尽，潘宁悄离“科龙”、仰融出走“华晨”、李经纬被赶出“健力宝”、“苏南模式”走向终结……。

你方唱罢我登场，各领风骚三五年。在此起彼伏企业大戏中，终于渐渐显示出企业管理的威力：凡在市场快速增长前企业管理到位、业绩增长后头脑没有发热反而是居安思危的企业，都挺过来成就了一番大业；凡在市场极速增长中只关注销售，不考虑管理，从而使“根据地”未建立或不稳固的企业，就患了“企业软骨病”在竞争中一一倒下，市场毫不留情。在血的教训中，企业感悟到了规章制度的重要性，体会到了管理的价值，遭遇20世纪90年代经济危机的冲击后，能够存活下来的企业开始明白向管理要效益。显然，关注“事”忽略人性的管理已经跟不上企业发展的需要，只考虑微观层次不考虑企业宏观及与社会的关系的管理，也渐渐适应不了致富欲望强烈起来的企业员工。于是制度管理与人性管理提上了企业管理日程。这时候理论界也着重引进西方的行为科学，因为行为科学把以“事”为中心的管理，改变为以“人”为中心的管理，由原来对“规章制度”的研究发展到对人的行为的研究；由原来的专制型管理向民主型管理过渡。

第九章　形而下之器的大逆转

压抑了数千年之久的中国民众，可以追逐“器”之物质内涵了；受外侮百年、贫穷了百年的中国民众，终于可以堂而皇之追求财富了，人们巨大的创富能量被激发出来，“时间就是生命”“效率就是生命”“质量就是生命”等提高到生命高度的口号被不断提出。1990 年，全国乡村集体企业利润首次超过国营企业；1991 年全国乡镇企业总产值突破万亿元大关；1992 年全国乡镇企业员工超过亿人。1991 年讨论国营企业死活问题，1992 年国营企业“破三铁”① 改革半途而废，但在“抓大放小”前提下，国退民进成为潮流。物本管理几年间达到了极致，追求“器”之物本管理本身不是错误，重要的是不能以抛弃“道”的代价求“器”。

所谓物本管理，是指管理工作中把员工当成机器人，通过管理制度严格控制与约束来达成管理目标。它只关注工作效率而不关心人，认为人的行为是为了追求本身的最大利益，工作是为了取得经济报酬。为达到“器”之极致，强调管理者要制定严厉的管理制度、规章和严格的工作规范，来加强对员工的法规管理，用权力和控制手段来保护组织的利益和引导员工为其工作，用金钱刺激员工的工作积极性，对消极怠工者采取严厉的惩罚措施。如果以“道”为战略、为方向的求“器”求“术”，在当时的中国来说，一定程度上解放了生产力。比较可惜的是，当时片面追求“器”而忽略甚至放弃“道”，才有后来的“信仰失落”“道德无底线”等情况的出现，这无疑为中国企业管理上了生动一课。

第一节　国退民进，企业有销无营

经过 20 世纪 80 年代中后期的创业高峰，进入 90 年代，中国经济形势发生巨变，中国企业开始急剧转型。结合当时世界经济形势，国家开展了宏观调控，引起当时全国经济衰退，体制僵化经营不善、干部腐败搞垮企业等问题暴露出

① 1992 年初，以徐州国营企业改革为发端，国营企业掀起了一股以“破三铁”（“铁饭碗”“铁工资”和“铁交椅”）为中心的企业劳动、工资和人事制度的改革热潮。

来，大批国有企业成为休克鱼[①]。为此中央政府推出“国退民进”“抓大放小”（即中小型国有企业退出市场，鼓励民营企业进入市场）改革措施，省、市以下中小型国有企业大都进行了产权改造，改制为私营化或股份民营化。有实力的民营企业开始并购国企，三九股份的赵新先成为其中的重要代表之一。

随着市场进一步放开，在市场化形势下，私营企业、乡镇企业、三资企业成为一股不可阻挡的洪流。国有企业却因体制僵化，国家不再包销，度日艰难，出现集体溃退现象，成为不少地方财政无力支撑的沉重包袱。于是各地政府纷纷推出老企业改组、嫁接的新政策。一批已经拥有一定资本或一定企业规模的民企，看好这一趋势，开始出手摘桃。“三九集团”[②] 原是一家国有企业，但从一开始就具有国有民营的特点。1985 年，赵新先携带“三九胃泰”等科研成果和 500 万元借款南下深圳，在笔架山下的荒地上创办了军队药厂：南方制药厂。1987 年，南方制药厂正式投产时，产值达到了 18 亿元；到 1992 年，三九集团在南方制药厂的基础上成立时，注册资本已有 1.6 亿元。1998 年年底，“三九”改制与军队脱钩。1999 年 4 月 21 日，由三九集团、三九药业股份有限公司等 5 家公司发起设立股份制公司；2000 年 3 月，三九医药 A 股成功上市发行，募集资金近 17 亿元。这期间赵新先一人担任党委书记、总裁、董事长、监事会主席四个职位，“一言堂”的管理模式一直保持到他退出三九舞台。所以，当国退民进机会来临时，赵新先对部下说“社会上有这么多资产闲置，是三九下山摘桃子的大好机会，千万不能错过，过了这个村就没了这个店。”为此，拟订了大规模收购兼并的战略。

四川雅安制药厂是国内生产中药针剂最早的厂家之一，1995 年年底，年产值只有 1000 多万元，利润仅 2 万元。赵新先在一次出差中发现了这家企业，当即拍板投资 1700 万元予以收购，并委派最得力的干将入川经营。雅安厂的针剂贴上三九的品牌，通过三九的营销网络走向全国市场，一年后产值就达到了 1 亿元，实现利税 2000 多万元。雅安成功的经验顿时让赵新先雄心万丈。他认为，只要将三九的机制和品牌注入，再加上适度的启动资本，完全可以让它们一夜之间铁树开花。1996 年年底，他宣布成立三九投资管理公司，并委派 60 多名企业干部奔赴全国各地，专事收购兼并工作。

赵新先并购企业主要有三种方式：第一种是“承债式”，三九把企业的资产和债务全部打包吃下来；第二种是“控股式”，三九出一部分资金成为企业的控股方；第三种是“托管式”，三九只管经营，不担债务，从增长的效益中分成。

---

① 是海尔兼并扩张举措的一种形象的比喻。“休克鱼”是指硬件条件好，管理不行的企业。由于经营不善落到市场的后面，一旦有一套行之有效的管理制度，把握住市场很快就能重新运转。靠这一理论，海尔从 1988 年到 1996 年，兼并了 19 家企业。

② 吴晓波．大败局 2，杭州：浙江出版联合集团、浙江人民出版社．2011.

总体而言，三九的并购成本非常之低。他倡导的并购理念是“输出机制不投钱”：当地政府把企业送给三九来管理，再搭上一大部分的股份，三九付出的是“三件宝”，即机制、品牌和渠道。湖南郴州药厂是妇科中药生产基地，多年来获得的药品批号有50多个，可是经营却一塌糊涂，年年亏损，资产负债率高达99%。赵新先兼并该厂后做的第一件事情就是给每个职工分送一本他主编的《论三九机制》，班组学习讨论两个星期，然后在企业内推行“干部能上能下、职工能进能出、工资能高能低”的市场化管理。药厂的产品也贴上三九的商标，进入三九的销售渠道。1年后，药厂实现产值2200万元，创造利税300多万元。

通过并购式的扩张，三九的产品从冲剂向针剂延伸，从消化类中药扩充到抗癌类、妇科类等多个门类，俨然已构成了一个中药帝国的雏形。1999年9月，踌躇满志的赵新先在《财富》全球论坛上海年会发表演讲，提出将用5年时间建成世界上最先进、最大的植物药生产企业，用10年时间把三九建成亚洲最大、最强的综合性制药企业，用15年时间使三九进入世界“500强”的行列。与会的杰克·韦尔奇在回到美国后评论见到过的中国企业家时说：“他们好像是在演戏。”从1996年到2001年，三九出手并购了140多家地方企业，平均每个月并购2家。其中，承债式占45%，控股式占35%，托管式占20%。就在这种跑马圈地式的疯狂并购中，三九迅速扩张成全国最大的中医药企业，总资产猛增到186亿元，所属企业遍及全国，涉及医药、汽车、食品、制酒、旅游饭店、商业、农业和房地产八大行业，旗下还包括一家华南地区最大的夜总会。

图9-1　从南方制药到三九集团的赵新先

图片来源：和讯新闻：改革开放30年·十大人物（十大失意企业家），《赵新先“三九教父”的起落沉浮》。

显然，这种制定严厉的制度、用权力控制员工、用金钱刺激员工、用严厉惩罚对待员工的物本管理方式，在短期内能够产生一定作用，但毕竟不是具有长效价值的机制，最终会失去人心。加上自信心爆棚后的头脑发热决策：赵新先近乎痴迷的世界“500强”情结，试图将三九集团打造为下一个美国通用电气的梦想，导致了过分饥渴、草率的扩张“虚胖”，最终让三九集团负债累累，经营难以为继。在对赵新先各种介绍中，有几个名称值得玩味：著名营销人、“深圳速度”代表、市场化手段……从中也可以看出那个年代中国企业管理的端倪。营销营销，基本理解为推销推销，只要能“销”，追求“器”之“量”，“营”可以不被提起，“有销无营”的结果就是市场在扩大，管理在跌落，最终导致负债过百亿。赵新先自己，也因为滥用职权被判刑，成为21世纪初令人叹惋的悲歌。

第二节　互联网起步，电子业崛起

一、互联网改变商业模式

在“国退民进”的20世纪90年代，又有一项新生事物开始悄然兴起，并逐渐改变着人们的生活方式、上班方式、交际方式、学习方式，同时也改变着企业的经营方式，这就是电脑的普及和互联网的大发展。电脑与互联网企业在中国的发展时期，大体为三个阶段[①]：

第一阶段为1986年6月至1993年3月，是研究试验阶段（E-mail Only）。这个阶段中国开始研究Internet网技术，网络应用仅限于小范围内的电子邮件服务。1992年，中关村民营科技公司达5180家。这阶段，民用电脑和互联网还不成气候。

第二阶段为1994年4月至1996年，是起步阶段。1994年4月，中关村地区教育与科研示范网络工程进入互联网，实现和Internet的TCP/IP连接，标志着中国最早的国际互联网络的诞生。之后，China Net、Carnet、Castanet、ChinaGBnet等多个互联网络项目在全国范围相继启动，互联网开始进入公众生活，并在中国得到了迅速的发展。1995年，张树新创立首家互联网服务供应商——瀛海威——老百姓进入互联网。中国民用电脑与互联网几乎同步发展，1996年年底，中国互联网用户数达20万，利用互联网开展的业务与应用逐步增多。

第三阶段从1997年之后，是快速增长阶段，国内互联网用户数此后基本保

① 周佩锋．李亚东．计算机网络技术与实训．济南：山东科技出版社2009．见第一章计算机网络的产生和发展。

持每半年翻一番的增长速度。当时 PC 机、电脑软件的更新速度之快，令人眼花缭乱。同时，一个互联网小精灵出现——腾讯公司，于 1998 年 11 月在深圳成立，是中国最早也是目前中国市场上最大的互联网即时通信软件开发商。1999 年 2 月，腾讯正式推出第一款即时通信软件——“腾讯 QQ”；并于 2004 年 6 月 16 日在香港联交所主板上市。2003 年 5 月，由全球最佳 B2B 公司阿里巴巴公司投资 4.5 亿元创办了淘宝网，新商业时代开始了。

二、电子业蔚成泱泱大观

互联网的出现，促使电子工业与电子信息业相融，并获得长足发展。以广东为例，1995 年有 36 家电子企业净利润逾 1000 万元，其中康佳集团股份有限公司、广东彩色显像管有限公司、TCL 集团公司、深圳赛格日立彩色显示器件有限公司、深圳华为技术有限公司、深圳中康玻璃有限公司、深圳开发科技股份有限公司等 7 家净利润均超过 1 亿元。此外，20 世纪 80 年代广东形成了电话机、彩色电视机、组合音响、电子元器件等支撑产品之后，向数字化、微型化发展。多通道、多功能无绳电话机、数字电话机、超小型及片状铝电解电容器等新产品的技术水平，达到或领先于国内先进水平。广东电子领域在作全国的榜样、窗口，逐渐北移，20 世纪 90 年代起江浙电子信息业呈现大发展。

随着电子信息业发展，跨地区、跨部门的联合及企业的兼并、重组势头十分明显：科龙集团通过兼并、重组先后在成都、营口建立冰箱生产基地；长岭集团和黄河机器制造厂联合组建长河集团；珠海格力电器股份有限公司兼并江苏黄河纽士威电器公司。1994 年，外国公司纷纷在中国建立生产其名牌产品的基地。小天鹅公司与德国博世—西门子家电集团签约合资建立博西威家电有限公司；北京雪花电器集团公司同美国惠而浦电器公司合资成立北京惠而浦雪花电器有限公司。到 1994 年年底，20 多家企业与国外家电生产企业合资。1996 年 TCL 公司通过兼并收购成立了 TCL 王牌电子（深圳）有限公司、TCL 电器（惠州）有限公司和 TCL（香港）电子有限公司；广东惠州 TCL 集团与河南新乡美乐集团实施资产重组。四川长虹集团与长春电视机厂、南通三环电视机厂开展合作。康佳集团先后与黑龙江牡丹江电视机厂、陕西西安如意电视机厂、安徽滁州电视机厂联合，组建了康佳电子实业有限公司。

这种形势下，家电数字化渐成一种趋势。1995 年 1 月，有关部门公告：中国自行设计生产的大屏幕彩电已经达到了 20 世纪 80 年代末期国际同类产品水平，部分产品达到了 20 世纪 90 年代初期国际同类产品水平。在国际组织的支援下，万宝、海尔、长岭、华意等公司纷纷推出低氟冰箱。青岛海尔集团推出变频式空调。科龙公司宣布，容声全无氟节能冰箱技术通过国家科委鉴定。海尔、长岭、科龙、万宝等公司也已采用替代技术实现批量生产。在洗衣机行业中，由济南洗衣机厂独家生产滚筒洗衣机的局面已被打破，依靠引进技术，小天鹅、海尔、美菱和兰菊等企业开始生产滚筒洗衣机。第一台全塑外壳全自动洗衣机、洗衣脱水烘干三合一的滚筒洗衣机在海尔诞生。1997 年 10 月，中国自主开发设计的首台超大屏幕（87cm）彩电在康佳集团通过了电子工业部主持的国家级设计生产定型。11 月，16 英寸彩色等离子显示屏由电子工业部 55 所研制成功，填补了国内空白。同月，彩虹集团公司生产出中国首批 40cm 彩色显像管。

这时候的企业管理，开始从纯质量管理到多方位管理状态，虽然仍然体现出“物本管理”的本质，但人的因素逐渐被重视起来。

第三节　九二派兴起，浙商群诞生

一、官员与知识分子下海提升企业管理层次

1992 年 1 月 18 日至 2 月 21 日，邓小平同志第二次南方视察到了武昌、深圳、珠海、上海等地，随之发表了著名的“南方谈话”：“改革开放的胆子要大一些，敢于试验，看准了的，就大胆地试，大胆地闯。”受此鼓舞，大批的政府官员、知识分子下海创业，掀起“92 下海潮”。其中，黑龙江省绥芬河市市长赵明非，在这年 5 月，带着一件夹克、两个饭盒、一套取自宾馆的牙具、一台小收音机、一瓶他母亲从北京捎来的蜂王浆，上街摆地摊，让电视台来拍摄并播出。他以“摆摊秀”的形式呼唤人们经商、办厂。这是中国下海潮的一个缩影。《变化》[①] 一书列出了当年下海名人的单子：薄熙成、李宁、黄婉秋、张海迪、韦唯、那英、刘晓庆、陆文夫、王朔……据《中华工商时报》的统计，当年在全国超过 10 万多党政干部下海经商。

图 9－2　十万人才下江南的九二派创业

1992 年邓小平“南方谈话”，为中国商业经济发展拨开了云雾，扫除了禁

---

① 作者凌志军，《人民日报》主任记者。《变化》副标题“1990—2000 年中国实录”。

锢人们思想的屏障。“下海”成为这年最为流行的商业形象性修辞。萦绕在先后“下海”的党政官员心头的创业梦想终以决然离别体制的方式获得实现，渴望以实业报国的理想抱负因思想解放而获得了施展的舞台。陈东升说他们是“政府官员、知识分子等社会主流精英下海组成的有责任感、使命感的企业家群体”，将其归类为“92 派”①。

“下海”经商的党政官员，组成了“92 派”典型性商业群像，在商海洪流中汹涌澎湃。如毛振华从中南海政策研究室辞职了，1992 年 10 月 8 日，中国诚信证券评估有限公司成立——这是一家从事资本市场信用评级与评价的独立中介机构；陈东升从国务院发展研究中心辞职了，成立了嘉德拍卖公司，后来为全国最大的拍卖公司，1996 年，又创办了泰康人寿保险公司；有国企公职的胡葆森辞职了，带着在香港炒楼花赚到的 1000 多万元回到河南老家创业，与本地建行合资成立了建业房地产开发有限公司；郑新桥辞去了令人羡慕的国有银行公职，创办了民营金融机构——封丘县兴业信用社，成为中原民间金融的萌芽；石聚彬辞去公职，贷了 60 万元创办新郑奥星食品厂，成就了今天好想你枣业股份有限公司（上市公司）。还有田源、郭凡生、冯仑、王功权、潘石屹、易小迪……

据《中华工商时报》统计，1992 年，全国至少有 10 万名党政干部“下海”经商。他们是社会精英，成就了中期、万通、泰康、华谊兄弟、新东方、汇源果汁、零点咨询等一大批人们耳熟能详的企业品牌；他们是中国文化中的“士大夫”阶层，除了企业家这一“经济人”角色外，他们还扮演着公共生活的其他角色，如商业领袖、商业偶像和公共知识分子。他们在 1992 年前后离开体制，主业多以贸易、金融等服务业为主，通常是在某一行业先行试水，继而成为这一行业的领导者；和第一代、第三代企业家相比，他们有更深的“士大夫”的烙印，有较强的时局洞察力和宏观思辨力，有反哺体制、反哺社会（包括政治文明）的意愿、言辞和行为，这一能力和行为无疑大大作用于他们的整个商业历程。

当然，“92 派”不全是一种模式、一个套路、一样成功，他们有的是追求个性与创造，有的是处于仕途的边缘，搏一次改变命运的机会，有的完全是做“官倒”，赚一把钱就跑。因此，他们也就结局各异，有的已销声匿迹，有的已经成为“教父”级的企业家，有的则身陷囹圄。但经商业洗练后成功的这一部分，大都成为近 20 年的中国商业舞台上的主角。

二、新商帮涌现企业管理自下而上创奇迹

中国古代形成有比较著名的十大商帮，具体为：山西晋商，徽州（今安徽黄山地区）徽商，陕西秦商，福建闽商，广东粤商，江右（江西）赣商，洞庭

① 资料参见陈海著《九二派，“新士大夫”企业家的商道和理想》，中信出版社，2002。

（今苏州市西南太湖中洞庭东山和西山）苏商，宁波甬商，浙江中部（龙游）浙商，山东鲁商等。

20 世纪八九十年代中国商海再现潮涌，涛浪翻天，在这一波波的商海浪潮中，中国商帮这个消失已久的群体，一个沉寂已久的话题，一个早已尘封的标本再次崛起，吸引了世人的关注。最早提出“商帮”概念的是五大新商帮，即山东商帮、苏南商帮、浙江商帮、闽南商帮、珠三角商帮。此后其他各省商人也纷纷起而效仿，开始按照地缘给自己定位——安徽省和山西省的商人们分别提出了新徽商和新晋商的口号，重庆、河南、河北等地的企业家们也将自己归类，分别冠以新渝商、新豫商、新冀商。

从特点上看，山东商帮，很有国有企业特色；苏南商帮，具有集体企业的色彩。越往南，民营企业的特色愈浓烈。新商帮的种种模式，代表了中国企业寻找本土生存通道的努力。

图 9-3　中国商帮研究与经济发展

图片来源：2010 中国商帮（郑州）峰会举行，山东省浙江商会官网；2012 中国商帮峰会暨杭商论坛在杭召开，见和讯网“我们企业”之“最新动态”。

新商帮中的“浙商”，是浙江籍商人的简称，形成于 20 世纪 80 年代，崛起于 90 年代，强盛于 90 年代末和 21 世纪初。浙江商人大多白手起家，商业嗅觉敏锐，胆识过人，并且有能力在最恶劣的环境中生存。浙商可以用“种子好”“土壤好”“气候好”——这三句农业生产的术语，来解释浙商群体形成的原因[①]。

资源小省的浙江省唯一的优势就是人力资源（种子好），虽然庞大的浙商群体里大多数是农民：义乌小商品市场上的几十万商人、慈溪市的 3 万个企业主，入选《福布斯》豪富榜的鲁冠球、徐文荣、南存辉等，都是农民出身。浙江农民能够顺利地蜕变为商人，在于“土壤好”，一是浙江地处沿海，富裕的鱼米之乡杭嘉湖地区，是中国历史上资本主义萌芽最早的地区之一，很早就开始了频繁的海外交流，为浙商的形成和崛起提供了丰富的传统营养；二是浙江人的国民性

① 资料参见周锡冰、霍红建《解读浙商：浙商如何基业常青》. 北京：经济管理出版社. 2008.12。

格，非常适应商业文化，务实、机敏、重利、不满足、求创新、讲合作；三是“气候好”，指的是浙江有一个有利于企业发展的良好创业环境。浙江经济“一遇春风就发芽，一遇阳光就灿烂”，说的就是改革开放的大政策、大气候。这种气候与浙江各地历届党委、政府以不争论的态度鼓励商品经济的发展，以“无为而治”促进企业自主发展，以正确引导支持企业家做大做强很有关系。如位于钱塘江畔的传化化学制品公司总经理徐冠巨，当年因姓“社”姓“资”未定论情况下很彷徨，地方党委、政府给传化公司颁发了纳税大户的奖状，给企业当家人戴上了大红花，公司上下因此士气高涨，成功开发了一系列填补国内空白的高科技产品，进而成了浙江最大的私营化工企业、国内一流的高科技农业园区和现代物流基地，总资产近10亿元的传化集团，为浙江民营企业的排头兵。徐冠巨说：“是当年的一朵大红花，一张奖状，成就了今日的传化。”

浙商形成的创新、拼搏、合作精神也是浙江民营企业崛起的重要原因。在条条框框的束缚被突破后，浙江人跨出家门，什么苦都肯吃，什么脏活、累活都愿干，从事起各种别人瞧不起的“下等活”：弹棉花、补鞋子、磨豆腐、配钥匙、理头发、卖眼镜……20世纪80年代中期，仅一个台州地区，就有10多万“豆腐大军”活跃在北京城乡；全省外出到全国各地打工的多达200多万人。他们在创业之初，没有豪言壮语，也没有宏伟蓝图，一切是那么现实、那么简单、那么低调、那么追求直接利益。哪里有市场，哪里就有浙江人；哪里没有市场，哪里就有浙江人去开拓。由此可见，新商帮是在改革开放洪流中，从最基层自下而上崛起的，相应的，企业管理也经历着自下而上的革新。

仍以浙商为例，浙商发展经历了三个阶段：第一阶段是以温州和义乌人为代表的小货郎。历史上，无论是义乌人还是温州人都以“挑担走四方”闻名，他们靠石刻、竹编、箍桶、裁缝、弹棉花等百工手艺和挑担卖糖、卖小百货周游各地，人称“南方客”。第二阶段是遍布全国的“蚂蚁军团”。20世纪80年代初，百万浙江大军成了走南闯北的购销员，他们靠肩扛手提，踏遍千山万水，走进千家万户，说了千言万语，想尽千方百计，推销了千品万种小商品，挣回了千金万银。如今，浙江人遍布全国各地，涌现出一个个温州村、一座座义乌城、一条条浙江街。第三阶段是纵横全球的“跨国网络”。百万浙江人散居在世界各地，他们把浙江人的市场网络伸向全球每一个角落。特别是到了20世纪90年代中后期，一大批富裕起来的浙江人，以其全球化的视野和现代化的谋略，纷纷组建企业集团，进行跨国经营。有的则成为世界名牌中国总代理，构筑虚拟经营、连锁专卖等现代营销网络。

民营企业，“忽如一夜春风来，千树万树梨花开”，衬衫、西服、时装、皮鞋、皮具、饮料、汽车配件、轻纺制品、电子产品等名牌商品如雨后春笋，从深海中一个一个浮出水面。民企自下而上孕育、诞生、发展壮大，管理也从无到有，从管到理，到管与理结合。

浙江的民营企业通常发端于家庭工厂，往往是一个家庭一个作坊，构成一个独立的生产单元，家庭中派一个反应灵活的成员出去跑销售、跑采购、跑合作，其他成员在家生产。户与户、村与村、镇与镇、市与市，连点成线、连线成片，形成块状经济，经济板块之内全民皆商。血缘、乡谊、共同的生意背景将千家万户联结在一起，对内成为信任与合作的基础，对外开拓市场的时候又互为援手。这样背景下诞生的企业，其管理不是来自教科书，而是来自实践。这种实践必然以有效、实用为前提，新浙商不迷信管理理论。但是注重学习、吸收、融合、提高，由此在实践中诞生了一批批企业管理行家里手，有的甚至成长为管理大师（如图 9－4 所示）。

图 9－4　浙商名家肖像群

图片来源：边小媛：《浙商群像》见浙江在线之浙商网。

正是这种努力，浙江创造了一个又一个经济奇迹：浙江经济总量在全国的位次，由 1978 年的第 12 位上升到 1998 年的第 4 位，人均国内生产总值由第 14 位升至第 4 位；全国经济百强县，浙江占了 23 个；在全国农民增收连续多年下滑时，浙江的农民连续多年持续增长；全国 532 种主要工业产品最终产品的产量中，浙江有 56 种产品居全国冠军，109 种居全国第二，154 种居全国第三。全国工商联在北京公布了 2012 年度全国工商联规模民营企业调研结果（500 强门槛 2011 年 65 亿，2012 年上升到 78 亿元），浙江入围全国民营企业 500 强的企业数量 139 家，连续第 15 年位列榜首。

当然，冷静地反思，不可否认的一个现实是，高速发展的经济掩盖了诸多企业的管理问题。有销无营只是揭开管理问题的冰山一角。主要原因是针对大批中小企业主来说，管理不直接产生效益，所以没有引起足够重视，这是逐“器”

时代无法避免的现实，除了少量走在最前列的优秀企业，大多数企业走的就是以“器”为器，无底线追逐销量及销量带来的财富。管理大都是参照市场上流行的设计管理框架、机制和流程，管理风格基本是企业主的认识水平和经验水平确定。销量会掩盖管理存在的一切问题。虽然等意识到时大都已来不及，但这也是企业须遵从的市场上的“丛林法则”，优胜劣汰的原因所在。

第十章 商界竞争中硝烟弥漫

在商品稀缺年代，产量、销量是核心中的核心。有产品或服务，甚至没有产品只要有概念，都可以炒作，然后变现。在这种情况下，资金流成为业界关注的香饽饽，一方面是经济发展企业急需资金，另一方面企业通过正规渠道如银行借贷诸多限制，难上加难，于是民间借贷兴盛起来了。这个时代，谁有钱谁就能投资新项目，就能有大发展，种种禁忌打破后带来的商界竞争，达到了白热化程度。当然，负效应也是明显的，起起落落，有企业新生，也有企业衰落。正如《大败局》[①] 一书序言里写的，在摆脱旧体制铁链束缚的改革之初，激情拯救了整个中国企业界的脸面，但激情所散发出来的负面效应，也令中国企业陷入前所未有的迷茫和冲动之中。

第一节 民企翻腾，竞争主导管理

一、中国品牌混战促进营销管理

在20世纪90年代，物本管理下追求的是产品生产，是产值、是销量。只有真正具备长远战略眼光、真正理解企业管理的少部分人才会关注“量”以外的东西，关注品牌。虽然，那时无论是生产者还是经营者，对品牌的认知都还不成熟，但随着竞争态势的炽热化，商业领域不以人的意志为转移地出现了品牌大战。这是个商业领域濒于疯狂的年代，三五月便可以创出一个品牌，享誉全国，却又在三五年间直接陨落（短的不到一年就陨落）。早一些的“品牌先烈”们如万燕、太阳神、宏达口服液、汾煌可乐、亚细亚、红高粱、三株、飞龙、红桃K、秦池、孔府家、爱多；后发展的如旭日升、汇源、巨人、春都、奥妮、乐华

① 吴晓波著，《大败局Ⅰ》，浙江人民出版社 2001.1。

等，都无一例外的风光一时、一朝跌倒。

在此过程中，也有一些品牌冲杀出来，成就一代辉煌，如长虹、万科、海尔、娃哈哈、方正、TCL、格兰仕、金六福等，以及后来慢慢崛起的吉利、水井坊、泸州老窖、清酒、贵州醇等。华夏大地的民营企业翻江倒海，腾跃飞翔，起落共存。其中以汽车领域的轿车工业和亚细亚为代表的零售商业比较典型。

中国的改革是循序渐进式的放开一个一个行业。让轿车工业先在国营企业领域，经历了许多年的极其痛苦的阵痛，才慢慢放开，让私营汽车工业进入这一领域。国企轿车真正规模化生产起步于20世纪80年代中后期。1983年，上海汽车厂试装桑塔纳成功；1984年，《上海大众汽车有限公司合营合同》在北京签字；1985年，上海大众汽车有限公司正式成立，开始批量生产桑塔纳。同时期，其他合作项目也在运行，如1984年1月，北汽与克莱斯勒合作成立北京吉普汽车有限公司；1984年5月，长安机器厂与日本铃木合作生产ST90系列微型车；1985年3月，广州标致项目开始运行，等等。但由于各种原因，各地的汽车项目并不尽如人意，标致更是黯然退出中国市场，只有上海大众桑塔纳项目成功了。上海大众培育了中国的轿车市场，也给中国带来了先进的造车理念、营销理念和管理理念，有了大众，后来才有了通用、本田、福特、日产、丰田等巨头的纷至沓来。

图10－1　中国自己生产的第一辆解放牌汽车（1）、第一辆东风轿车（2）、第一辆红旗轿车（3）

图片来源：1.《时序更迭，甲子轮回—图说汽车工业六十年》，搜狐汽车频道之“产业新闻”。

2.《新中国第一辆轿车是手工制品》，中国青年网之“交通变迁”。

3.《网媒记者参观第一辆轿车　红旗CA72（组图）》，品牌世家之“红旗”。

二、轿车工业崛起展示吸收型中国管理

新中国汽车工业起步的标志是1953年7月第一汽车制造厂（长春）动工兴建，新中国汽车工业真正规模化生产，则是借助改革开放的东风起步于20世纪80年代中后期。第一个中外合资汽车企业是北京吉普汽车有限公司，1983年5月5日签约，生产吉普车。第二家中外合资汽车企业是1985年3月成立的上海大众公司。此后，各种西方品牌陆续进入中国。正是有了西方品牌的引进，才有

了中国企业管理的觉醒。

轿车领域真正的私营企业应该是从吉利汽车及其品牌缔造者李书福开始的。李书福，担任过某冰箱配件厂厂长，组建过黄岩县北极花电冰箱厂，为青岛红星厂生产过冰箱、冰柜，成立了浙江台州吉利装潢材料厂，生产了中国第一张美铝曲板，并建立了生产全国第一张铝塑板的生产厂。1992 年投资海南房地产失败后，李书福赴燕山大学学习，期间花 6 万元买了一辆中华牌轿车，突发奇想："轿车是什么？不就是四个轮子、一个方向盘、一个发动机、一个车壳，里面两个沙发吗？"凭着这股无畏的劲头，李书福把目光投向造车领域。但那时，中国政府的汽车行业还没有向民营企业开放。

为了一张汽车生产许可证，李书福找到区经委的领导，得到的是"不可能"；找到省机械厅，不仅是"不可能"，还多了一句"你去北京也没用，国家不同意，工厂不能建，汽车就是生产出来也不能上牌。"这一切都难不倒李书福，他决定走迂回路线，先办摩托车厂。对于造摩托车李书福一窍不通，他买来样车，把它拆掉琢磨，再按照市场需求进行改良。1993 年，李书福收购了浙江临海一家有生产权的国有邮政摩托车厂，研制成功四冲程踏板式发动机。接着又与行业老大"嘉陵"合作生产"嘉吉"牌摩托车，不到一年的时间，摩托车销量不仅一直占据国内踏板车龙头地位，还出口到 32 个国家。

1994 年，摩托车生意红火的李书福决定要造汽车。得不到许可的李书福在临海市征地 850 亩，打着造摩托车的幌子，筹建了吉利"豪情汽车工业园区"。李书福的造车路从模仿开始。1996 年，奔驰刚刚推出新车，李书福就买了两辆。后来他又到一汽，把红旗车的底盘、发动机、变速箱都买回来研究，最后"依葫芦画瓢"造出了一辆车。"玻璃钢的，红旗轿车的底盘、发动机、外观跟奔驰 E200 一模一样。"李书福兴奋地开着这辆车上街兜风，却受到警告：没有生产许可证的车是"犯法的"。1997 年，四川一家生产小客车的企业濒临倒闭，李书福注资 1400 万元，成立了四川吉利波音汽车制造公司，并拿到了小客车、面包车的生产权；1998 年 8 月 8 日，没有准生证的第一辆两厢"吉利豪情"车下线。1999 年，时任国家计委主任的曾培炎视察吉利集团，李书福对他说："请国家允许民营企业家做轿车梦。如果失败，就请给我一次失败的机会吧。"

到 2001 年，吉利已拥有了临海（豪情）、宁波（美日）和上海浦东（华普）3 个汽车生产基地，完成了吉利进入汽车工业的基本战略架构。这年 12 月，国家经贸委发布了第七批车辆生产企业及产品《公告》，吉利终于榜上有名。9 年后，吉利已经拥有了远景、金刚、金鹰、自由舰、优利欧、美人豹、熊猫、帝豪等一系列的车型。2010 年 2 月份其汽车总销量为 28712 辆。

吉利品牌从无到有、逐渐发展壮大的过程，应该是发展中国家企业发展的正确之路：照搬—模仿—学习—改造—创新—自主。如果永远只停留在引进和照搬

图 10－2 吉利第一辆车和老生产基地

图片来源：《从造冰箱到造汽车、追溯吉利汽车发展史》，引自中华网汽车频道“人·车·生活”之“杂七杂八”。

阶段，或者只是模仿、学习，那么就永远没有自主品牌。其实这也是中国经济理论、企业管理理论引进应该走的路，学习只是吸收其营养，我还是我自己，不等于变成对方。走国际化之路，是思想、视野、市场的国际化，而不是全盘西化。中国管理，可以吸收世界上一切先进理念、理论的营养，但必须而且应该是中国管理。

三、亚细亚转战南北引出创新性管理

在工业崛起的同时，商业也在发生着巨大变化，其中最著名的是商界曾爆发过的一场“中原商战”，这是刚刚崛起的中国商业领域从未遇到过的，影响涉及全国。这场“中原商战”指的是河南郑州二七广场上亚细亚商场带来的商业冲击波，这场冲击波也一并带来了商业企业管理的思想剧变。

1989 年，5 月 6 日，郑州亚细亚商城开业，转业军人王遂舟担任总经理。这家营业面积 1.2 万平方米的商场开业第一天便迎来了 10 万人次的消费者。商场安装了电梯，人工瀑布被引入了营业大厅，设计了迎宾小姐和歌舞表演，大厅中央每隔半小时就有乐手登台演出——与当时国有商场的管理僵硬、服务冷漠、理念守旧相比，亚细亚这些举措是破天荒的。管理方面，王遂舟推行“半军事化”管理，每年至少进行两次四五百人规模的军事训练，要求员工绝对听从命令，养成服从指挥的行为习惯，这在当时也是很少见的。如同它的 LOGO（一轮喷薄而出的太阳）一般，亚细亚创立当年，商场营业额达到 1. 86 亿元，名列全国大型商场第 35 位。此后三年，亚细亚的营业额平均每年以 30% 的速度增长。与业绩提升并举的，是亚细亚的品牌宣传，亚细亚创立之初便投入几十万元的广告费用，这相当于郑州其他商场全年广告费的总和。而在央视轮番播出的广告，“中原之行哪里去——郑州‘亚细亚’”，更让亚细亚品牌走向全国。

1990年前后，郑州商界国营巨头华联商厦、郑州百货大楼等联名成立“郑州市大型国营商业零售业总经理联谊会”，他们警告供货单位不要与“这样的单位发生业务来往”。同时几大商场互派人员到对方暗抄商品底价、互挖人才、竞价促销……一时间，郑州二七广场弥漫着商战硝烟。这便是中国商业史上著名的“中原商战”。为了避开国营巨头的联手“封杀”，解决货源问题，亚细亚不得不在郑州周边一些地区的国有商场进货。由于是现金采购，赢得了上游渠道的信任，亚细亚逐渐取得了源头采购或直接由河南省总经销商采购的资格。与此同时，南方一些工厂逐渐兴起，而国有商场傲慢、守旧的弊病使得工厂更倾向于与亚细亚这样的民营商场合作。商战的结果是亚细亚站稳了脚跟，不仅取得了与国营商业在主要品类如家电、家具、钟表、服装同样的进货价格，而且在郑州商界做到了商品和服务方面的“人无我有、人有我新”。1993年至1997年，亚细亚先后成立了15家大型连锁百货分店，平均每4个月一家（河南省内6家，以“亚细亚”命名，省外9家则命名为“仟村百货”）。王遂舟强调“我们就是要与众不同!”

图10-3 当年的郑州亚细亚及礼仪小姐

图片来源：《吴晓波．大败局1》浙江出版联合集团．浙江人民出版社．2011.5.

然而，当“与众不同”被固化成一种标签之后，它便成了亚细亚沉重的枷锁。如广州“仟村百货”装修费达3000万元之巨；郑州亚细亚五彩购物广场的装修费更是突破1亿元。再加上大肆做广告，低价促销——过高的运营成本导致亚细亚接二连三的亏损。1996年11月，天津亚细亚商厦倒闭，商品被供应商一抢而空。闻讯而来的各地供应商到郑州找王遂舟要钱。1997年，王遂舟在他40岁生日那天辞去了亚细亚集团总经理的职务。

“郑州商战”“以一敌五”，集体对国营，“野路子”对正统，引起商界内外人士的赏识。它是国内首家在中央电视台做广告的商场，让无数从未到过郑州的人从广告中见识了亚细亚商场那清新典雅的营业大厅及秀美热情的迎宾小姐。敢于只身对战中原国营商业大鳄围攻的郑州亚细亚商场，曾经证明了民营商业的无所不能。但同样，不成熟的管理条件下，企业膨胀，人心也在膨胀，企业和企业管理者的幼稚病，是初创时期商业新秩序的一种现象。

第二节　商战硝烟，催化利益管理

20 世纪 90 年代前后的商业大战，硝烟弥漫，其中比较典型的是新崛起的保健品行业。刚刚手头有点钱的中国人，在吃一只鸡就是大补的年代走过来，忽然发现还有五花八门的各种保健补品，一下子应接不暇，给保健品业提供了巨大的市场空间，也产生了利益驱动的管理模式。

一、保健品大战的品牌与渠道管理

保健品业先是南北大战进而推动中原逐鹿，南有广东“太阳神口服液”，北有沈阳“飞龙药业”，西南有“宏达口服液”，三足鼎立，加上位处中原的河南有“三株口服液”，大有逐鹿全国之势。1987 年出现的太阳神保健品，给几千年来习惯于以人参鸡鸭进补的中国百姓开了新纪元。太阳神创立了企业、商标、产品三位一体的太阳神标志，是“中国 CI 第一案”。“当太阳升起的时候，我们的爱天长地久”的广告，让“太阳神”口服液成了中国家喻户晓的“太阳”。与太阳神同步的还有正大青春宝、505 神功元气袋等其他保健品。这些企业的市场操作手法可以用一个三部曲的套路来描述。第一步，找经销商；第二步，投放广告；第三步，收钱。那个时候，“点子”正热，“炒作”盛行，一拳可以打倒一大片，一招可以搞定消费者。一招一式的广告策划让他们尝尽了甜头。

图 10－4　当年的太阳神电视广告与商标

图片来源：《时隔 15 年太阳神重登央视，再次书写时代符号》，见南方网东莞新闻。

梳理一下，中国保健行业经历的历史事件：1987 年，以杭州保灵为代表的蜂王浆产品拉开了中国保健品市场的帷幕。1988 年，太阳神、娃哈哈分别以“生物健口服液”和“娃哈哈儿童营养液”掀起了国内保健品市场第一轮消费热潮，太阳神创出 13 亿元的销售纪录，成为中国保健品行业的第一代霸主。1989 年，振华 851 在福州、昂立一号在上海问世。振华 851 的畅销给中国保健品市场的消费热潮又增添了活力，其庞大的代理商中有不少人成为后来保健品市场的弄潮儿。1990 年，沈阳飞龙以“飞燕减肥茶”和“延生护宝液”起家，并在保健品市场上崭露头角。1991 年，保健品市场突破 100 亿元。1992 年，深圳太太集团成立，推出“太太口服液”迅速红遍中国。1993 年，马家军[①]为“中华鳖精”作形象代言人，带动了保健品市场的上升。巨人集团也开始涉足保健品行业，“脑黄金”[②] 横空问世。1994 年，武汉红桃 K 集团成立，“三株口服液”在济南问世[③]。保健品生产厂家已由最初不到 100 家增加至 3000 多家，产品品种多达 30000 种，年产值由 16 多亿元增至 300 多亿元。

然而，到 1995 年，形势急转直下，益生堂“三蛇胆胶囊”被指控混淆了食品与药品的广告用语而被罚款 6 万元。1996 年，巨人集团发生财务危机崩溃；飞龙集团总裁姜伟发表《总裁的 20 大错误》；太阳神销售额急剧下滑；“三株口服液”在农村市场大获成功，年销售额达 80 亿元，创造了销售神话。1997 年，深圳太太控股“丽珠集团”成为综合性医药企业集团。1998 年，“八瓶三株喝死一条老汉”的常德事件发生后，“三株口服液”一蹶不振。1999 年 4 月，“太阳神”突然推出“风景减肥胶囊”，以图东山再起。姜伟重出江湖，推出“伟哥开泰胶囊”，但不久被国家有关部门以假药查处，再遭滑铁卢。同年 7 月，无锡健特药业的“脑白金”问世，以独特的营销模式热销市场，并再次掀起保健品市场热潮。这一波波变动，令人眼花缭乱，其中最具代表性的是“飞龙”“三株”与“脑黄金”。

---

① “马家军”是指马俊仁在辽宁省田径队女子中长跑组训练的一批女子中长跑运动员，包括王军霞、曲云霞、马丽艳、刘东、张林丽等人。1993 年，斯图加特世界田径锦标赛，王军霞、曲云霞、刘冬分别获得 10000 米、3000 米和 1500 米的冠军。同年 10 月，西班牙世界马拉松赛，马家军夺下团体冠军，一举包揽了女子前 4 名。国际体坛大惊：“世界中长跑进入了一个新时代——马俊仁时代。”一直有传闻马家军是喝甲鱼（鳖）血、吃人参、鹿肉、海参，从梅花鹿和鸵鸟身上找到跑步的规律的。

② 以“巨人汉卡”起家的史玉柱，转战保健品，做“脑黄金”一举成功，当时成了中国民营企业的一面旗帜。后在珠海建巨人大厦，追加设计，想超过深圳的“地王大厦”，结果资金链断裂。一个风吹草动，供应商又挤兑，于是，泡沫破了……史玉柱被迫出走，直到 10 年后，再创脑白金翻身，回珠海还债。

③ 红桃 K 驾驭住了三株未能驾驭的市场烈马。比较而言，三株的主要业绩在于找到了一种适合中国广大的农村市场的营销方法，红桃 K 的主要业绩则在农村包围城市基础上探索出营销方法管理，红桃 K 实行“广告轰炸”的同时，组建了深入到县、乡、村的营销队伍。宣传单、电视专题、车贴墙标、义诊销售是红桃 K 的营销“四大法宝”。但红桃 K 的最好业绩与三株的历史最高峰相去甚远，所以红桃 K 于 2002 年开始了“二次创业”——从纯保健品生产商，转向现代化中药企业。

二、沈阳飞龙起落呼唤规范管理

飞龙集团创始人姜伟在20世纪80年代以生产“飞燕”减肥茶起家，后来开发出“延生护宝液”从而走红全国。1990年10月26日，“飞龙”还是一个注册资金75万元的小企业，到1991年就实现利润400万元，1992年实现利润高达6000万元，1993年和1994年公司利润都超过2亿元，公司迅速扩张，发展成以医药、保健品、美容品为主的高新技术企业集团。“飞龙”的经营手法有两个创新点：一是产品定位上敏锐地意识到国人对“滋阴壮阳”的需要，从补肾这个细分市场入手，推出“延生护宝口服液”，将中国保健品从模糊的保健概念引向了市场细分；二是在营销上首次采用“人海”战术，大规模扩充营销队伍，这在当时是一个非常之举，堪称摸索中的中国营销界的一大创举。

然而行业缺乏规范管理的后果是凄惨的。上海市技术监督局对市场上92种营养液进行抽查，结果合格率仅占9.78%，生产这92种产品的77家企业，每年就有60多亿元的不合格产品进入市场，保健品市场岌岌可危。1995年下半年，保健品生产企业们终于搬起石头砸了自己的脚，在全国范围内出现了大规模滑坡。

图10－5　媒体称姜伟是折翅的“飞龙”

图片来源：《姜伟：折翅的“飞龙”》，楚天金报，2013年8月2日。

广告是姜伟初期制胜的法宝，有了钱他并没有盖了高楼大厦，甚至连像样一点的办公楼都不盖，几乎把资金全都压在了广告上，“广告—市场—效益”成了他聚敛财富的三部曲。1994年广告预算高达1.2亿元，这在当时国内同行中的阔绰程度是屈指可数的。然而致命的是，飞龙集团对广告策略的认识却非常粗浅，各分公司经理们随心所欲，只要面铺得广、钱花得多，动不动就展开地毯式的轰炸，几乎所有的媒体都要上。因此“飞龙”只打出了知名度，而美誉度却未能稳固地建立起来。而相比之下“红桃K”“太太口服液”等都是靠美誉度来支撑起各自的一片天空。

飞龙在财务管理上也存在严重缺陷，营销中心对广告的管理既统计不清数据，也说不清效果，无效广告泛滥成灾，总部也不知道广告费用的支出进度，而且无从监控，1994 年广告预算达 1.25 亿元，而实际上却支出了 1.7 亿元。广告人员吃回扣、虚报广告价格和次数等现象层出不穷。财务审计只管账目不管实际也致使财务漏洞百出，一个业务员手头缺钱，两天报了 100 多件产品破损便轻松得手；哈尔滨有 7 个客户承认欠款 400 万元，而分公司账目反映却只有几十万元。

广告盛行的时代恰恰还是物品匮乏时代，人们对广告的理解与正常宣传的理解是一致的，所以扩大化的、诱惑式的甚至是虚假式的广告，对刚刚从国营商店的购买者变成市场化的消费者来说，其欺骗性、鼓动性和号召力是极其巨大的。即使进入到 20 世纪 90 年代中后期，广告的功效仍是巨大的，广告带来的销量几乎让那时的企业根本就顾及不到管理，更无法理解管理的巨大价值。用销量撑起来的“大企业”，大虽大，却是骨骼软弱，内力十分有限，经不住一点点外力的冲击。

三、三株花开花落提醒危机管理

1994 年 8 月，吴炳新和他的儿子共同创立了三株实业有限公司，销售“三株口服液”。第一年的销售额就达到 1.25 亿元，1995 年以自己创立的四级体系（即地级子公司、县级办事处、乡镇级宣传站、村级宣传员四级）挺进农村市场，取得了巨大的成功；1996 年销售额达到了 80 亿元，创造了一个时期内其他保健品企业无法逾越的高峰。在其鼎盛时期，“三株”开到了全国各地，注册了 600 多家子公司，销售人员达到 15 万余人，紧接着公司开始向医疗、精细化工、生物工程、材料工程等行业进军，兼并 20 多家工厂。

“三株”那时的成功主要有三点：一是将市场推向县、乡、村，主打农村市场；二是组建空前规模多层级的营销队伍；三是高度凭借病例宣传和采取“投递传单、义诊促销和电视专题三板斧”的营销模式。“三株”是通过对消费者的驱动真正驾驭经销商，从而控制了销售网络。

只可惜这个局面并未保持太长的时间。1998 年 3 月，湖南常德一老汉死亡前服用过三株口服液，于是家人和三株公司打起了官司，全国媒体以“八瓶三株口服液喝死一条老汉”为标题进行密集报道。“三株”危机由此全面爆发，销售额急剧下降，账目出现亏损，工厂停产。到 1999 年，常德官司尽管胜诉，但赢了官司，却输了市场，“三株”在全国所有的办事处和工作站全部关闭。

“三株”宣传战术的误区表现在：第一，狂轰滥炸，望而生畏的品牌形象塑造。凭借王婆卖瓜式的广告开路，忽略品牌美誉度的培养，结果可想而知。第二，不正当的市场策略。“三株”产品甫一上市，终端推广与政府机构建立暧昧关系，拉拢腐蚀职能部门；无情对待对手，树敌太多。第三，稚嫩的危机公关策略，使“三株”在面对媒体发难时，缺乏应对智慧。如果事情发生后借助第三方力量进行周旋，危机可能会缓解许多。这些都是缺乏企业的战略管理引起的。而且，“三株”与同时代陨落的企业一样对管理不重视，只重视市场，导致一有风吹草动，并无力抵抗能力——典型的企业软骨病。

图 10－6　三株口服液董事长吴炳新及其“三株口服液”产品

图片来源：李正曦．纪旭著《吴炳新重出江湖》，中国民航电子版 2010 年 10 月 25 日。

22 年前的 1994 年，三株在济南诞生。这 22 年间，三株的创始人吴炳新经历了人生的大起大落，饱尝各种风雨艰辛。2016 年已经 78 岁的他，依然认为三株从来就没有失败过，当年赢了官司输了市场的吴炳新没有放弃三株这块牌子，他在中药发酵领域不断努力着，期待三株有朝一日可以再次走向辉煌。

第三节　广告大战，引发管理反省

一直以来，中国人按国家定价购物，商店有什么买什么，忽然各种广告宣传铺天盖地而来，人们可以自由选择了，可以讨价还价了，这给商业领域提供了广告驱动的管理模式。注重营销，是中国商业企业的一大进步。但刚开始的中国营销，营销中有销无营的典型特征，企业经营者盲目相信广告的魅力，甚至到了说经营就是投广告，说销售就是求销量（或销售额）的地步。

很多企业，很多品牌，还有很多风云人物，是成也广告，败也广告。

一、秦池浮沉的广告与营销管理

“营销”概念刚刚来到中国商界之时，直观的理解就是做大广告，喊响名称，然后就可以有源源不绝的客户蜂拥而至。所以，虽然企业界人士都喊着“营销”，甚至把原来的“供销科”“销售科”统统改名为“营销部”，但实际上却的确是只要“销”不讲“营”、也不懂“营”。所谓营销策划基本上就是轰动性广告轰炸，铺天盖地、气势恢宏，吸引住眼球后就是大卖。前面说的“飞龙”“三株”是如此，更具代表性的还有山东秦池酒。

1990 年以前的秦池酒厂，是山东省临朐县亏损大户。在新厂长姬长孔带领下，逐渐走出了困境。1995 年 11 月，秦池酒厂以 6666 万元的代价（相当于秦池酒厂 1994 年全年所有利税之和的两倍还多）获得了中央电视台广告“标王”[①] ——通过媒体强劲的宣传力量，秦池酒迅速成为中国白酒市场上最为显赫的新贵品牌。1996 年度企业实现销售收入 9.8 亿元，利税 2.2 亿元。比中标前增长了 5 倍以上。一个名不见经传的小厂，创造了一个神话般的奇迹。

1996 年 11 月 8 日，姬长孔又参加竞标，会上他说：“1995 年，我们每天向中央电视台开进一辆桑塔纳，开出的是一辆豪华奥迪。今年，我们每天开进一辆豪华奥迪，争取开出一辆加长林肯。”[②] 这句话盛极一时，满世界流传。这次，秦池酒厂以 3.212118 亿元再次夺得标王。有记者问：“这个投票额怎么计算出来的？”姬长孔豪迈地回答：“我也没怎么计算，这就是我的手机号码。”[②]姬长孔还大气地预计他们在新的一年里要实现 15 亿元的销售额。

正是这种头脑发热的癫狂，豪情冲顶的拍脑袋决策，导致秦池的危机来临。一个县级小酒厂，怎么能生产出 15 亿元销售额的白酒呢？记者们疑虑。1997 年初，新华社《经济参考报》4 位记者对秦池酒作了一次暗访。根据线索，他们先不去山东临朐，而是远赴在千里之外的四川邛崃县，找到当地的“春泉白酒厂”。调查发现，1995 年，春泉给秦池提供了 4000 吨散酒，秦池夺标时曾向春泉拆借资金，1996 年，春泉又供给了秦池散酒 7000 多吨。当被问及春泉是不是收购了当地一些小酒厂的散酒供给秦池时，厂长作了肯定的回答。记者在邛崃还找到了另外几家同样向秦池供应散酒的中小酒厂。一个从未被人知晓的事实终于尴尬地浮出水面：秦池每年的原酒生产能力只有 3000 吨左右，他们从四川收购了大量的散酒，再加上本厂的原酒、酒精，勾兑成低度酒，然后以“秦池古酒”“秦池特曲”等品牌销往全国市场。再加上对秦池酒厂生产能力的调查，《经济参考报》的报道于 1997 年 1 月中上旬刊出，很快被国内无数家报刊转载，迅雷

---

① 标王是当时中央电视台广告招标标的最高者的俗称，也就是投放在电视台广告费用最多的企业。

②③ 吴晓波《激荡三十年（下）》中信出版社．浙江人民出版社 2008. 第 67 页。

般传播到全国各地，还沉浸在标王喜悦中的秦池酒厂遭遇到了最凶险、最猝不及防的一击。当年度，秦池完成的销售额不是预期的15亿元，而是6.5亿元。而后一年，更下滑到3亿元，从此一蹶不振。

勇夺标王、掀起新闻热浪之后，秦池患上了“炒作依赖症”，只谋求诱发一波又一波热销高潮，追求销量，而不是谋求企业综合实力和核心竞争力增长。真正是成也广告，败也广告。

图10-7 秦池获得中央电视台标王时的情景

图片来源：和讯新闻：改革开放30年·十大人物（十大失意企业家），《姬长孔，一代标王巅峰坠落》。

竞争态势下，管理仍然没有成为企业关心的话题；只把销售、广告看作是关注的重点，销量、销售额才是一切的根本。盲目追求销售，不懂真正意义上的经营，管理跟不上，导致那个年代的许多企业如“秦池”一样昙花一现。

二、巨人集团的产品与渠道管理

20世纪90年代中后期，在那个生活消费品大比拼的年代，保健品业、饮料酒业、家电业……都是商战不息，硝烟弥漫。只是虽曾极度辉煌，许多企业却挡不住一朝陨落。虽然有1997年亚洲“金融风暴”的原因，但管理滞后、只销不营的短视行为，使部分中国企业走到了悬崖边上：“巨人”摔跤了，“飞龙”落地了，“三株”出事了，“太阳神”受伤了，“标王”陨落了……。他们在营销和推广上无不夸大其词，随心所欲，对市场规则十分漠视，这就注定了后面的结局。其中，曾经冲浪立潮头的巨人集团，也在头脑发热中起起落落。

1989年7月，史玉柱怀揣独立开发的汉卡软件和“M-6401桌面排版印刷系统”软盘来到深圳。深圳大学一位在科贸公司兼职的老师非常器重他，让他承包了一个电脑部。当时，除了一张营业执照和4000元钱以外，史玉柱一无所有[①]。

为了买到当时深圳最便宜的电脑（8500元），他以加价1000元为条件，向电脑商获得推迟付款半个月的“优惠”，赊账得到了平生第一台电脑。为了推广产品，他用同样的办法“赊”来广告：以电脑做抵押，在《计算机世界》上以先打广告后付款的方式，连续做了3期1/4版的广告。《计算机世界》给史玉柱的付款期限只有15天，可一直到广告见报后的第12天，史玉柱分文未进。就在关键时刻，第13天出现了转机：他一下子收到三张邮局汇款单，总金额1.582万元！先人一步的思维方式，让史玉柱迎来最初的成功。两个月后，他账上的金额竟达到了10万元之巨。他再次把钱投入到广告中，边扩大影响边卖汉卡，4个月后，仅靠卖M—6401产品就回款100万元，半年之后回款400万元。

1991年4月，史玉柱转战珠海，成立珠海巨人新技术公司（巨人集团的前身）。史玉柱做了一次大胆的豪赌——向全国各地的电脑销售商发出邀请，只要订购10块巨人汉卡，史玉柱为他们报销路费，让他们前来珠海参加巨人汉卡的全国订货会。以此吸引了全国200多家大大小小的软件经销商，组成了巨人汉卡的营销网络，巨人汉卡的销量一跃成为全国同类产品之首，公司获纯利1000多万元。在此期间，巨人集团又开发出中文手写电脑、巨人防病毒软件等多种产品。1992年，巨人集团的资本超过1亿元，史玉柱迎来了事业的第一个高峰。

1994年8月，国外软件大举进军中国，抢走了汉卡的市场份额，在侵占了巨人集团其他软件产品的生存空间之后，急于从IT困境中突围的史玉柱把目光转向保健品，斥资1.2亿元开发全新产品——脑黄金。史玉柱强烈的营销意识再次显现。首先，是广告战。1994年秋冬，脑黄金一上市就在媒体上打起广告战，竞争对手多灵多鱼脑精投入100万元，脑黄金随即投入200万元。在广告语上，多灵多鱼脑精的“五盒一疗程”，脑黄金打出“四盒见效”。在媒体投入上，脑黄金在中央电视台以形象宣传为主，区域媒体以功能诉求为主，地方日报、晚报，科普文章，加上海报、挂旗齐上。那时候，华东地区每天的广告投放额为10万元，投入产出比达到了1∶8。其次，是建立分公司，设营销部，强力出击。1994年11月，史玉柱把全国市场分为七大区，各省设分公司。史玉柱亲自主抓销售人员的培训工作。最后，各类促销铺天盖地。在硬广告全面开花的同时，加大软性宣传的比重，《巨人报》印100多万份，成为当时中国企业印数最大的“内刊”。

当史玉柱成为“十大改革风云人物”之一后，年轻人的头脑发热就无可奈

---

① 史玉柱创业资料参考《“十大改革风云人物”之一：史玉柱》，88蓝保健品网销售与市场之风云人物。

何地出现了，他决意在美丽的珠海盖一栋自己的大厦，在他一次又一次和总理握手、一次又一次被地方政府鼓动之后，这栋原本38层的楼房，被一次次拔高，最终达到70层，虽然当时他手里揣着的钱仅仅能为这栋楼打桩。1996年年底，巨人大厦资金链坍塌，负债2亿元，败局已定。

1998年，史玉柱重回保健品市场。史玉柱仍不舍“巨人”的浪漫主义情结，借用音译的“Giant（巨人）”，很快注册成立了上海健特公司做保健品。在江苏省江阴市，史玉柱走村串镇，与留守老人聊天，据此创意出“今年过年不收礼，收礼还收脑白金”的广告语。2001年卖掉脑白金，于2002年初推出“黄金搭档”。一年后又出售给段永基领导的四通电子。2004年11月史玉柱成立征途公司进入网络产业。

显然，把广告作为全部的营销理念，把广告作为企业发展的唯一方式，必然出现秦池酒的倒塌、巨人脑黄金的跌落，也带给我们很多管理上的理性思考。

这个时期，管理理论界与管理实践界的交会越来越少，理论界在不断引进西方新思想、新理念、新概念，以及西方理论体系，令人眼花缭乱，目不暇接。而实践界，由于各种培训风起云涌，在五花八门的新理论冲击下，一度陷入其中而不能自拔，迷茫过后渐渐放弃那些不符合国情、厂情的“高大上”，而开始崇拜两类人：一类是深谙“江湖”习性的所谓“培训大师”的天马行空式教导，另一类是企业做大后企业领袖的“金口玉言”。真正的中国管理理论却无人探索，真正符合国情的管理经验无人总结。喊出并写出“中国式管理”“东方管理学”“儒家管理学”“国学管理”“三国管理”的，往往都不是管理学界人士，也不是管理领域人士，而是史学、国学领域的人士。中国管理之路走偏了。

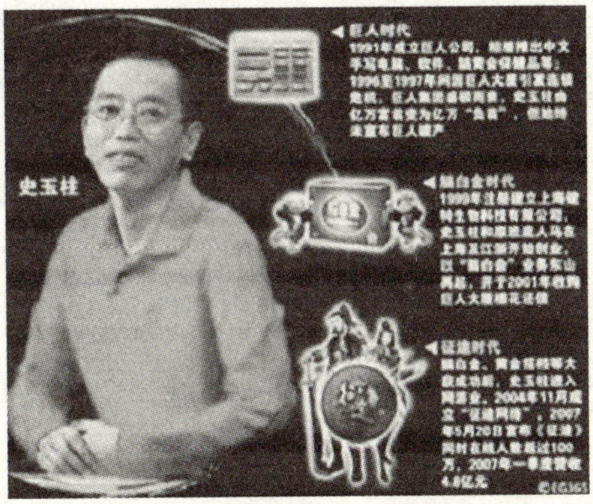

图10－8　史玉柱三次创业：巨人汉卡、脑白金、巨人网络

图片来源：引自史玉柱营销再拓市场，《征途25》登纽约时代广场．见搜泡泡游戏资讯之“业界动态”。

第十一章　市场化与行政化冲突

中国进入物本管理时代，是一种无意识的行为，只是从计划经济转型过来的初期，在那个物品稀缺的年代，只要是生产出来的产品市场上都能销掉，所以工厂的产量、市场的销量成为重中之重，企业管理的一切要素都为产量、销量开路，以物为本的管理必然成为一种自然选择。更何况那时候，行政意志仍然具有极大的能量，“官本位”观念根深蒂固，在实施社会主义市场化的过程中，不可避免地出现了市场化管理与行政化管理的冲突。有些领域本就需要政府出面的，如证券交易；有些领域应该以市场化为主，但行政意志无法在那时候一刀切断，权力干预的后果，让企业管理仍然在行政意志的轨道上惯性前行。

行为的变革，首先应是观念的转变，思想的革新，这需要一个契机、需要一个过程，这个过程中，市场化与行政化冲突是无法避免的。

第一节　资本市场变动管理滞后

一、上海证券交易所开业

资本市场中的重要标志是证券交易。对20世纪90年代初的中国民众而言，证券交易绝对是新事物，因为打碎旧体制建立新中国的时候（20世纪50年代），这些明显带有资本主义特色的交易模式也一并消亡了。改革开放后提出了社会主义也可以有市场经济的论断，更提出中国特色的社会主义理论，于是这一本已经消亡的事物，在1990年12月19日上海证券交易所重新回归，当时的上海市市长朱镕基出席了当天的开业典礼。上海证券交易所理事长李祥瑞授权总经理尉文渊在交易大厅敲响正式开市的第一锤，半小时后，前市收市时已成交49笔，面额为5879008元。

1992年邓小平南方谈话之后，股市在中国真正如火如荼地发展起来，当年5月21日上海股票交易价格全部放开，由市场引导，结果从21日至23日，股票价格一飞冲天，3天内暴涨570%，这一天被称为改革开放新中国股市真正诞生的一天。

经过多年持续发展，上海证券所成为中国内地首屈一指的证券交易市场，上市公司数、上市股票数、市价总值、流通市值、证券成交总额、股票成交金额和国债成交金额等各项指标均居首位。截至2008年年底，上证所拥有864家上市公司，上市证券数1184个，股票市价总值97251.91亿元。一大批国民经济支柱企业、重点企业、基础行业企业和高新科技企业通过上市，既筹集了发展资金，又转换了经营机制。

图11－1　上海证券交易所开业

图片来源：甘正声．潮涌黄浦声浩浩．和讯网之"读书".

迈入21世纪后，上证所肩负着规范发展市场的艰巨任务，也面临着进一步推进市场各项建设的良好机遇。凭借一流的硬件设施和浦东优越的区位优势与强大辐射力，凭借上海经济良好发展势头和特有的龙头效应，凭借国企改革和金融中心建设对上海资本市场的积极推动，上证所将按照坚定信心、加强监管、保持稳定、规范发展的思路，在技术、监管、人才、服务等方面多管齐下，为建设一个规范透明、高效开放、充满生机活力的世界一流交易所开启了新的篇章。

二、资本市场的不和谐音

资本市场兴起的同时，管理是滞后的，不仅仅券商自身管理滞后，导致股市风波迭起，对民间资本市场的管理也是严重滞后，因为每一次银根紧缩，都会带来企业对资金需求的大缺口，于是出现"抬会""日日会"① 等民间资本市场的非法运行，导致民间借贷出现混乱状况。

1992年，刚刚起步的中国资本市场，乘着邓小平同志南方谈话的春风，在新股发行的摸索阶段，股市就出现了前所未有的上涨：1992年5月21日，当上交所仅放开了15只上市股票的价格限制时，引发了股市暴涨。由于没有涨停板限制，沪市一日涨了105%。随后，股指连飚两日，25日，行情触顶，报1429点。

正是这种股价的突飞猛进，越来越多的人开始相信：中国股市能令人一夜暴富。于是，在沪深两地，衍生出了一种新事物——"新股认购抽签表"，股民通

---

① 又称"月月会"，即每月投一次标。后来，周期越来越短，从"半月会"到"十日会"，最后变成了"日日会"，即日日开标，日日可以拿利息。以一个"日日会"30天为一个周期、有30人参与、每人每天1000元为例，每天就有3万元的会款。30个人共同竞标，谁出的利息高，当天的会款就由谁使用。

过购买抽签表，可以获得申购新股的权利。在当时，一级市场申购到的新股，在二级市场就意味着财富的成倍增值。于是，1992 年 8 月，深圳百万股民用一张身份证争购一张抽签表，僧多粥少、内部私留，酿成了后来被称为“8·10 风波”的事件。1992 年 8 月 9 日上午 8 时，遍布深圳市城乡的 300 个网点发售新股认购抽签表，然而有的网点到早上 9 点就宣布，所有的抽签表已经售罄，引起人们推测有抽签表被截留准备高价出售。当晚，几千股民打着“坚决反对作弊”“我们要公平，我们要股票”的横幅，沿着深南中路向市政府方向游行。晚上 8 时左右情况恶化，数万人围在市政府周围，并阻塞了深南中路，造成交通中断。少数人开始使用暴力，砸汽车、砸摩托、攻击执勤干警，在红荔路交通银行附近烧毁汽车。维持秩序的武警被打伤。事件一直持续到次日清晨，围观者两三万人，有关部门不得不动用催泪弹和水炮驱散人群。

当天夜里，市政府召开紧急会议，决定第二天增发 50 万张新股认购抽签表兑换券，每券 9 月份以后可兑换抽签表 10 张，中签率不变。8 月 11 日下午 2 时，新增发的 50 万张新股认购抽签表兑换券开始发售，次日全部售完，秩序良好。四个月后，对“8. 10”事件①的清查结果公布：清查出内部截留私买的抽签表达 105399 张，涉及金融系统干部、职工 4180 人。其中，金融系统内部职工私买近 6. 5 万张，执勤、监管人员私买 2 万多张，给关系户购买近 2 万张。涉案人员涉及金融系统 30 人，工商系统 8 人，公安系统 4 人，企业单位 1 人。

股市证券催化了人们求富的心理，催生了一大批证券企业和股份企业。

民间非法融资方式也在“抬会”之后出现了“日日会”（又称“标会”），原是传统的民间融资方式。浙江省宁海的“标会”在明朝时就已存在，一般局限于亲朋好友之间，用于生产生活急需，性质是互助微利，靠的是“硬”信誉。但在 20 世纪 90 年代初重新出现时，性质发生了变化。

“标会”本来是“月月会”的，即每月投一次标。后来，急功近利、求富心切，导致周期越来越短，从“半月会”到“十日会”，最后变成了“日日会”，也就是日日开标，日日可以拿利息。“标会”的发起人叫“会头”，普通会员叫“会脚”。“会头”一般由有一定经济实力和威望的人担当，“会头”可以选择免息使用所有会员第一天的会款，也可以选择每天抽取利息的一定比例。如最高者出了每人 10 元的利息，他就可以使用这一天的 3 万元会款，同时付出共计 290 元的利息。竞标的程序每天重复，已经中标的人，在一个周期内不能再投标。在这个过程中，利息会被一再推高。入会者拿到钱后，用于急用也就罢了，但很多入会者拿着钱又参加了另外的“日日会”，以便收取更多利息。有时，一个人可以同时参加几十个不同的会。由于一个“会头”往往是另一个更大型“标会”

---

① “8. 10”事件资料参见《深圳 8. 10 抢购股票事件始末》，腾讯财经之“股市奇迹”。

的“会脚”，一旦有一个人跑掉，就会影响很多个会、很多人。一个会倒了，就会像多米诺骨牌一样引发连锁反应，导致很多参会的人血本无归。

政府虽然先后取缔了这些非法组织，但相对于民间借贷的凶猛，监管仍然显得苍白无力，各种新形式的民间风险融资仍在不断出现。

第二节　科技与商业的融合与冲突

一、乡镇企业产权改革起步

中国乡镇企业是在中国特殊的历史环境、社会体制和现实国情基础上诞生的，经过20多年的发展，取得了举世瞩目的成就。中国乡镇企业的发展壮大不仅在中国经济发展史上是一个独创的、巨大的奇迹，而且也是世界经济史上的奇迹之一。但是，随着经济市场化、国际化的加速，乡镇企业的诸多问题也开始显露出来：产权不明晰、政企不分、责权不明确、所有制结构不尽合理等，这必然要求乡镇企业以产权制度改革为突破口，加快制度创新。但很显然，乡镇企业的产权改革，主要是在体制转型时期不对称、不完善的市场环境之下，乡镇企业的利益相关者之间进行利益调整和再分配的结果，是他们相互之间利益矛盾妥协折中的产物。其中，以乡村政府和企业经营者为主导的乡镇企业核心层利益相关者之间的博弈和利益分割，对于产权改革路径的选择具有决定性的影响。

伴随着乡镇企业高速、持续、全面的增长，它在经营管理、科学技术及劳动力质量等方面也在逐渐向高品质的方向迈进，并可能为现代企业制度的孕育提供许多制度上的经验和示范。但在这一切繁荣的景象之中，乡镇企业的模糊产权问题却宛如一道暗流，或强或弱地阻碍着这一过程。

对于乡镇企业的经营者们来说，企业的产权问题、体制问题，一直是困扰他们的一件大事。限于当时的政策，许多创业者一开始都是挂靠或承包集体、国有性质的企业，也就是说，创业者所创的业往往不是私人的，而是集体的或国有的，这就给产权归属问题留下后遗症。最终创业者一般都无法脱离体制的藩篱，黯然退场。

企业产权制度是企业的经营管理活动赖以存在的基础，没有良好的产权制度，企业就不可能充满活力和快速发展。产权改革作为经济改革的核心内容，不但是由中国现实国情决定的，而且是建立社会主义市场经济的必然要求，是中国现阶段经济仍然是商品经济这一本质属性所决定的。静态地看，商品经济和市场经济就是财产所有者交换财产权利的一种复杂关系。产权清晰、主体明确，是市场交换得以实现的基础，离开这一基础，商品经济难以繁荣，市场经济无法运行。

企业产权制度改革的出路就是股份制。从1993年起，浙江宁波率先进行乡镇企业产权制度改革。宁波乡镇企业又一次焕发出强大的生命力，全市乡镇工业总量居全省首位，居全国计划单列市第一位。宁波乡镇企业产权制度改革走在全国前列，全国很多地方都派人来学习“宁波经验”。

二、联想倪柳之争的思考①

当科技成为市场中紧缺资源时，科技的话语权就变得很强；当商业力量可以不在乎个人的科技力量时，科技与产权拥有者之争，只能是科技人员的黯然落幕。

1984年，柳传志邀请倪光南出山共同创办联想时，倪光南提出了三个条件：“一不做官，二不接受采访，三不出席宴请。”当时在倪光南眼里，当总工不算做官。在此后将近10年的日子里，柳倪合作还算风平浪静、珠联璧合。对倪光南来说，他进公司的主要目的是将自己的技术推广出去，柳传志的经营才能算不了什么。对倪光南当年的这些认识，柳传志还是很理解的，因为在当时，在“科学春天”的吹拂下，科学家的地位日益提升。柳传志甚至曾在公司宣称，“只要是老倪说的都对，老倪是有效数字1，别的科技人员都是0，这些0只有跟着倪总干才能出成绩。”柳传志是这样说的，也是这样做的。

图11－2 柳传志与倪光南

图片来源：柳传志图片引自《柳传志：年轻人有胆子就可以创业》，行业中国之“论坛”；倪光南图片引自《倪光南：国产操作系统最重要的优势是安全》，新民晚报之“新民网”。

倪光南在香港开发联想286主板，事前，柳传志再三叮嘱负责生产的周晓兰：“设计出来的主板一定要再三审查清楚，再去生产，批量生产后，再发现错误，损失就太大了。”倪光南等不得时间，强令周晓兰投入批量生产，结果出了错。周晓兰和倪光南发生争执，周晓兰一定要求追查清楚到底是谁的责任。最

① 资料参考任维维《联想：为“倪柳之争”划上句号》，企业经济1999年12期。

后，柳传志不得不出场，硬着心肠对周晓兰吼："和老倪发生的任何矛盾，都是你的不是。做这件事情，出了成绩，是倪总的，有错的话，你就得担着。不行，将你调回北京。"最终，柳传志将周晓兰调回了北京。

类似的例子还有很多。但柳传志的这些做法与努力对倪似乎没有多大震动，相反，两人之间反而开始走向了分歧的另一端。1991年，联想"贸、工、技"的经营思路基本明确了。1992年春节，倪光南要求几十个科研项目一起上，最后大家僵持不下。倪光南向柳传志和李勤提出辞职，柳传志、李勤很快妥协。

1993年到1994年前后，两人一直在明争暗斗。就在汉卡产品江河日下时，倪光南决心创造新的技术制高点，试图寻求芯片技术上的突破。而已在市场上摸爬滚打10年的柳传志则反对过多投入，他希望在电脑组装生产线上"赌一把"，1994年3月，联想微机事业部成立，年轻的杨元庆出任总经理。倪柳关系迅速恶化，这场"战争"持续了1994年整个下半年，将联想推向了动荡的岔路口。1995年6月30日，在200名联想干部会议上，时任中科院计算所所长、联想董事长曾茂朝宣布免去倪光南总工程师的职务。倪光南此后多年里一直奔走上告申诉，打乱了整个联想的运营，1997年是倪光南上告的高峰期，当时正值联想进行南北整合，因为倪光南上告，证监会不批，痛失最佳时机，造成股市上的巨大损失。

这场在中国企业界罕见的内耗终于在1999年有了官方定论，但对联想、对中国高科技而言都是损失异常惨重的。1999年9月2日，联想董事长曾茂朝面无表情，语气冰冷地宣布了联想解聘倪光南，赠予倪光南新单位500万元的决定。有消息称，倪光南没有接受这500万元，其中的许多内幕倪光南三缄其口。

其实外人只能看到公开的材料，真正的内里乾坤一定有许多不为外人道的东西。只是从管理角度看，本来人心的问题最难把握，公开的材料应该会有筛选或者润色。但这件事的发生至少提出了人才管理问题、技术与市场问题、科技与资本问题。科技是研究领域，市场却是选择性的，不可能把所有技术都上市；与此同时，市场又如何保证科研……倪柳之争已随时光渐渐被人所淡忘，但事件引发的思考也许可以很久很远。成王败寇的习惯思维，让人们只关注成功者，很少有人去思考失败者的失败原因；更何况平台已属于成功者，又有谁会假设失败者来经营、管理会否更成功，更卓越的问题。历史无法假设，但可以带给后人思考，很多失败者并非能力、思路出问题，而是背景、权力、机遇不眷顾他，这种平台的不公平，对成功者而言，自是得意，但从管理角度看，是不是一种损失？凡事只有零和竞争吗？为什么不可以有双方都成功的？这就涉及管理对人心的理解对人心的认同问题。

第三节　体制变迁权力干预的管理

一、容声易手潘宁悲情[①]

中国第一台双门电冰箱，是1984年在广东顺德由一个只有小学四年级学历的叫潘宁的人，以零件代模具，用汽水瓶做试验品，凭借手锤、手锉等简陋工具、万能表等简单测试仪器，在十分简陋的条件下打造出来的。据说完成的那一天雷雨交加，潘宁独自一人冲进大雨中号啕大哭。

潘宁造冰箱，技术上靠北京雪花冰箱厂的支援，资金上则是由镇政府出了9万元的试制费，所以这家工厂成了“乡镇集体企业”（这一产权归属特性最终决定了企业家潘宁的悲情命运）。1984年10月，珠江冰箱厂开始生产“容声”品牌产品。那几年国内先后引进79条冰箱生产线，从而引发了一场冰箱大战。在这些冰箱工厂中，珠江冰箱厂是身份最为低微的一家，然而却靠款式的新颖、质量的上乘以及营销的灵活而崭露头角，潘宁尽管不是专家出身，却视质量和技术进步为生命，他选定的广告词，是最平白的一句：“容声容声，质量的保证。”在珠江三角洲，容声冰箱成为最知名的家电品牌；在全国市场上，则形成了“北海尔、南容声”的双雄格局。

当时的华南地区，顺德、中山、东莞、南海因经济最为活跃而被称为“广东四小虎”。顺德位居四小虎之首，顺德政府对潘宁领导的企业全力扶持堪称典范。

20世纪90年代初期，潘宁要扩建厂区，但是容桂镇（原容奇镇）上已无地可征，镇领导摊开地图，仔细盘算，最后决定炸掉镇内的一座小山，将之夷为平地，让潘宁建车间。有记者对此感慨不已，称“若其他地方政府都这样替企业着想，哪有经济发展不起来的道理?”因此用了《可怕的顺德人》为报道的标题。全国家电产量的1/3在广东，而顺德占了半壁江山，它是全国最大的冰箱、空调、热水器和消毒碗柜的生产基地，还是全球最大的电风扇、微波炉和电饭煲的制造中心。容声、美的、万家乐和格兰仕并称中国家电四朵金花，这一年评选的全国十大乡镇企业中，顺德赫然占去五席。1992年1月底，第二次赴南方视察的邓小平同志在厂区参观时，感慨万千地连问了三次：“这是乡镇企业吗?”也是在这个过程中，邓小平提及那句日后闻名全国的邓氏格言：“发展才是硬道理。”

---

① 资料参考《潘宁之悲》，经济观察报2009年9月25日。转引自凤凰网财经资讯之“财经人物”。

此后，珠江冰箱厂在“冰箱产销量第一”的宝座上，一坐就是8年。但珠江冰箱厂的产权则属于镇政府，创办者潘宁多次或明或暗地提出能够在股权方面给予考虑，可是得到的答复都含糊其辞。另一个让他头痛的事情是，容声品牌的所有权归镇政府，一些镇属企业便乘机用这个牌子生产其他的小家电，严重地干扰和影响了珠江冰箱厂的声誉。1994年，潘宁决定另辟蹊径，他将企业变身为科龙集团，以科龙品牌进军空调行业。在他的谋划中，科龙品牌归企业所有，由此可逐渐摆脱政府的强控。他的这种“独立倾向”当然引起镇政府的注意。也就是从这时起，潘宁和企业的命运变得十分微妙起来。

1996年，科龙电器在香港联交所上市，融资12亿元。1997年，科龙实现营业收入34亿元，利润6.6亿元，俨然是中国制冷业乃至家电业的希望之星。

然而，这家品牌显赫、效益绝佳的企业成了政府官员调控地方资源的一个最佳工具。1998年12月，在没有任何预兆的情况下，科龙集团突然发布公告，潘宁辞去公司总裁职务，第二年4月，卸任董事长。他的所有职务都由多年的副手王国端担当。潘宁对此次宣布并无思想准备，他在公开场合没做任何解释，迅速移民加拿大，尽管日后风波不断，他却再没有对这家倾注了毕生心血的企业说过一句话。

二、体制藩篱经纬无言①

1997年健力宝达到鼎盛，集团的销售额突破50亿元大关，李经纬把公司总部迁到了广州。4月，健力宝获得第一批“中国驰名商标”，8月，中国饮料协会公布，健力宝在产量、总产值、销售收入和税利四项均排名第一，被媒体评为“20世纪90年代中国公众心目中的十大知名品牌”之一。但当耗资8亿元、38层高的广州健力宝大厦落成时，公司资金“断奶”……在风雨飘摇中挺到2001年，健力宝销量直线下滑，员工工资发不出，银行上门催债，健力宝内忧外患。

有一天，李经纬被通知去参加一个晚宴，就在宴席上，市长把一个名叫魏成辉的新加坡商人介绍给了他，说政府已选中魏先生的公司来购买健力宝。李经纬当时的感觉如惊雷轰顶。11月20日，新加坡第一食品公司与三水市政府草签协议，政府作价3.8亿元，将健力宝100%的股份全数出售，在这个协议以及日后所有协议中，显赫无比的健力宝品牌的评估价格，均为零。这一决定让李经纬难以忍受，他无法理解为什么政府宁可把企业售于素不相识的外国公司，也不卖给一手将企业创建起来、为此呕心沥血了一辈子而且还愿意出更高价格的自己。在他的幕后策动下，国内媒体闻风而动，一时间“健力宝被无情贱卖”“中国第一民族品牌旗帜被砍”等铺天袭来，其间夹杂的高昂情绪显然让三水政府难以招架，而健力宝则一方面对外宣称，愿以4.5亿元的价格“赎身”健力宝，另一

① 资料参见《悲情枭雄李经纬》，转引自就爱阅读图书馆之“历史文化”。

方面则对试图进入公司审核查账的新加坡人全面抵制，拒不交出相关的商业资料。李经纬的对抗姿态和汹涌而来的舆论攻势，把本来就缺少公关应对能力的三水政府逼到了一个万分尴尬的墙角。新加坡方案很快就流产了，但是，势同水火的政府与健力宝双方已到了无法调和的对立局面。

政府努力在尽快找到一个“国内买家”“合理合法”地阻止李经纬团队。最有可能购买健力宝的是杭州娃哈哈，掌门宗庆后是浙商的典范，他对健力宝自然十分动心，可又颇有忌惮。李经纬则通过各种渠道对宗庆后软硬兼施，说服他高抬贵手。2002 年 1 月 9 日，市政府与健力宝团队再次开会对话。此时的李经纬击退新加坡人、劝止宗庆后，在舆论上也颇占上风，他认定命运不可能第三次从他手中抢走健力宝了。他迫使市长当即表态，李经纬团队一次性拿出 4.5 亿元买走全部的健力宝股份。然而，命运却在这个时刻无比残忍地第三次要弄了李经纬。28 岁的张海据称有特异功能，是一个游走于气功界和资本界的神秘人。12 月下旬，张海在飞机上无聊翻阅报纸时看到健力宝股权转让的报道，他一下机即买票赶往三水。张海承诺按李经纬的出价收购，而出面的公司是浙江国际投资信托公司——国营企业。2003 年 1 月 14 日，在政府承诺“一周内筹足钱就卖给经营团队”的第六天，正在四处筹措资金的李经纬突然被紧急召到市政府，市长说，“这事已经定了，我们现在决定把健力宝卖给浙江国投。”

第二天在三水健力宝山庄，一场仓促筹备的签约仪式在众目睽睽下举行。三水市政府向浙江国投转让健力宝 75% 的股份，作价 3.38 亿元。在仪式上，功败垂成的李经纬如一匹被弃的老战驹，默默地坐在会场一角，一脸难掩落寞神情。第二天，他“含泪仰天，不发一语”的照片被刊登在国内所有的新闻网站和财经媒体上，观者无不为之动容。在签约仪式后的第九天，李经纬在家中突发脑溢血。10 月中旬，以涉嫌贪污犯罪罢免了他的全国人民代表大会代表职务。李经纬团队中的 4 位副总裁中 3 人相继被双规、拘捕，一人“出逃”国外。

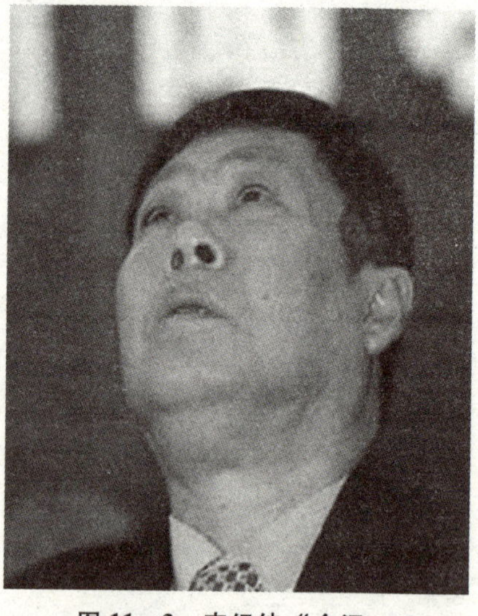

图 11-3 李经纬“含泪仰天，不发一语”

图片来源：转引自商界网《改革三十年商界大佬沉浮录》。

2004 年年底，健力宝被张海等人折腾得元气大伤，濒临停产。2011 年 11 月 2 日，李经纬被判处有期徒刑 15 年，并没收个人财产人民币 15 万元；2013 年 4 月 22 日在故乡病故，终年 74 岁。

第十二章　有文无化与有攻无关

在新中国企业史上，整个20世纪90年代出现的情况是，大型国企风光依旧，小型国企改制民营；乡镇企业摘掉红帽子后股份化，私营企业夹缝中求生存。其中乡镇企业从崛起到改制共10多年时间，出现过风靡一时的“顺德模式”和“苏南模式”，探索着中国企业的管理。虽然理论上“企业文化”“企业公关”在悄然改变着中国企业管理的内涵和人们的认知，但事实上，多数中小企业的“企业文化”是有“文”无“化”——有厚厚的文本，却没有“化”为企业的精神内核和员工的自觉思维与行为；“企业公关”，变成了“企业攻关”，有“攻”无“关”——攻下一个个“关卡”，却没有认认真真建立和培育企业公共关系。

第一节　中国制造崛起，有文无化

中国企业从懵懵懂懂一步一步走过来，从西方管理理论中一点点学出来，有一天突然出现一个新名词：企业文化。作为一种新生事物，企业文化建设在企业界轰轰烈烈了一段时间，后来发现，没有说的那么有效，而且感觉太虚了，渐渐地又开始淡化了。其实这主要是还没有对企业文化作深入了解，更没有把引进的理论与中国企业实际作深度匹配研究，文化文化，“文”是有了——规章制度文本很多，只是没有融化消化成企业的精神内核和员工的思想认识。

一、“顺德模式”兴制造

“顺德模式”是不是一种企业文化现象？可以说是，也可以说不是。说它是，是因为它已经成为一种“模式”了，自然是一种文化现象；说它不是，是因为顺德发展过程中重点不是中国之“道”的文化建设，而是相对单一地追求“器”之数量与销量。所以，在当时来说，“顺德模式”创造了经济发展的新奇迹。

“顺德模式”其实是“顺德制造模式”。改革开放以来，广东顺德制造业迅速崛起。据1992年顺德撤县建市时统计：1978年到1991年，顺德的乡镇企业由原来的320家发展到3711家，工业产值从1978年的1.56亿元增加到274.69亿元。10多年的发展，乡镇企业产值比1978年增加了26倍。拥有超亿元产值的企业 10 家，超千万元产值的企业 100 家，超 500 万元产值的企业 65 家。企业群体，成为珠江三角洲地区的新兴工业区和出口基地①。作为一个县级区域，其制造业领先全国。

家具制造业是其中的代表。1990 年，读了两年大学后退学的温荣欣，在龙江开办了一家家具厂。经过几年的发展，工厂初具规模。温荣欣回忆说："在那段时间里，龙江几乎没有家私厂倒闭，而且越来越多，不但顺德本地人开厂，连外地人也来到龙江开厂。""龙江家具之都"也就在那时兴起，龙江确立了全国家具材料、生产之都的地位，当时全国买家具都来顺德。

制造业发展必然带动流通业。1981 年，乐从人梁志坚借来 8000 元，在腾冲村租了两亩二分地，开起一家商铺，属"队办企业"。梁志坚到广州运来建筑用钢、水管，在乐从销售。经过 10 年发展，梁志坚的门市部从一个发展到了数百个，生意越做越大；进入 20 世纪 90 年代，在邻乡小布村租下数十亩地，开辟出另一片钢铁市场，他后来也成为乐从钢协第一任会长。由于看好钢铁这一国民经济重要的生产资料的市场前景，在一家国企当粮食供销员的杨文辉也毅然下海，与朋友各出 10 万元，在梁志坚的商铺对面的小布村沙角，租了块 100 平方米的地开了家"进发钢铁"商铺，卖工业用板材，当时乐从销售板材的企业只有 3 ~ 4 家。②

不仅于此，"顺德模式"在产权改革方面也是领先于全国的。1992 年，苏南等地的乡镇企业如火如荼的时候，敏锐的顺德人就开始了产权改革。时任顺德市市长的冯润胜提出了"靓女先嫁"，好的企业先转制。"美的""科龙""格兰仕"等一批全国知名企业成了试点，为顺德家电巨头走向资本市场打下基础。然而真正能够成为家电大鳄的，一定是企业文化建设有特色的。"美的"前身是 23 名乡亲集资 5000 元办起的电扇小作坊，老板何享健让美的挂到了公社名下，得到了政府的支持，在后来的成长和改制中，逐渐建立起"为客户创造价值、为员工创造机会、为股东创造利润、为社会创造财富"的美的文化，并让这种文化成为企业战略的基础；梁庆德的格兰仕由桂洲羽绒制品厂改组而来，转为生产微波炉渐渐建立了敢为天下先的冠军文化、开放灵活文化和"压不垮、打不死"的企业精神。那些没有真正建立起独特企业文化的企业，都渐渐淹没在历史的洪流中了。

---

① 刘季云，珠江三角洲乡镇企业的一个成功模式——"顺德模式"初探，中国农村经济，1991.2：33 ~ 43。

② 资料参见欧阳少伟、郑志成、高贵彬的《东平新城开发在即，乐从钢铁市场 30 年后的搬迁》，引自南方网。

二、“中国制造”引思考

广东是中国改革开放喝“头啖汤”、吃“第一只螃蟹”的省份。20世纪八九十年代，珠江东岸包括深圳、东莞及增城、惠州等城市密切配合香港产业转移，大力发展“三来一补”企业，前店后厂，“两头在外”，实际上是内地参与国际经济分工的唯一可选择方式。在缺资金、缺技术、缺人才，甚至连优质原料与成熟市场都严重缺乏的境况下，廉价的未开发土地、从农村剥离出来的廉价剩余劳动力，是在国际市场上可以勉强一搏的筹码。

珠江西岸的广州、南海、佛山、中山等城市背靠国际、剑指本土，凭借先行一步的地缘优势，将国外先进技术、全新理念及时尚消费品引进来，催生了广东的抽油烟机、洗衣机、冰箱、录音机、电视机、饮料、电子表、遮阳伞、弹簧秤、尼龙袜、柔姿纱、T恤衫等产品，风靡中华大地；形成了乐从的家私、顺德的家电、南海的陶瓷、中山古镇的灯饰、沙溪的牛仔布等制造业……给全国提供了巨大的示范效应，所以20世纪90年代中国地方政府学习广东最重要的一招就是“招商引资”，最重要的政绩之一就是招商引资的规模。外来投资已经成为地方经济发展的重要一环，甚至成了衡量一个地区经济发展水平的标准之一。千方百计地吸引外资、内资进入，成了各地政府的工作重点。新一轮国有企业产权改革大力推行时，本土企业对众多老国企的消化有限，各地方政府纷纷向国外、本土以外的资本推介国企改革项目。

从生产加工环节开始介入国际经济的分工与合作，进而在管理创新、技术创新、品牌创新等方面逐步突破，最终成为世界工厂，成为世界上新的经济创新地，这是珠江东岸城市和内地诸多城市先后在走的路。但若干年后，中国企业家们意识到遍布世界的“中国制造”很多时候是“低价”甚至是“劣质品”的代名词，于是才反思现在的“世界工厂”与英美时代的“世界工厂”内涵的差异。

不过，2001年中国出口总额是2700亿美元，位居世界第六位，相当于美国出口额的34%，德国的49%，日本的56%。从这个角度看，20世纪90年代的中国其实远没有成为世界工厂，但一个事实是沿海地区出口型制造业在这个时期得到了迅猛发展并迅速壮大，如果产业升级，东部出口型制造业西移，世界工厂非中国莫属。中国要解决的问题是，“中国制造”产业链中含金量、科技性高的环节都掌握在别国手中，换句话说，为世界所诟病、为中国所检讨的是，“中国制造”下文化内涵、科技含量、品牌价值相对低下，成为中国企业发展的瓶颈之一。从这个角度说，中国还只有“制造”没有“创造”。这就是提出由“中国制造”向“中国创造”转变理念的缘由所在，“世界工厂”制造的一切产品都应该有中国的文化内涵、知识含量、知识堡垒和科技创造。

“中国制造”向“中国创造”转变，代表着中国企业从粗放管理向精细管理、向科技管理转变，这种转变也意味着“物本管理”时代的终结，“人本管理”的真正开启。当然，这并不意味着不要制度、不要效率，只是这已经是基础，重点进入对人的重视。同时，企业文化，也不再是西方文化的翻版，而是真正意义上拥有中国元素的中国文化在企业中的反映。

任何外来文化，只能是学习借鉴和启发，不可能是中心、内核。

第二节　苏南模式崛起，有攻无关

乡镇企业的崛起，意味着公有制经济的进一步松绑，也意味着市场化的进一步发展，企业所有制形式呈现多样化特征，基层老百姓有了更多创业兴业的机会。当时比较有代表性的非公经济是江浙两省的乡镇企业，体现了两种风格、两种模式——浙江的温州、义乌是先建专业市场后工业发展之路，江苏走的是一条先工业化、再市场化的发展路径。不同时期有着不同模式的风光。

然而，在乡镇企业崛起的同时，对新兴的“公共关系”却出现了理解偏差。当时全国的公关都变成“攻关”，想方设法攻克所谓中国式关系的一个个难关，而不在于努力建设良好的企业公共关系。毕竟中国几千年“官本位”的影响巨大，那时候人们的思想也没有解放到可以完全私有化，所以，浙江走了一条私人企业戴“红帽”之路——私营却挂靠国家认可的一个正式单位，称乡镇企业，所以后来私营企业浪潮来时，“红帽”一摘就行；江苏走政府主导的乡镇企业之路，其实是变相的行政管企业，所以一开始集政府之力量发展迅猛，私营企业浪潮到来时，则很难再创辉煌。

一、“苏南模式”崛起

苏南模式，通常是指江苏省苏州、无锡和常州（也包括南京和镇江）等地区通过发展乡镇企业实现非农化发展的方式。其主要特征是：农民依靠自己的力量发展乡镇企业；乡镇企业的所有制结构以集体经济为主；乡镇政府主导乡镇企业的发展。苏南模式是“地方政府公司主义模式”“能人经济模式”和“政绩经济模式”，本质上是“政府超强干预模式”。这种模式是由政府出面组织土地、资本和劳动力等生产资料，出资办企业，并由政府指派所谓的能人来担任企业负责人。这种组织方式将能人（企业家）和社会闲散资本结合起来，很快跨越了资本原始积累阶段，实现了苏南乡镇企业在全国的领先发展。显然，企业管理是一种“行政管理”与“能人管理”相结合的模式。

张国方[1]是江苏江阴的农民，一个初中没有念完的农民企业家，他的创业侧重点是把技术创新挂在嘴边并落实在行动上。当时，几家大型国有纺织企业花费了10年研制棉花辊，但始终没有结果，整个中国的纺织行业只有依赖高价进口德国的产品。张国方说我来试试看。几经周折，凭着在无纺布厂当工人积累的经验，张国方居然用轧豆饼的机器做出了几个很像样的棉花辊，但这样的棉花辊谁敢买呢？恰好当时上海的一家国营印染厂有几根羊毛辊出了故障，临时从国外进口要几个月，会延误工期，无意中听说江阴的乡镇企业能造出棉花辊。迫于工期的压力，这家印染厂迫不得已决定先试用一个月后再决定是否付款。一个月后，印染厂找来张国方，询问他的棉花辊卖多少钱一根，不懂市场行情的张国方一咬牙，开出了他认为的高价格——18000元。结果没出一个月，印染厂把张国方叫到了上海，提出来可以把这个价格抬上去30%，订一个长期有效的合作协议。乡镇企业是在这样不懂市场中一点点领悟出来，一步一步走出来的。

政府主导的乡镇企业，一般是通过建立工业园区，以强势政府和有效政府为基础，以招商引资为手段，以土地换资金、空间求发展。在计划经济向市场经济转轨初期，政府直接干涉企业，动员和组织生产活动，具有速度快、成本低等优势。其思路自然是攻克一个个政府部门设置的关卡，而不是市场化的公共关系建设。

这种模式带来的长期结果是，集体资源实质上成为政府的资源，个人的财产权得不到应有的尊重，民营经济、基层企业家的力量得不到发展，市场活力长期受到压制。在苏南，由乡村集体支配资源，它们同时也是财富积累的主体。来料加工，产业链短，对外资依赖程度大，各地政府为吸引外资相互内斗，大部分利润都被外资转移，老百姓并不十分富裕，苏州的外商在国际产业分工中处于加工制造的配角地位，而苏州为之配套的民营企业又沦为配角的配角。“苏南模式”严重污染了太湖，也是一大后遗症。

邓小平同志第二次南方视察带来1992～1994年大发展。“造城热”中各县市城市建设得到极大改观，“三外热”中外向经济上了新水平。这两件事都是政府主导做成的：政府统一划出地皮，规定楼层高度，各局、委、办“谁家的孩子谁家抱”；钱，自己想办法去拆借，去集资。同时，每个乡镇和各有关经济职能部门引资、合资项目数、到账外资数都有从上面布置下来的硬任务，否则，政绩考核一票否决。欲来此投资的中国台湾、韩国、中国香港、日本的投资者都知道一个简单道理：要谈投资只能找镇书记，厂长说了不算，镇长说了也不算，“县乡干部是企业的实际决策人。”[2]

---

① 张国方资料参考邓越萌的《中国乡镇企业的前世今生》，见深圳新闻网。

② 朱通华、孙彬，《苏南模式发展研究》，南京大学出版社1994年版，第156页。

这就是中国管理走向“人本管理”遇到的第一坎：政府主导企业经营，看重的是政府关系，解决的是攻下难关。权力膜拜重于人才素质。

二、“苏南模式”终结①

苏南模式是市场的事政府来做，这样的结果，一是造城建设时轰轰烈烈，一些楼盖起后无钱装修，无法利用，有些高楼的一半房间闲置，有些因没有效益，无法还钱，被法院拍卖或抵押，有些职能部门千方百计利用自己的权力加重企业和百姓的负担。二是为应付上面招商引资任务，出现了很多假合资。三是外商都明白“法治虽然靠得住，但人治更来得快”，市场资源掌握在官员手中。

还有，苏南模式中的乱集资和企业倒闭引起的债务危机，影响到社会稳定，插手其中的基层官员，甘尽苦来，甚至不敢回家，不敢回办公室。产品积压，效益下滑，农民收入和政府财政收入锐减，创建、补农和乡镇官员的灰色收入已使企业不堪重负，“穷庙富方丈”的现象比比皆是。而那些经营较好的少数乡镇企业作为体现和标志苏南模式核心特征的地方政府公司主义（Local State Corporatism）的优等生被“抓大”“扶大”，已收归地方政府，由县市领导亲自经营，成了变相的地方国营、二国营或准国营企业，享受特殊的政治待遇和政策。而多数由有国家公务员身份的干部创办和经营的镇办、乡办企业，有的已经破产，有相当一部分实际上已资不抵债，处在惨淡经营之中。随着市场经济体制的日渐完善，尤其在国内外经济形势变化下，所固有的问题最终浮出水面。

苏南这种“干部经济”“政绩经济”导致搞企业是为了捞政绩、谋位子。一切为“样板工程”，农民种什么，何时种，何时收，悉由上面规定，干部替农户做主。甚至县里对粮棉产量指标层层分解到乡里、村里，农民的田里种什么不再是农民自己能决定的事。为了政绩、为了苏南模式再创典型，宁愿机器空转，奉命忍痛开工。为应付外来的新闻记者和参观团，作假伎俩花样翻新，令人瞠目。在无休止的扰民工程中，老百姓的权利被屡屡侵犯：围墙要开一个大洞，装上统一的铁栏杆，便于监督院内动静；创建电话村、装冲水厕所都有强行规定，否则断电、子女不让上学。一段时间里，人们表情严肃，诚惶诚恐。市区机关鸦雀无声，乡村基层干群对立，企业家担惊受怕，老百姓不愿上街。

当时江苏永钢集团董事长、永联村党委书记吴栋材因看不惯虚假之泛滥，写信给上级领导，结果却因此而遭到无休止的打击、压制。吴栋材感慨之余书写了一副对联，高高地贴在工厂大门，表明一个老党员的心迹“知难而进脚踏实地干是真，表里如一莫图虚名诚为本”。这副对联字字有所指，颇有些振聋发聩。

随着乡镇企业民营化这场“静悄悄的革命”开始，苏南乡镇企业内部发生

① 资料参见焦新旺文《“苏南模式”的历史终结》等，《经济管理文摘》2011.10。

了分化：民间力量、市场力量正在崛起，官办、镇办企业被淘汰出局。在大量“病马”倒下之际，一批“黑马”又猛然间脱颖而出，如阳光、三毛、双良、申达、华西等集团公司，还有张家港远离市区、远离乡镇的江苏永钢集团等。这类以家族经营为主的企业与由政府创办经营的企业相比，除了有一个比较彻底的企业家强人之外，还有一个明显的特点是务实经营，不搞虚假。同时，企业独立性相对较强，自主权得以落实，其企业经营目标清晰，企业行为高度市场化。

以“苏南模式”为特征的乡镇企业走向了终结，民营企业崛起，这代表着“物本管理”走向“人本管理”时遇到政府主导的阶段过去了。其实，“物本管理”有其积极的作用，在于它将以往那种分散的劳动力，通过组织化、程序化的管理变得更有价值、更有效率。但其消极作用也是存在的，就是在一定程度上扼杀了人性、阻碍了生产力的发展。

本篇小结

中国企业管理演变过程中，不得不注意到一个现实：企业创办初期，企业家在奋不顾身谋求致富的道路上，引进了美国文化中张扬个性、追名逐利的内容，同时也忽略了甚至放弃了中国文化中“求道”的内涵。当国人总在抱怨国人没有底线、道德失落的时候，有没有想过这也许跟放弃中国文化根基、盲目追捧西方文化弃“道”求“器”有关？

《易经·系辞上传》第12章讲述了“形而上者谓之道，形而下者谓之器；化而裁之谓之变，推而行之谓之通，举而措之天下之民，谓之事业。”中国文化传承是重“道”而轻“器”，几千年“变通”都未能改之；西方“器”盛后，压迫我堂堂中华300多年，终于在20世纪末，在一个叫作“改革开放”理念的号召下，中国突然爆发了翻天覆地的“革命”：不仅重“器”甚于重“道”了，还逐渐偏过了界，形成了“弃道求器”的现实。历来讲究“中庸之道”的中国，却总是在“道”“器”问题上无法达成“中庸”，“让一部分人先富起来”的那部分人，未能为“天下之民”举措，而是追逐“金钱”，丢了“事业”，只把“天下之民”当作实现他们财富梦的“物”管理之。这一“举措”带来的后遗症，是诚信失落、底线失守，是节操掉地、环境污染……所幸，这样的偏差没有成为惯性和最后的主流，21世纪的第二个年代，政治纠错、文化纠错、思想纠错、行为纠错模式启动。物本管理转入人本管理，人本管理暗藏着“心本管理”的部分内涵。

“道”不正则路难走，路会偏甚至会无方向，以建立公共关系而言，正道便是以产品、以服务、以企业文化的内涵在社会各方面建立起良好的关系，使企业及其企业产品的品牌享誉市场而使企业成功，而不是只靠“攻关”使企业成功。企业可以攻关，但不是走歪门邪道攻关，而是走正道攻关。

20 世纪 90 年代这一段企业管理史，不经意间与西方古典管理理论阶段的内涵相近，也与西方从古典理论转向行为科学理论的过程类似。这是因为，古典管理理论所涉及的阶段与中国 20 世纪 90 年代所发生的以工业化大生产为背景的情况相似，中国开始进入社会主义市场经济，生产力迅速发展，不断出现丰富的思想火花，反过来又进一步促进了生产力的发展。古典管理理论出现的思想基础是资本主义精神的建立，实践基础是工厂制度的建立，工业化进程对管理提出了新的要求；而科学时代的到来，市场经济主体地位的确立则成为古典理论阶段的产业基础。中国正在用几年时间走着西方需要几十年甚至上百年走过的路。

中国入世成功，申奥成功，香港回归，金融中心港转沪，“三资”企业渐趋高峰，但同时宏观调控也连续出现，电脑和互联网时代起步，开始与传统商业模式竞争……临近 20 世纪末，中国企业界重新洗牌，洗牌后脱颖而出的企业开始走向世界。这个时代，严格意义上说，是中国企业管理真正开始起步的时代，开始从无序管理转入有序管理，效率成为这个时期至高无上的管理目标，对人的管理主要体现在制度约束、满足经济报酬上。

西方古典管理理论的主要特征是使小企业获得生存和把企业获得最大的利益作为企业的奋斗目标。以组织为整体，以获得最大利益作为企业管理基本的指导思想。这恰恰与 20 世纪 90 年代中国企业管理谋求改变的方向有着一致性。

泰勒是科学管理理论的创始人，提出的科学管理主要包括 3 个方面的内容：作业管理、组织管理、管理哲学。古典组织理论一般认为包括法约尔的一般管理理论和韦伯的官僚制理论。法约尔的一般管理理论提出了企业 6 大职能为技术、商业、财务、安全、会计以及管理。并提出了管理的 5 大职能为计划、组织、指挥、协调和控制。同时提出了法约尔 14 项管理原则：劳动分工、权利和责任、个人利益服从集体利益、人员的报酬、集中、等级制度、纪律、统一指挥、统一领导、秩序、公平、人员的稳定、首创精神、人员的团结。韦伯提出了官僚制理论，现代官僚制也称为理性官僚制或韦伯官僚制，它的内涵可以总结为是一种权力依职能和职位进行分工、分层，以规则为管理主体的组织体系和管理方式，作为一种管理方式，官僚制为现代社会的组织管理提供有效的管理方式，作为组织结构，官僚制组织结构视为与工业化大生产相适应的最为理想的组织形态，是人类普遍采用的组织结构。

总而言之，西方古典管理理论把管理的落脚点放在了“事”与“物”上，重点解决的是如何最大限度地提升效率、实现管理目标，因此对人的内心需求就会忽略。中国企业在 20 世纪 90 年代也有着这种倾向，只是具体表现上，中国从搞运动喊口号的年代走过来不久，生产力刚刚获得解放，容易从一个极端走向另一个极端。自古以来，中国社会是重“道”轻“器”，注重了人性修养和道义培育，忽视了科学技术与器术培育。20 世纪 90 年代中国企业倒了过来，把全部的精力都放在了“器”的制造上，反而忽视了“道”的传承与提升，出现了重“器”轻“道”的现象。

所以，这是中国式“物本管理”的时代。在工商领域，尤其是企业主们以及代理人似乎忽然间明白，形而上的“道”不能当饭吃，形而下者的“器”才是真金白银。于是，在变通思想指导下，整个社会“变通”到弃“道”求“器”的模式。

第五篇　中西文化差异与人本管理

迈入21世纪的中国企业，恰如江南春好，“日出江花红胜火，春来江水绿如蓝”，一派生机、一派兴旺。1998～2008年这个时期，中国经济依然呈螺旋式上升，但同时文化冲撞、理念质疑、思想叩问也随之而来，行业更是出现大变局，管理存在的问题，尤其是人的管理问题越来越明显地暴露出来。这与西方管理的发展过程有一定的相似性。西方古典管理理论阶段促进了当时生产力的发展，但随着社会的发展，人们发现古典管理理论并不能解决实践中所遇到的所有问题，尤其是对人的管理研究，古典管理理论涉及的极少。西方古典管理理论存在的缺陷，许多西方管理研究者也意识到了，为此对人的管理研究转向了行为理论研究。

中国企业界，也在世纪交替时发现，理论界如火如荼引进和传播的西方管理理论，明显水土不服。人们开始思索，视野可以国际化、市场可以国际化，文化却必须本国化，管理哲学、管理思想更应该民族化、本土化。只是随着大批“海归”回国，西方代言人阵营越来越多，一种思想甚嚣尘上：全盘否定中国文化，全盘引进西方文化。恰是这个时候，中国企业界物本管理的问题不断显现出来，于是谋求改变，成为企业界的共识。但如何改变管理理论界却公说公有理、婆说婆有理，主流结论仍然是照搬西方模式，理由虽然简单，但却让人无法反驳：国际化需要。这就带出一个新思考：什么才是真正意义上的国际化。

第十三章　企业管理思想对冲

中国管理思想在浩瀚的中国典籍中比比皆是，但一边倒的西化倾向使得与中国文化一脉相承的管理思想被束之高阁，而把引进的西方管理思想奉为圭臬，甚至在管理学界、理论学界隐隐有成为西方文化代言人的趋势，从普通的硕博研究生到学术权威，从评价体系到用人标准，清一色的“海外背景”“国际视野”，缺失了中国根基、东方特色。于是管理理论与现实发生了大冲突。

家电业在世纪交替之际展开了脱胎换骨的革新，民族品牌对国外家电品牌展开了史无前例的狙击，资本市场出现大起大落，到了2004年，中国民营企业遭遇严冬寒潮。眼花缭乱中，企业界开始探索企业管理的真谛，其中的影视文化产业，在一个农民爷爷的努力下，以民族化为根基，凭借横店影视城异军突起，唱响中国，被誉为东方“好莱坞”。

第一节　管理思想大冲突

当时的一个现实是：当企业一帆风顺的时候，没有人关注到企业管理是否会存在问题，即使有问题出现，也会淹没在市场开疆辟土、销量突飞猛进的荣耀中；只有当企业进入严冬酷寒时，管理者才会反思，人们才会意识到西方管理是否真正适应东方市场，自然地中西方管理思想的冲突不可避免地出现了，资本市场过山车般的起落，从另一个角度实证了照搬西方理论的后遗症。

一、西方管理思想的冲击

习惯了20世纪八九十年代的“胆量出机会”“胆量出暴利”，进入新世纪后，虽然国际国内的政治、经济环境都发生了翻天覆地的变化，物品稀缺时代的商业机会多得莫名其妙的情况再难发生，但生意人仍然对此念念不忘，总梦想着那种惊天暴利、一夜成名的奇迹。这便是片面求“器”的畸形致富方式带来的恶果，虽然最初“让一部分人先富起来”的本意，是让先富起来的带动大家共同致富，但因为在追名逐利过程中，没有处理好“道与器”“道与术”的关系，出现“先器后道”“先术后道”的本末倒置，最终导致信仰失落、道德无底线、戾气暴涨、私欲膨胀，社会问题层出不穷，毒食品以及黄赌毒死灰复燃、愈演愈烈，投机心态带来的炒房团风波、股市疯狂、高污染降临……“带动大家共同致富”成为一个美丽的肥皂泡，使人们不得不思考“除了钱啥都没有”了的局面是不是我们真正想要的。尤其是民间国学复苏、呼唤人性回归、道德回归的努力，世界发达国家中悄然出现世界风气好转的希望在中华国学的观念，虽然还唤不回西方文化代言者们的学术良知和爱国情怀，但引起人们思索、引起中西思想冲突已经不可避免。

对西方文化、西方管理，那些年最为尊崇的是美国文化下的管理思想、理念和方式方法，其中一个重要特点就是风风火火的利益驱动，这种以商业利益为前置的思想体系与中国文化中以修身养性为前置的思想体系，明显互不兼容，而在穷怕了的中国人开始富起来的情况下，这种疯狂追求暴利的思想火花，瞬间就燎原一片，并且风助火势、油加能量，几乎以摧枯拉朽的强度与速度席卷官场、商场、学术场，于是出现官者经商、官员读博，学人经商、学者求官，商人买官、商者教授的不和谐现象，官大官小一窝蜂涌向博士博导岗位，专家教授一连串出台大量奇谈怪论，巨贾小贩一个个追逐官阶职称……这三路人马身份互通、利益均沾，苦了寻常百姓家。中国历史上，官者治理地方、学者传播思想、商人活跃流通，基本上各行其是，虽然有学而优则仕，毕竟是“万般皆下品，唯有读书高”时代的求学做官路，与现在的官学混杂互通不是一回事。在西方管理思想冲击下，管理学界失去了自我、迷失了方向，严重的成了“文化汉奸”，有的是有心为之，有的是不知不觉。“文化汉奸”在管理学界的典型表现就是，凡是说中国文化的，一律打压之；凡是谈中国管理的，全部边缘化。阴阳五行八卦，统统斥之为迷信！中医国学道家，全部归类成伪学！只有一点，却是传承极牢固：顺我者昌，逆我者亡。

美国化的管理思想如火如荼，现实中的急功近利甚嚣尘上，猛烈冲击着中庸文化下的国人创业思想、经营思想、企业发展战略思想。追求迅速回笼资金的投资思路，导致企业管理重在市场的攻城掠地，结果是投机取巧者实业不实，虽可以风光一时，却常常一朝陨落。从长远看，理性投资方能得益，实业威力年可显现，大浪淘沙后方能留下大企、名企。

由此，我们可以得出一个结论：任何一种管理思想，都与当地的人文环境密切相关。此地成功因为是此地的天时、地理、人和；迁移至他地，其天地人三才之环境、之气境、之背景已发生变化，如何能再得时、得理、得和？人家再好的东西，启发引导则有价值，若照搬照抄则无理由。

值得肯定的是，西方引进的管理体系一直以来都遭遇中华文化的阻截，只不过这种阻截不是管理领域的自觉行为，而是非管理领域在人性修养、道德教化方面大放异彩，其中重要方式之一是中国式企业管理培训。中国管理培训，经历过三方面内涵的交替，一是政策背后的故事培训，二是西方管理理论培训，三是中华国学与管理的培训。

对于国学与管理，管理理论界、学术界是很不以为然，甚至嗤之以鼻的，他们依然高举美国管理理论，并且越演越烈，到了连研究范式也必须与美国管理研究范式相一致的地步，完全忽略了内陆文化与海洋文化的差异，数千年悠久历史积淀与美国历史短暂的差异，单一地走向泛美化。一批学界“牛人”成了美国文化、美国管理的代言人，他们罔顾中西文化差异带来的中西管理思想理念和处事风格的不同，直接导致管理理论界与管理实践领域各走各的道，且相距越来越远。

引进的西方管理理论以及研究的数理模型与管理工程化倾向成为学界阳春白雪，下里巴人的中式“国学与管理”培训，是文史界一些人以培训、讲座形式在推广，学界如果有研究全被打入冷宫。然而，就是在这样的形势下，中国管理培训领域却出现了另一种一边倒现象：企业家不要学院派的西式理论，更不要学究们的西方管理模式与体系的翻炒；反而崇尚实践派的中国文化、传统思想为根基的管理，需要的是能切实解决中国人文环境下企业管理问题的管理思想、管理理论。

实践出真知，实践是检验真理的唯一标准。管理界的思想冲突，又一次证明了这样的伟大论断。

二、新业态带来的冲击

新世纪初的行业变动大局中，旧的商业业态依然在发挥作用，但其作用在渐渐减弱；新兴商业业态在悄然崛起，隐隐与旧业态分庭抗礼。其中比较典型的是，IT 业与互联网业在几起几落后，整合资源，强势崛起，逐渐蔚成大观，导致后来的传统商业大崩盘、新型产业大崛起。后来回头看，新旧世纪交接前后的传统商贸业类似一种回光返照，这个时候阿里巴巴已经带来互联网网购狂潮，但仍没能改变当时传统商贸业的革新与创新，因为当时的店面房价突飞猛进，人们的习惯还是商场购物，只有年轻人在悄悄抬起网购平台。

当最早网购的这批人进入青壮年或中年，后续而来的年轻人不断替补，传统购物偏好者走进老年行列的时候，电子商务也从起步走向成熟，网购大潮便因此而形成了。终于在新世纪的头十年之后，商业业态发生巨变，传统店铺遭遇滑铁卢，淘宝、京东等一批网络商业企业崛起。这同时，国际反倾销危机也不期降临，国际政治、经济形势也发生巨大变化，中国制造达到巅峰状态。这种情况下，中国成为世界加工场、成了世界超市的同时，制造业的寒冬也便随之来临，中国行业、企业开始大洗牌。人们终于意识到，只追求经济增长带来的一系列、一整套治理问题，想要解决它任重道远；一味西化的结果偏离了中国传承数千年的“道”。

图 13-1　互联网冲击后冷清的商铺、萧条的商场

于是，企业界悄然发生着变化：企业，更重视人才；管理，走向人本；“创业创新”受鼓励，小微企业“千锤万凿出深山，烈火焚烧若等闲”。在这种背景下，学界终于有人开始进行中国管理基础理论的探索，人心管理理论[①]在这样的背景中悄然问世，并与中国文化相结合，形成人心双和八卦管理理论体系[②]。虽然只是一种探索性研究[③]，在西方管理理论一统天下的大环境下，也尚未可能成为管理主流，即使在中国管理立场上看，也还只是一种独创性研究，未成为中国国情化管理的共识。但毕竟，开始了中国管理的研究，实施了中国管理的传播[④]。而且这一基于国学与东方思维的中国管理理论被列入《当代浙江学术文库》。以前流传的“广东出思想、浙江出钱财、湖南出人力”的说法已在悄然发生着变化。因为广东处在与世界连通的最前沿，打开国门引进世界思想的时候，它起到了桥梁作用、通道作用；但若需要继承传统华夏文化下创新思想，则江南更具文化底蕴；新商业时代，江浙沪依然是工商业发达，长江三角洲既出商业思想亦出商业财富，还出商业人力。

从全国看、从时代看，随着新型业态的出现，21 世纪是中国产生真正的职业企业家的时代，一方面企业家们“为有牺牲多壮志，敢教日月换新天”，让依然有生命力的旧商业业态焕发活力，让新商业业态充实内涵；另一方面，知识型企业出现并升级，品牌性产品越来越多的诞生和垄断，知识型生产要素走向智本化，竞争市场的品牌实施战略化，新世纪企业家面临新的重任。

企业的升沉变动带来管理的重重疑问：中国管理，到底该往何处去？

三、能源荒带来的冲击

跨世纪前后对企业的直接冲击，最早的不是来自国际政治、宏观经济，而是企业经营者几乎没想过的能源问题。首先是电源出现问题。1999 年正当经济建设热火朝天、企业摩拳擦掌想大干快上的时候，一场突如其来的变故让许多企业措手不及：以东部地区为核心漫延向全国的用电荒！其实 1999 年 9 月 14 日，国家电力公司还表示，将充分利用价格杠杆，采用多项措施努力扩大电力消费市场，鼓励用户增加用电。言犹在耳，一进入新世纪就拉闸限电了！

企业发展了，对生产用电的需求加速极快；生活用电需求也大幅上升。电力无法储存，电力部门自然鼓励用电以免浪费，但意想不到的是经济发展速度太

---

① 《从“人本”到“心本”——访“人心管理理论”创立者徐井岗教授》，《世界经理人》杂志 2014 年 7 月“管理解读”，第 8 ~ 11 页。

② 徐井岗，《人心管理理论——基于国学与东方思维的中国管理理论》，经济科学出版社 2013 年 12 月出版。

③ 此项研究起始于 2001 年，第一部学术著作 2004 年出版，后陆续出版系列著作，包括《人心管理理论建构及哲学思考》、“人心管理突围三部曲”之《老板管理突围》《中高层管理突围》《员工管理突围》等。

④ 《用智慧点亮企业》系列之《老板管理智慧》（12 集）、《经理人经营智慧》（12 集）、《员工工作智慧》（15 集），中国科学文化音像出版社 2012 年出版，中国教育电视台“东方名家”栏目 2013 年播出。

快，当用电总量超过负荷时就不得不对企业限电，以保证生活用电。国家电网公司在 2003 年秋季全国电力市场供需形势会上说，2001 年和 2002 年全社会用电量分别比上年增长 8.7% 和 11.6%。2004 年 1 月至 9 月，全社会用电量达到 13742 亿千瓦时，同比增长 15.58%。用电增长呈现全局性特征，全国各主要电网用电增速均超过 10%。

夏天的生活用电也是高峰期，为此一到夏天企业用电就会被限制，制造行业为此会受到很大影响，同时服务业也被波及。而且这种限电还往往是在企业用电高峰时，于是工厂、宾馆、学校等，都备有自用发电机，限电拉闸时就起用备用发电机发电以应急。于是柴油发电机市场因此火爆，引发了另一场资源紧张——柴油荒。当然柴油荒的形成还有原油市场变动、化工品抢柴油、燃油企业利益驱动、人为炒作等原因。但因为柴油荒，各地的加油站出现一个奇观：各处加油站等候的车辆可以排出好几公里，普通公路造成交通堵塞，高速公路加油站的汽车长队倒排进主干道。许多柴油汽车出现头天排队在加油站，到第二天仍加不上油的情况，到后来加油站都有醒目告示："无油""无柴油""暂无柴油"或干脆"暂停营业"。

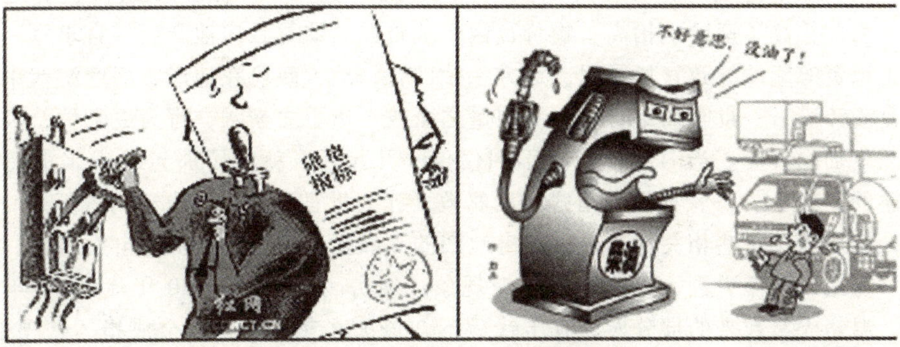

图 13－2　拉闸限电与柴油荒

图片来源：新浪新闻中心：《拉闸限电》（2010 年 9 月 5 日红网）；《柴油告急》（2006 年 4 月 7 日《山西晚报》）。

接踵而来的"用电荒""柴油荒"等系列涉及能源的危机，给中国经济敲响了警钟，也给中国人民进行了一次经济常识的普及，人们终于明白"经济增长"与"经济发展"的区别，开始反思盲目增长 GDP 的后果。自然，也引起了国家经济发展的管理、行业规范管理、企业社会责任管理等新的启示。无疑，任由利益驱动轮无限制滚动，经济增长过速带来必然的多米诺骨牌负效应，经济将陷入危机。

显然，管理的问题，不仅仅是企业内部的问题，还涉及国家管理、社会管理、行业管理、企业管理、教育管理、家庭管理等多方面、多视角的问题。那么，把管理只放在企业规模增长、销量增长问题上，必然会带来严重恶果。“物本管理”，只能解决“物”的一部分问题，管理更重要的是面临解决人的问题，以及由人带来的家庭、社会、行业发展等问题。

第二节　资本市场的叩问

随着国家经济的发展，企业的问题，涉及面越来越广，牵一发而动全身。前面说的能源问题是如此，本节谈的资本问题也是如此。有钱后，钱往何处去，成为一个不可回避的问题，先一步富起来的人从最初畸形消费到炫富消费的迷茫和混乱过后，终于逐渐转向理性消费，从盲目性的拍脑袋投资到游击性的投机投资逐渐转向有选择的理性投资，中国的投资领域在亦步亦趋地学习中苏醒过来。

一、炒房团刺激房地产业

投资激情衍生的各种行为如温州“炒房团”，大大刺激了私人投资房地产业，由此抬高了房价也抬高了物价；因土地资源紧缺导致房地产商寻官求官，也因土地资源紧缺导致官场寻租，双方一拍即合，地方政府在地产、房产游戏中赚得盆满钵满，一批官商结合者，其胆量之豪放、出手之豪阔、行为之豪情，到了无以复加的程度。当时的他们想不到仅仅十几年后，就应了那句“出来混总是要还的”老话，一轮狂风骤雨式地反腐败，让大批官商结合捞取私利者下马。

只可惜了一些相关性行业，在房地产的高歌猛进中遭遇经济冲击而崩盘。

房地产激流勇进，不能不提一个现象：炒房团。20 世纪 80 年代末 90 年代初，温州先富起来的部分人，有了钱后不知该怎么花，于是戴金戒指、金项链、金耳环、金手链、金手镯、金脚链……从头“金”到脚，满身“金气”；给死人建豪华墓穴，那时候从金华去温州的公路上，一进入温州地界，一坡一坡的豪华坟茔掩映在青山绿水间，十分抢眼，不仅是祖先坟墓迁移或修缮，还预留了在世的全家人的坟茔，包括还在牙牙学语的孙辈……这是刚脱离贫困富起来的那部分人，畸形消费的典型表征。

渐渐地温州人开始懂得了“钱生钱”的道理，慢慢摸索和体会到投资、理财的诀窍。20 世纪 90 年代中后期，随着改革开放深入以及住宅市场化，部分沿海大城市，如深圳、广州、上海等房地产市场出现井喷式增长，当地房价节节攀高，温州商人为了追求利益最大化，开始投资房地产，钱多的直接开公司、接楼盘，钱少的就一间、一套地买，房价一上升就迅速脱手，渐渐地炒房现象出现了。温州人向来是抱团行动的，到外地炒房也不例外。一些老板、老板太太们各自组团买房卖房，而后普通百姓也参与组团，逐渐的规模越来越大。浙江省的商人们也看到了苗头，组成了浙商炒房团。此外，当时煤炭工业国进民退，在政策强制下山西煤炭业展开重组，由原来2200家企业缩减为100家，原则上规范企业规模不得低于300万吨。老板们从行业中退出的资金都有上千亿元，部分煤老板由于无处投资，也向房地产行业进军，因此煤老板炒房团应运而生。

在各类炒房团中最典型的还是温州炒房团。作为有着“中国犹太人”之称的温州人，经过二三十年的财富积累，在21世纪初，所掌握的民间资本已有6000亿元之巨。敢闯敢干的温州商人，最初在家门口炒房，1998年到2001年，炒房促使当地房地产价格以每年20%的速度递增，市区房价快速从每平方米2000元左右飙升到7000元以上。于是2001年8月18日，第一个温州购房团共157人浩浩荡荡转战上海，三天5000多万元现金砸向上海楼市，买走了100多套房子。杭州、青岛、重庆、沈阳等一一中招，约2000亿元温州资金投向各地房地产，其中北京、上海两地集中了1000亿元①。温州炒房团所到之处，当地房价一路狂飙。其程序一般由温州某媒体刊登外地某市的看楼广告，出面广招投资客，大多由一些温州企业老总的太太牵头，组成“温州购房团”，故也被称为“太太团”，财大气粗地开向目的地。炒长线10年投资到2011年出售，利润可达10倍以上。这还是比较保守的估计，如果投资者能够看准市场机会，炒作短线，频繁交易，很可能会超过10倍的获利。

2006年的一天下午，北京西客站某一楼盘售楼处，来了两个中年男人。俩人矮瘦，其貌不扬，穿着普通的休闲服，拎着旧皮包。售楼小姐瞥了他们一眼，有一搭没一搭地接待着。俩人想要楼书瞧瞧，售楼小姐嫌他们烦，躲一边去了。售楼处里一个小伙子见了不落忍，取了资料，又详细介绍了楼盘情况。看完所有材料后，两位来客问：“你们这楼，一层有多少套？”“一层有12套房子。”“那这一层的12套，我们全要了。”小伙子一愣，“12套？这是要付定金的，20000元一套。”俩男人随即拉开自己的破包，取出24万元现金，放在桌上。小伙子目瞪口呆，大厅里的人也都围过来看稀奇，“啧啧啧”地议论，售楼小姐们后悔莫及。很快，他们知道了这两个人，都是浙江人。

这是北京浙江企业商会副会长陈俊经常说起的一个故事。“这个故事起码说明两点：一是浙商为人低调；二是浙江人有钱。”陈俊说。据他介绍，2009年时北京有浙江人50多万，浙商在北京的投资额达4000亿元。单是2008年，他们就投下了2000多亿元，其中不少钱流向了房地产。“买房子，就像买大白菜一样。”②

---

① 程雨泺，《温州投资者的下一站在哪里?》，外汇网“中金在线”，2012年8月16日。

② 《北京浙商副会长：“炒房团”没能力左右城市房价》，中国学网“新闻中心”。

图 13－3 炒房团转战东西南北

图片来源：左图引自《温州炒房团：我不缺钱，房价跌了跟我没关系》，中评网文萃大观之“经济”；中图引自《温州炒房团退市或捅破楼市泡沫》，腾讯家居门窗行业资讯；右图引自《温州炒房团开始了“炒艺术”》，杭州地产之“楼市资讯”。

那些年，他曾多次组织浙商，成群结队地买房、买商铺。2004 年有些想买房的人，听了专家的话，苦苦等待房价的回落。然而，一些在北京经商的浙江人，却感觉上海的房价要涨了。“为什么？你想呵，它离浙江近，浙商想要买房投资，第一站会首选上海。我跟着他们杀过去，买了一套 120 平方米的房子，才八九天的功夫，没等过户就倒出去，赚了近 40 万元。那真叫炒房呵！”2005 年，国家宏观调控组合拳陆续出台，上海楼市马上降温，陈俊他们撤回北京。而此时，北京的房地产市场尚未喷发，还处在蛰伏期，正蠢蠢欲动。“我们准备在北京投资房地产，但‘炒房团’这个名不好听，有贬义，我们不能干有贬义的事。想了好久，才想出‘浙江投资团’这个名字。我们的打法也变了：由短线炒房、瞬间获利的方式，改为以中长线投资为主。”2005 年 6 月，陈俊率领来自温州、台州和义乌的浙商，到北京“万年花城”看房。“两三天后，就有几个浙江老板定下了 800 万元、1000 万元的铺位。当初，跟我去买房的人，现在全挣钱了。商铺的价格由每平方米 1 万元，升值到现在的 3 万多元。住宅的价钱，也由原来的 4800 元，涨到快 20000 元了，五年不到翻了三番。”陈俊讲述着。

陈俊和他的投资团，风光一时，不仅记者采访他，甚至连房展会的老总，担心展会冷清，也专程登门，请他们到房展会上露露面，帮着激活一下人气。陈俊说：“我跟他们提条件，我可以组织浙商去参观，但你得满足我几条：一、我们是以‘浙江投资团’名义去的，可不是炒房团，是代表浙商的整体形象，而不是个人行为。所以，你要给我们做‘浙江投资团’字样的胸牌，让我们挂在胸前，以区别其他人；二、必须选派端庄、漂亮的女引导员，举着牌子，引导我们团入场并绕场三周；三、要在好的位置，给我们准备座位，好让我们听专家和各路房地产商介绍情况。”“乖乖！哪里还绕场三周，我们一进去就被团团围住。这个拉、那个拽，争着让我们看他们的楼盘。有个售楼小姐死缠住我不放，最后我答应她，去看她们的楼盘。她的公司开来了几辆依维柯，把我们直接拉到了楼盘现场。”

地产价的飙升，房产商的暴利、炒房团的投机，把房地产价位大举提升。做实业的坐不住了，抽出资金转向房地产业；有闲钱的坐不住了，取出存款转向房地产业。房地产中介机构暴涨，房地产公司遍地开花，服务房地产的行业层出不穷。房地产业看上去一片欣欣向荣，其中的泡沫在火爆的致富之心鼓动下，被欣欣向荣、热情澎湃的房地产市场遮掩了。这时候，钱来得太容易的这批先富者，以“暴发户”的形象亮相世界舞台了。

于是，国际奢侈消费品市场上悄然多了一支神奇大军——来自中国的“大妈军团”；另一支奇特军团也在官商结合的地产房产运作中，显山露水，这就是后来如多米诺骨牌般倒下的“贪腐大军”，而在当时是官场官运亨通的官场大佬、商场叱咤风云的商界大佬、娱场艳照四方的各路明星……经济起飞、投资市场崛起的同时，泥沙混杂，衍生了超越管理制度甚至超越法律法规的各界名流，真正中国式的高雅文化被踩在脚下，欧洲式的宫廷文化可望而不可即，反而是贵族文化中庸俗部分与底层名利文化相融合的美国非主流文化成为香饽饽，在中国大行其道。这个时期的中国管理思想，是混乱嘈杂的时期。

二、退出资本市场的唐万新[①]

如果房地产市场的资本运作，还是以房产地产为中介，那么股本市场、证券市场为代表的资本市场则是真正意义上的资本运作了。只是，这一市场的崛起，毕竟带有初创时期的不成熟，其中特征之一就是部分投资者，原是由实业老板从实业中抽出资金转向资本市场的，一开始就带有投机心理，也因此必然埋伏着高风险。唐万新，德隆国际投资控股有限责任公司总裁，其所塑造的“德隆神话”曾经是中国民营企业的骄傲和典范，也是倒在资本市场的一个代表。

唐万新是从实业起始的，1986 年，唐万新组织了 7 个哥们，用 400 元钱在乌鲁木齐市创办了一家“朋友公司”从事彩色摄影冲印业务，一年就赚了 100 万元，人生梦想从此膨胀。1990 年将赚的 100 万元赔得一干二净。1992 年股市狂潮时期，唐氏兄弟豪气干云，以每天几十块钱的工资请了 5000 人包火车赶到深圳，在证券所排了 3 天 3 夜的队购买股票，结果一夜之间，唐氏兄弟暴富。

在这种迅速捞钱的刺激下，一大批实业公司的老板有着共同心理：实业的赚钱速度远远不能满足暴富的赚钱欲望。唐万新起家于股票，比别人就更相信和痴迷于股票炒作，并且出手比别人更凶悍，无论是买入还是卖出股票，他的野路子，名动江湖。初露锋芒便成功的唐万新，不满足于股票市场，他将目光瞄向了上市公司，玩了一个新的花样——产业整合，然后上市，然后扩大股本，然后套现。

---

① 资料参考和讯人物，财经人物，公司高管，唐万新。

"新疆屯河"于 1996 年上市，当年 10 月德隆受让其部分集体股，以第四大股东身份进入"新疆屯河"，后来控制了这家上市公司的大股东屯河集团。并通过"新疆屯河"，在 2000 年成功控制天山水泥。1996 年上市的合金投资股权拍卖，在群雄逐鹿之中，资金并不充裕的德隆却导演了四两拨千斤的戏法，他并没有跟其他买家一样提着现金，而是夹着一个皮包，里面揣了一沓纸来到了沈阳，连收两家公司，还快速收购了与合金投资有产业联系的湘火炬。德隆通过将并购来的资产注入上市公司，继而又通过送配等方式扩大股本规模，继续拉升股价，反复套取资金。唐万新让合金投资的股价累计涨幅达 2597%，湘火炬、新疆屯河的累计涨幅也接近 1000%。德隆系的"三驾马车"都创造出了中国股市的吉尼斯纪录。

问题是唐万新疯狂的二级市场炒作也将德隆拉入了资金短缺的深渊。从 2000 年开始，德隆每月的护盘成本约在 800 万元，一年为 1 亿元。高额护盘成本打晕了唐万新。2001 年，为了解决这一问题，德隆高层召开"西湖会议"，商讨对"老三股"到底是采取撤退战略还是采用护盘战略，会上争论十分激烈。唐万新清楚，自己一直在进行掩耳盗铃式的伪产业整合，所以力主撤退战略，但既得利益的许多高层和股东反对。最后"西湖会议"通过了护盘战略，无奈之下的唐万新的赌注开始向证券、信托、保险、银行、金融租赁押去，控制了 14 家金融机构，拉大旗作虎皮，通过并购打造了漫长无比的产业链：水泥、电动工具、机电设备、汽车零部件、重型卡车、精细化工、金融、保险、信托、租赁、农业、畜牧业、种业、矿业、林业、纺织业、食品、果蔬、饮料、糖业、旅游、文化、体育等，控股参股公司多达 177 家。

无论是做产业，还是做金融，德隆都没有形成持续稳定的企业赢利模式，更没有在业内获取领先地位。熬到 2004 年，德隆崩盘在即，4～6 月，深感不安的唐万新两次偷渡出境外逃。7 月 18 日，再次被迫回国的唐万新一落地就被中国警方监控，非法集资的种种证据暴露出来。2004 年 12 月 17 日，唐万新被正式逮捕。旗下股票连续暴跌，多家银行苦苦相逼，欠债官司接二连三，逾 200 亿元欠债浮出水面，昔日的金融帝国"新疆德隆"轰然倒塌。

唐万新是投机型老板的典型代表，"新疆德隆"是投机型企业的代表。中国的许多实业公司老板和他的企业，多多少少都带有这种投机心理，很多公司都有抽调资金进入房地产业和证券业的经历，这导致中国的实业界一直不够稳定。显然，实业投资者的心态，需要从纯粹逐利追物的思想中解放出来，进入到以人为本的思想境界。做实业必须有项目有人才，要踏踏实实一步一个脚印地做。单纯地利益驱动和资本的投机心理，不适合做实业。

只是很多人都不明白这一点，有了钱，就希望赚的钱更快更多。这就像中国目前的交通状况，开车人（投机者）开车时心态浮躁，过斑马线不减速、车河流动时随意换车道，只想自己能超越别人一路狂奔（只想自己独得高额利益，不管他人死活），却不知投机者即使能偶尔成功也是局部利益、短期利益、眼前利益（急功近利的最大收效也就如此），而且这种利益的获得，基本上是在损害他人利益基础上获得的，很有可能在后续的投机活动中输得一干二净，甚至倒赔。更何况，随意加塞式前行，多数情况下是把整个道路堵得水泄不通、车祸频出。

第十四章　家电业竞争白热化

20世纪90年代中后期到新世纪初，中国的商业领域发生了一件大事：家电业一路过关斩将、高奏凯歌，凭借价格战在市场上战胜日系、欧系家电，使家电业在中国实行了民族化。这一场家电商战，揭示出了一系列企业管理的新问题，其中最重要的是，西方文化下形成的管理理念和管理方法，在东方文化主导的中国企业内能够畅通无阻吗？西方的人本管理与东方的人本管理会是一样的吗？中国文化下应该怎样建立自己的民族品牌？

第一节　家电业涌动昭示文化差异

一、家电行业战火弥漫

1996年，长虹向全国发布了第一次大规模降价宣言——降低彩电价格8%至18%；两个月后，康佳跟进，打响了彩电业历史上规模空前的价格战。1998年，全球范围内的数字化浪潮也席卷了中国。年初，国产第一代全数字彩电投放市场。2月，中国第一条自主开发设计的超大屏幕背投彩色电视机生产线在福建日立电视机有限公司投产。1999年7月，国家环境保护总局与联合国开发计划署联合签订了《全球环境基金中国节能氟利昂替代广泛商业化障碍消除项目》（GEF项目）。9月，“1999中国家用制冷工业CFC/HCFC替代及节能技术国际研讨会”在南京召开，这是家电行业第七次也是最后一次召开该专题的研讨，标志着中国冰箱、冷柜、冰箱压缩机行业的替代工作已经进入尾声。2000年，一股投资互联网的热潮在中国大地兴起，家电行业表现得甚为积极。海尔、美菱、美的、春兰、TCL、乐华、科龙、小天鹅、长虹等纷纷宣布进入互联网，进军电子商务。

这样，中国家电业在质量问题上与发达国家的制造水平不相上下，利用价格战打趴洋家电的时机到了。家电价格战如火如荼。2000 年 3 月，海信空调首先降价引发大战；随后，海尔、格力、科龙、美的等 6 家空调企业组建反价格战联盟。但刚到 5 月，科龙就宣布大幅下调空调价格，6 大空调企业反价格战同盟瓦解，空调价格陷入混战。与此同时，彩电价格也一降再降：2000 年 6 月，康佳、TCL、创维、海信、熊猫等国内 9 家彩电企业发起首届中国彩电峰会，制定彩电最低零售限价。7 月，厦华、熊猫纷纷突破最低限价，彩电联盟不攻自破。8 月，政府有关部门表示，彩电联盟的限价行为与《价格法》相抵触。随后，康佳宣布在全国范围内大幅降价，彩电价格战愈演愈烈。2000 年 6 月，中国 9 家彩电企业决定联手应诉欧盟反倾销，2000 年有 23 家家电企业的产品销售收入突破 10 亿元。

2001 年洋品牌家电加紧向中国战略转移，松下、日立、东芝在中国设立研发中心；日立、东芝、松下、LG、三星、A. O. 史密斯等跨国家电企业纷纷宣布将加大对华投资力度或转移生产线。而且，几乎所有洋品牌开始大幅降价，抢占中国家电市场份额。一键上网、数字电视、网络冰箱、智能家庭、蓝牙技术、蓝色家电、家庭数码、MP3、宽带、数码相机等信息家电成为家电新品研发重点。以连锁专营为基本业态形式的商业资本不断发展壮大，国美、苏宁、三联为代表的“家电渠道大鳄”四处跑马圈地，抢占地盘。

图 14－1 全国各地随处可见的家电价格大战

图片来源：引自《电商价格战延至实体店》，华龙网新闻频道之“沸点新闻”（原新华网）；《家电降价，消费猛增》，人民网，经济，行业动态之“家电”。

2002 年国内外彩电品牌开始将经营重心转向高端的平板电视市场。长虹继续打造自己的背投帝国，TCL、创维几乎同时宣布将 PDP 电视价格大幅下调，随后 LG、三星也跟进；液晶电视也不断突破尺寸和价格的极限，上海广电信息产业股份有限公司宣布制造出 40 英寸的液晶电视。市场和消费者开始对平板电视高度关注。这年，家电行业内的重组和整合趋于活跃，企业间资源共享的合作在加强，国有资本在家用电器行业的比例在减少，外资的独资倾向在增强，民营资本的扩张在加剧。

2003年，TCL集团以319亿元人民币销售收入排名中国电子信息百强企业第四位，集团董事长兼总裁李东生（1996年底上任）续任TCL集团董事会主席兼CEO。从TCL的强劲发展和李东生个人所获得的荣誉，便对中国家电业的崛起可见一斑：2004年，李东生入选“CCTV2004中国经济年度人物”；被国际著名杂志《财富》评为“2004亚洲年度经济人物”；当选美国《时代周刊》和有线新闻网（CNN）2004年全球最具影响力的25名商界人士。同年，法国总统希拉克为李东生颁发了法国国家荣誉勋章，这是法国政府首次授予中国大陆企业家的国家荣誉。2005年和2006年，李东生连续被《中国企业家》评选为“最具影响力的企业领袖”；2007年，又获芝加哥美中论坛“企业领袖睿智奖”；他还是“德勤企业家奖”得主、《华夏时报》2008十大中国杰出CEO、“2008品牌中国年度人物”、2009年“CCTV中国经济年度人物十年商业领袖”、60年60位“品牌功勋人物”“华人经济领袖”中国“最具影响力的25位企业领袖”终身成就奖得主、“最具社会责任感企业家”称号……那些年，如李东生一般的中国企业家们，一路风光，战果辉煌。

中国家电业的这一拨民族捍卫战，打出了气势，也给消费者带来了实际益处，中国家电完成了民族化的伟业，实现了家电在中国家族的普及化。家族业的这一次民族保卫战取得胜利，充分说明中国企业可以学习世界上一切优秀文化、思想和理念，但是中国还是中国，永远不会变成西方的附庸。管理哲学、管理文化、管理思想、理念及管理体系、方式方法亦如此。

二、长虹内部火烧连营

事实上，价格战是一把双面刃，正是这种伤敌一千自损八百的壮举中，中国家电品牌在洋品牌已先期占据市场的困难中杀出一条血路，成就了家电中国化的伟业。谈到这个问题，我们不得不提被称为“价格屠夫”的倪润峰。倪润峰1944年出生于山东，1967年大连工学院毕业后分配到四川省绵阳市长虹电视机厂，1985年5月任长虹电视机厂厂长。1988年6月起任四川长虹电器股份有限公司董事长兼总经理。1986年，长虹从松下引入国家批准的最后一条CRT彩电生产线，将长虹引向巅峰。进入20世纪90年代初期，国内生产的彩电还大都在25寸以下，倪润峰力排众议开发大屏幕彩电，“红太阳一族”一度风靡全国。紧接着“凶悍”地发动了数次价格战，将长虹推上彩电市场的制高点。

第一次是在家电还须凭票供应的1988年，长虹彩电走俏，黑市价格超过国家牌价一倍以上。1988年12月的一天，倪润峰大手一挥，以低于黑市价数百元、高于国家牌价数百元的价格直接向消费者零售，当年实现利润1.97亿元。1989年8月，国家征收彩电特别消费税，他又率先降价300元，开启停滞的彩电市场。1996年，彩电进口关税由35%下调至23%，洋品牌闻风蠢蠢欲动。倪润峰在会议上拍板："急症必须用急药来治，只有一个办法，就是用自己的价格优势去拼掉对方的品牌优势"。这次降价在中国彩电史上史无前例，包括康佳、TCL、长城、熊猫、创维等国内品牌先后降价，从此国内彩电企业在与国际品牌竞争中，获得了生存空间，但长虹和倪润峰也开始背负"价格屠夫"的恶名。几次豪赌，倪润峰都赢了。20 年天翻地覆，自倪润峰执掌长虹以来，这家只有三四千万元资产的地方军工厂一跃成为"彩电大王"，品牌价值迅速攀升至 261 亿元，位居中国电子行业第一；企业净资产从 1984 年的 0.4 亿元增长到 142 亿元，增长 350 多倍。1997 年，倪润峰达到个人事业的顶峰，当选为中共中央候补委员。

然而，1999 年伊始，长虹业绩连续下挫，2001 年 2 月，刚刚退隐 8 个月的倪润峰以 CEO 身份重掌长虹集团大权，连烧三把"大火"：大范围降价、推出精显王背投彩电、为长虹的大企业病开药方。

图 14－2　倪润峰的谢幕、长虹电视的广告

图片来源：图片见《倪润峰谢幕》，网易商业报道。长虹电视广告。

倪润峰妙手回春，长虹沉疴初愈：2002 年上半年数据显示，长虹彩电等主营业务收入同比增长 65.38%，净利润同比增长 435.67%，彩电出口额达 27.96 亿元，同比增长 1789%，在中国彩电行业中排名第一。但长虹经营性现金流出现负数，美国外销被停，无法通过国有股减持重组上市。2003 年初，倪润峰在北京接受媒体采访时说过一句饱含深意的话："管理层持股长虹还谈不上，我们没有别人幸运。"2004 年 7 月 8 日，四川省有关方面宣布倪润峰"退休"，在纵横中国商界 20 年，历经两度起落，倪润峰终于卸任，一位企业家的伟大传奇画上了句点。

差不多同时期，其他中国家电品牌也出现类似情况：TCL 在平板电视无利可图情况下，进军手机业务，"营销怪才"万明坚以一款"宝石手机"帮 TCL 赚取 15 亿元的利润，谁知 2004 年 TCL 手机的销量、利润却以 50% 的速度下滑，万明坚被撤，其后两年里，之前所得的利润全数吐出。还有，康佳董事长陈伟荣在 2001 年的彩电大战中落败而辞职，创维主席黄宏生 2005 年被香港廉政公署拘捕。

这些企业家的陨落，显然也提出了企业体制、创业者利益、企业与企业家关系处理，人才保护和使用等一系列问题；更重要的是，提出了企业管理的深层次问题。

第二节　危机中显露企业管理机会

一、国美之争引起的思考

在惨烈竞争中获胜而使本土品牌一统天下的家电制造业，同时也被价格战伤得遍体鳞伤，于是进入激战之后的沉淀、积累、创新、反思阶段。这时候中国商业领域的另一支奇兵悄然现身，潮汕商人黄光裕、江苏商人张近东经过几年的拼搏，在商界崛起了“国美”“苏宁”两家连锁零售巨舰，并带动了全国性的区域连锁超市、商场崛起——标志着家电业“渠道为王”的时代到来。2004 年 7 月，国美电器和苏宁电器分别在香港和深圳上市，2006 年年底，国美并购上海的另一家连锁家电公司永乐后，黄光裕说：“我已经能够控制家电业的零售价了。”此言一出，家电制造业一片寂静。可是黄光裕怎么也没想到，4 年后他不幸入狱的 2010 年，正是自己“收购”进来的原永乐老板陈晓，带领国美的经理人团队，与自己家族展开了一场轰轰烈烈的“国美产权之争”，结果，当然是两败俱伤，唯一的好处是，引起了业界对“产权制度”“经理人制度”等涉及企业管理问题的思考。

2008 年 11 月 23 日，黄光裕因经济问题被北京市公安局带走调查，陈晓任国美董事局代理主席。2009 年 1 月 16 日，黄光裕正式辞职，陈晓出任国美电器董事局主席，同时兼任总裁。2009 年 6 月 22 日，国美引入“贝恩”（美国公司）资本，融资不少于 32.36 亿港元，黄光裕股权被稀释。2010 年 5 月 11 日，黄光裕夫妇在国美电器股东周年大会上连投 5 项否决票，导致委任贝恩副总经理竺稼等 3 名前任董事为非执行董事的议案未能通过。这使黄光裕与陈晓的矛盾公开化①。

有媒体认为：在国美之争日益进入高潮时，多数中国人还是指责董事局主席陈晓违背大股东黄光裕所信任和委托，窃取这间具有家族企业色彩的上市公司控制权，意图私利。此中言论多属传统的道德审判，而忽视了这一可称之为经典公司治理与股权争夺的商业属性。事实上对于黄光裕来说，国美从上市那天起就已经不姓黄了。而两人的公司控制权之争虽惨烈但仍遵循香港公司法及公司章程未越雷池一步，在当代中国商战中也实为罕见。

这显然也提出了所有权与经营权如何合理共存？经理人制度该往何处发展？

① 参考《国美之争：一场教科书般的商战》，见网易新闻“另面”。

当沃尔玛、家乐福、麦德龙等洋品牌红遍中国时，中国文化下的商界应该有怎样的人本管理、怎样的民族大品牌？

图 14－3　黄光裕与陈晓的国美电器的控制权之争

图片来源：引自《万科狠通姚振华爆仓，安邦会是宝能系的“白衣骑士”吗?》原载国际金融报，转载“国搜财经”。

二、危局中把握新机遇

危机危机，就是危险中有机会。能把文字作这样巧妙关联的，只有中文。母语不同带来思维方式也不同，崇尚的精神内核也不同，体现的文化意义自然也会不同。所以，不同的母语人群就有不同的母语精神随文化深印着，这是作者早年就论证过的①：“语文教育是母语教育，汉母语是汉文化的核心和生命，汉文化是具有人文主义特性的，人文主义有它的制约性，也有它的推进性。其起积极推进作用的是汉文化、汉母语中的一种精神内核——蕴藏在语言中的一种人文精神——母语精神。……汉母语是世界上仅存的象意文字，有着数千年民族文化素养、精神素养的积淀，优秀的民族思想、民族文化、民族精神的圣殿就在汉母语中。母语教育的本质属性是‘人文性’，不是‘工具性’……21 世纪的语文教育要以灵性的母语教育，塑造中华民族新一代学子的灵魂。”以汉语为母语的中国人，无论读没读过书，都受汉语思维方式、汉母语精神影响。经济理论、管理理论全盘西化，虽有一时新鲜感，但新奇一过，两种文化的不兼容就显现出来。文化只能吸收其营养为我所用，不能用彼文化取代之。

危机，虽然危险，把握得好仍然有机会——这便是母语精神的体现，危机面前不退缩，把握机会求发展。改革开放以来一波又一波的经济寒流不断冲击着中国企业，且密度逐渐加大。对于一心只想赚大钱的暴发户阶层来说，这种猝不及防的经济寒流无疑是狠狠地当头一棒，其痛楚、晕眩和损失，让有的人哭号、有的人跳脚、有的人趴下再也起不来……只有对于真正想干事业的人来说，是一个难得的“危险中的机遇”，这样的人和他们所领导的企业，会因此静下心来思考企业的发展战略问题、经营管理问题、人心凝聚问题、人才开发与管理问题等。静心思考，就是不单单埋头干活，还需要抬头看路、比较分析，从而有效把控前行之路。正是企业经营管理者们的这种思考，才使得当代中国管理界出现管理实践领域总能领先于管理理论引入的现象——改革开放后中国管理界所应用的理论

① 徐井岗. 语文教育呼唤母语精神回归——语文本质属性的再梳理. 万方数据。学位论文 http：//d. wanfangdata. com. cn/Thesis_ Y574275. aspx。

一开始就不是从实践中提炼出来的，而是从国外——严格意义上说是从美国引进（更准确地说是“照搬”）的，自然就带有先天性的水土不服，只是在经济形势奔腾发热的情况下，这种水土不服被暂时掩盖着，经济寒冬一来，就不可阻挡地显现出来。

然而，盲目媚外的惯性，使得很多从西化倾向中获益的人们不愿意从中西文化差异视角承认美国文化下形成的管理理念在中国的诸多不适应，更何况学术理论界刚刚从“国际化”口号下占据有利位置，哪舍得改换门庭、转移视角探索中国管理？也正是在这种思维下，没有中国传统文化根基的一代一代“海归”，在各个学术、理论领域占据要位，不知不觉成为美国文化的代言人，而且紧抓不放，排斥一切非美国化的管理思想、理念、理论和方式方法。这种情况下，寄希望于有美国留学、访学背景的“海归”们探索中国文化背景下的管理，显然是天方夜谭。管理实践领域无奈之下自己探索中国管理——有市场需求就一定会有市场供应——培训界应管理实践需求，层出不穷地推出中国文化为背景的儒学管理、道学管理、佛学管理和东方管理、中国管理等——虽然理论界静悄悄，但国情化管理培训却熙熙攘攘。这种情况下，企业管理领域不可避免地出现“两张皮”现象：理论是西化的、行动是中式的，“你走你的阳关道，我过我的独木桥”。

那么中国管理的出路在哪儿？危险中的机遇在哪儿？其实很简单，只是美式管理的代言人不愿意承认也不愿意改变：理论从中国文化和中国管理实践中来，可以而且应该吸收世界上一切先进文化和先进理论为营养，但须建立中国自己的管理理论及其体系，而不是照搬西方文化下的理论。

第十五章　国情化管理露头角

自 1978 年以来，由于转型时期政策的不确定性，经济发展自然的规律性，以及改革开放带来的各方面动荡性，导致中国的宏观经济出现周期性变动，1981 年就发生了经济动荡和政策紧缩，其后，每隔四到五年就会呈现类似的“过冬景象”，这些年份分别是：1984 年、1989 年、1993 年、1998 年、2004 年、2008 年等。其中 1998 年和 2004 年两次经济寒流比较典型，尤其是 2004 年，刚刚 20 周岁的中国企业遭遇了严峻的挑战，银根紧缩、市场萎缩，在经济的坚冰严寒下，许多企业度日如艰，甚至冻残、冻死。反倒是以文化产品为特征的精神产品大行其道，如影视文化产业逆势飞扬……显然市场经济带来的经济危机频发，毕竟所用的理论与西方如出一辙。文化产业能够一枝独秀，固然有内在经济规律在起作用，但中国文化产业走的是中国式的道路，体现的是中国文化的特征，其管理自然也显露出国情化管理风格。尽管仍然有学习发达国家经验的成分在，但毕竟，我向彼学习，我还是我，没有变成彼。

第一节 企业寻求管理新路

一、20 岁企业遭遇严冬袭击

2004 年，一大批创建于 1984 年的企业，进入 20 周年生日。但这个生日过得却不怎么痛快，从年初开始，关于民企原罪的讨论、新疆德隆（唐万新）的崩盘、江苏铁本事件（戴国芳）的曝光、陕西达尔曼（许宗林）的教训……还有十大企业危机接踵而至：默克制药回收万络事件、海南航空飞机延误旅客下跪事件、方正科技 PC 骨干“集体叛逃”事件、阜阳劣质奶粉事件、龙口毒粉丝事件、杜邦特富龙不粘锅事件、北京新兴医院虚假广告事件、河南“豫花”“毒面粉”蒙冤事件、杨森息斯敏不良反应事件、“巨能钙含有‘双氧水’”事件等。股市也出现雪塌，企业崩盘消息接连传出，一轮商业风暴席卷中国企业。

20 岁的公司群里，领袖型公司青岛海尔、北京联想日子也难过。海尔在 1997 年前后被国家有关部门列为冲刺“500 强”的 6 名“国家级种子选手”[①] 之一，但随之而来的亚洲金融风暴使原定的国家扶强战略转向，家电业靠边了。于是张瑞敏引导海尔在明晰产权的同时致力于海尔国际化，开疆辟土到国外开了 13 家工厂，2002 年营业额达 10 亿美元，但其实际成效还是受到了舆论质疑，到 2004 年甚至出现了一系列对海尔不利的报道、书籍，连产权改革也被批的一无是处。

联想一直以来发展很顺利，产权问题也早就解决了，并且提拔了杨元庆任联想集团总裁。杨元庆确立了“将全面转型为一家互联网公司”的战略转型，然而由于纳斯达克指数狂跌，国内股市雪崩，网络泡沫破裂，联想在互联网产业的数亿元投资血本无归，买回的 3 亿元赢时通股值缩水 90%[②]，公司刮起裁员风波。痛定思痛，联想退出互联网产业，专注于 PC，且并购了 IBM 的 PC 业务。

---

① 1996 年起的“500 强”热中，原国家经贸委曾“钦定”海尔、长虹、北大方正、宝钢、华北制药、江南造船等 6 家企业，作为冲刺“世界 500 强”的先头部队。中国是唯一把进入 500 强作为政府方针的国家。

② 苏龙飞《联想大棋局．柳传志的联想》，原载新财富，转载于东方财富网财经频道之“商业观察”。

在这轮企业的严冬寒潮中，海尔、联想在这波寒流中毕竟挺过来了。郭广昌以牺牲控股权为代价，死里逃生，但“铁本事件”① 让戴国芳锒铛入狱，德隆倒下了……2005年中国商品海外遭遇反倾销，跨国公司面临“问题年”。宝洁、索尼、雀巢、戴尔、东芝、富士在中国频频遭遇公关危机，丑闻频出。

这就提出了一个重要的问题：为什么中国企业经受不住来自外力的任何冲击、一有风吹草动就倒下？经济寒流受冲击不可避免，但不至于就倒地不起，一碰就倒下且再也起不来，只能是得了企业“软骨病”，其典型特征就是只追求产量或销量，忽视管理和企业文化建设，导致企业严重“缺钙”。

二、电子商务在互联网兴起

由于改革开放中的“开放”主要是中国向世界开放，所以在国人心目中，改革开放以来的所有新生事物都是从国外引进的。事实上很多理论在西方也是新兴的。如人力资源管理，西方也是在20世纪70年代才出现，80年代就引进了中国，换句话说，人力资源管理的理论体系，在西方也还不是很成熟，只不过比中国早了那么几年，应该完全有可能建立中国自己的人力资源管理理论体系。又如电子商务模式，世界上两台远程电脑相连是在1969年出现的，电脑普及、网络普及中国差不多与世界同步，而电商，可以说中国领先于世界、领跑着世界。

中国电子商务模式在20世纪90年代末到21世纪初逐步出现：一是B2B——Business to Business，指企业对企业的电子商务。中国内地主要有的B2B电子商务企业有阿里巴巴等。二是B2C——Business to Customer，指商家对消费者的电子商务。目前主要的B2C电子商务企业有卓越、当当等。三是C2C——Customer to Customer，指消费者对消费者的电子商务，简单地说就是消费者本身提供服务或产品给消费者，最常见的形态就是个人工作者提供服务给消费者。目前主要的C2C电子商务企业有淘宝、易趣等。互联网带动的产业变动也是瞬息万变的。

如电子商务发展，带动了物流配送等附带服务业，电商业风光无限。但不久互联网江湖又掀起滔天巨浪：先是盛大游戏的陈天桥以进军新浪董事会终结了由新浪、网易和搜狐把握互联网的“门户时代”；再是中国最大户外视频广告运营商分众传媒创始人江南春，将分众传媒在纳斯达克上市；后是李天宏的百度也在纳斯达克上市，以破天荒的高达354%的涨幅创造了美国股市213年以来外国公

① 民企江苏铁本钢铁有限公司，未经国家有关部门审批，2003年6月开建800万吨钢铁项目，在常州市春江镇违法占地近6000亩，4000多农民被迫搬迁（有的只能住窝棚、桥洞、废弃的渔船）。2004年4月国务院专项检查组认定这是一起典型的当地政府及地方有关部门失职违规、企业涉嫌违法违规的重大事件。

司首日涨幅的最高纪录（股价 120 美元）。2006 年中国三大电信企业（中国电信、中国移动、中国联通）形成新的“寡头默契”（始于 2004 年年末的三大企业领导人换岗），原本硝烟四起的价格战偃旗息鼓，只是电信垄断的诟病依旧。银行业，继 2005 年 10 月中国建设银行在香港上市后，中国工商银行也在上海和香港两市同时上市，此后的 2006 年和 2007 年，几乎所有重要的银行陆续上市……

但互联网、电子商务，是中国由“世界工厂”向“世界市场”转变的过程，中国企业能够快速与国际接轨，与国外企业接触、洽谈，进而产生订单的一个重要平台。阿里巴巴与世界工厂网都是最具代表性的例子，通过电子商务，实现企业打通国内外桥梁的作用。电商行业应该是方兴未艾，电商管理也在学习、模仿中开始创新。目前，中国电子商务公司的经营形态，可以归纳出下四种主要的经营模式：一是广告模式：提供网页空间刊登广告，以收取广告费。二是零售模式：在网络上开设虚拟店面，贩卖商品。三是中介模式：撮合买卖双方完成交易，以抽取佣金。四是服务模式：提供在线服务，以收取服务费。

广义电子商务管理，主要涉及企业供应链中信息和通信技术应用，价值链优化，以及价值链和价值网的相关管理。主要涉及学科：信息系统、战略管理、市场营销、供应链管理、作业管理和人力资源管理等学。狭义的电子商务管理，则涉及买方电子商务和卖方电子商务的管理。

电子商务的本质是整个社会生产、经营和管理生态链和价值链的改变，也是利用信息技术实现业务模式和管理模式的变革与创新。通过电子商务的广泛应用及其带来的巨大变革，人们越来越清楚地看到一种新的管理思想——电子商务管理思想的形成，这是一种以创新为实质的管理思想。作为一种商务过程，电子商务将带来一场史无前例的革命，更为重要的是它对社会各方面的影响会远远超过商务的本身。所以说，电子商务管理是指为实现企业战略目标对电子商务应用中技术和商业及其创新活动进行计划、组织、领导和控制的过程。电子商务管理是对企业管理人员而言的，并且是企业中一个综合的管理职能，从本质上是对企业电子商务应用能力的管理。

第二节 影视行业笑傲江湖

一边是寒流，一边却是春暖花开。制造业和商业领域遭遇严冬侵袭的同时，文化产业却异军突起，并且是以中国元素为特征的文化产业崛起，而且以影视基地建设为代表的影视文化，一开始就是符合中国国情的管理思路和管理模式。

中国在 1994 年开始探讨中国文化产业，那些年日韩游戏软件、动漫画等文化产业在几年内迅速成长为支柱产业，欧美的麦当劳文化、星巴克文化、好莱坞文化被中国年轻人追捧，甚至是《谁动了我的奶酪》这样的书籍都成了畅销书。1998年春，一部《坦泰尼克号》拿走了中国3.2亿元的票房（那年中国票房总收入仅14.4亿元）。“熊猫”和“功夫”这两个100%的中国元素，被好莱坞梦工厂包装成《功夫熊猫》，全球累计票房6.3亿美元；《兔侠传奇》这部在兔年推出的本土功夫动画片，虽然在国内拿奖拿到手软，但票房成绩却只有“外来熊猫”的零头。而后，一股影视“韩流”袭来，叩问着中国文化产业，怎么办？

追赶美国好莱坞、真正扛起中国影视文化民营企业大旗的，是一个小学都未毕业的农民——徐文荣。他的中国农民的出身和他的学历，让他在企业潮流和致富风潮中，独树一帜，并且不受西方理论的影响，他所创建的横店集团，无论是电子电气还是医药化工，或是后来的光伏产业园，似乎都与他的背景无关，他创建了横店影视基地，历任横店集团董事长、总裁、党委书记，横店集团总公司社团经济局主席，同时兼任中国乡镇企业协会副会长、北京大学经济管理学院客座教授等职。而且他的农民出身、企业经历，也与文化产业没有任何交集。

1995年年底，正筹拍《鸦片战争》的电影导演谢晋（1923～2008），因资金难以落实、工程时间难以保证等困难，拍摄基地一直无着落。“病急乱投医”来到了不通飞机、不通火车，在地图上找都找不到的、距杭州180公里的东阳市横店镇。

当有人向徐文荣介绍说：“这是谢晋。”徐文荣一脸茫然。“你是干什么的？”徐文荣不知道“谢晋”是谁，却不妨碍他对机遇的把握。在横店逛了一圈后，谢晋选中了一块由很多小山坡组成的地方，要徐文荣在这里建起“南粤广州街”：120栋房子、一条珠江、一座塔，最终，徐文荣以3个月为限接下了这桩一般人不敢拍胸脯的项目。他派了120支工程队同时进山，每支队找了一栋房子，白天晚上、下雨下雪不停干，如期完工。横店影视基地开始展现辉煌，一个项目一个项目的建设，逐渐形成了具有中国江南特色的文化影视城。

陈凯歌要拍《荆轲刺秦王》——秦王宫外景图纸已经设计好了4年，秦王宫建成最快要一年，但陈凯歌等不了一年，故一直找不到地方建设，也找不到建设人。徐文荣同样不知道陈凯歌是谁，听到这消息后，却敢承诺8个月完成，而且真的如约完成了，《荆轲刺秦王》如约开拍，如约完工。因为这一壮举，来采访报道的外国记者有140多名，为“横店”在世界范围做了一次大大的广告。就这样，香港街、广州街、秦王宫、清明上河图、梦幻谷（江南水乡）、大智禅寺、明清苑宫、岩屏洞府、明清民居博览城（桃花源、秦淮河），以及红军长征系列、中国共产党代表大会会址系列、延安革命纪念系列、革命战争博览城和国防科技园等为代表的红色旅游景点群，陆续建成，对外开放。一个影视帝国诞生了，外媒称之为“东方好莱坞”，每天有30多部电影或电视在这里开机。

其中不得不提的是，1999 年，徐文荣顶住一切反对做出了一项令所有人瞠目结舌的决定——任何剧组到横店拍戏一律免费！这让当时的很多人不可思议，也表示不同意，但徐文荣“一意孤行”。最终证明，“免费”的确是个妙举，不仅吸引了不计其数的剧组，更带活了整条产业链，大量的群众演员闻风而至，“北有北漂，南有横漂”，每天有几千人住在横店，影视业、旅游业、服务业等由此发达。横店不仅自己富了，也带动了周边乡镇陆续进入横店版图，为后来列入中国首批镇级城市试点奠定了基础。

横店成功了，横店影视文化产业成功了。横店的成功说明，并不需要西方企业发展理论，也不需要西式管理理论，应用中国化管理中国也能做成自己的企业、做成自己的产业。正是像徐文荣这样的许多纯粹的中国人，在改革开放的东风下开创了一项又一项具有中国文化元素、中国文化特征的事业。据统计，到 2010 年年底，中国文化部主管的产业文化单位达 20 多万个，娱乐行业、音像行业、文化艺术行业等年上缴税 20 多亿，创值 100 多亿元，若再加上媒体、出版、培训，文化旅游等产业 1000 多亿的市场规模。

其实，无论是文化产业中的娱乐产业，还是整个文化产业，甚至是整个经济产业，真正挺起中国脊梁的，都是纯粹的中国人，没有什么海外背景、没有什么西方理论，都是在纯粹的中国环境下、纯粹的中华文化中，冲破一个个束缚，创造一项项奇迹！一直对西方崇洋媚外的、一直鼓吹全盘西化的，一直想要摒弃华夏祖宗的，基本没有企业创始人，大都是被称为“精英”的一个阶层。这一个阶层里一部分是文化领域的，如记者、教师、研究者等，既没有深入到中国民众的最基层理解民众的真实思想、感受民众的真实需求，也没有真正读懂读通过中国文化的根本与内涵，却毫不犹豫地在思想领域、文化领域“亲美去中”。所有的理由只有一个：美国富、中国穷，富国一切都对，穷国一切都错；还有一部分是管理领域的，严格意义上说，这个群体算不上领导，只能算是用他们在国外学过的、做过的惯例和手中的权力，完成上面领导的旨意，一切做法都秉承西方。整个“精英阶层”不遗余力地否定中国文化、中国传统、中国精神、中国内涵，无所不用其极地打掉国人的自信心、中国人的文化风骨、中国人的精神世界……其中最为典型的一句话就是：“崖山之后无中国，明亡之后无华夏”。

此后，借愤青之口继续延伸：“崖山之后无中国，明亡之后无华夏，清朝之后无汉族，‘文化大革命’之后无信仰，改革之后无道德……”其实，简单想想就明白了，这也没了那也没了，中国还有什么？一言以蔽之：“中国没有了！”这居心，还需要分析吗？

崖山之战后，宋亡而元兴，统治者非中原汉族，古以“中原”为“中国”，从宋人不忘国耻角度，说崖山之战后中国（中原汉族统治）亡了无可厚非。后明亡清兴时，许多明朝遗民以宋喻明，如南明福王朝廷的礼部尚书（当时的文坛盟主、东林领袖）钱谦益的《后秋兴之十三》中就有“海角崖山一线斜，从今也不属中华”的诗句。又如吕留良的诗作《题如此江山图》“其为宋之南渡耶？如此江山真可耻。其为崖山以后耶？如此江山不忍视。”但是从史学角度提出“崖山之后无中国”的是日本学者内藤湖南。且不说内藤湖南的“文明的中毒与解毒说”的文化理论备受争议，单从此论调后来不断被提起，不断以此冲击着国人的爱国情结和文化情愫，就可看出其中的居心叵测。

史料无可争辩地证明，忽必烈在元朝正式建立前后，对汉文化的认同感很强；后来的清朝就更不用说了，汉族中国政权的短暂覆亡，中国的传统文化并没有随着枯萎、断层，反而仍保持生机勃勃的态势，呈延续发展之势。以统治者的民族成分来界定“中国”的存亡，也是一件非常幼稚与危险的事情。文化是超越民族的，对文化的认同应该超越对族群、血缘的认同，文化本身没有国籍和政治倾向，文化使用者才有国籍和政治倾向。文化有时候确实沦落为强权的工具，不仅中国有过，全世界都有过这种现象，但不能因此就否定文化。

也正因为如此，管理，离不开管理者和被管理者处所的职场环境、研究者和被研究者所在的人文环境。中华五千年文化，不会因为政权曾经非汉族统治而变得非中国，同样也不会因为国家曾经落后而文化也落后。真正读懂研透中华文化传承和创新，才能真正理解管理的出路在中华文化的诊断和意义。

本章小结

无限逐“器”过程中，管理者们发现，在持续发展经济过程中，无论是政府、企业还是民众，眼中、心里都只有一个目标——有钱。个人想致富、企业想发达、政府要 GDP。尽管管理者、宣传部门总在强调经济发展的同时也要加强精神文明建设，但现实往往是“一白遮百丑”，只要经济搞上去，其他的都不重要。美国式经济管理、企业管理模式成为主流，这种超强话语权导致急功近利，中国“道”文化的超强失落导致底线被破。中国管理，遭遇中西文化差异的冲击，一方面是美国文化下的管理模式大行其道，另一方面是中国环境下的人文特征被边缘化。结果是，管理理论是管理理论自成体系，管理实践是管理实践土法上马，理论与实践两张皮，各敲各的鼓，各念各的经。

20 世纪 20 年代，尽管泰勒的科学理论管理为企业解决了一些问题，但是劳资纠纷此起彼伏，在这样的情况下促使资产阶级管理者们研究什么决定了工人的效率。通过著名的霍桑试验，发现了影响员工效率的因素。霍桑试验的结论：职工是社会人，金钱不是刺激人们积极性的唯一动力。而中国人也在 20 世纪末的企业运行的实践中，证实了这一点。行为科学理论阶段还出现了分别对个体和群体的研究。人作为社会中最小的单位，研究个体人的行为，是研究组织的基础。个体行为研究中包括：马斯洛需要层次论、奥尔德弗的生存发展理论、赫茨伯格的双因素理论、麦克利兰的成就需要理论、弗鲁姆的期望理论、麦格雷戈的X理论和Y理论、波特和劳勒的综合激励模型、沙因的复杂人理论。霍桑试验之后，对群体行为的研究同样成为行为科学研究的重要部分。这些研究无疑对中国企业管理理论有着重要启示作用，而且西方提出的领导方式理论中对领导者品质的研究和领导方式理论的研究，也让中国企业关注到企业领导的人问题。

在这种背景下，中国企业界也进一步深入探索西方管理理论第三个阶段"人本管理"的内涵。人本管理，即"以人为本"的管理模式，它不同于"见物不见人"或把人作为工具、手段的传统管理模式，而是在深刻认识人在社会经济活动中的作用的基础上，突出人在管理中的地位，实现以人为中心的管理。于是，人的管理是第一位的，要以激励为主要方式，建立和谐的人际关系，同时积极开发人力资源，使培育和发挥团队精神的企业管理内容成为主流。

然而，随着时间的推移，一个重要问题出现了：以人为本，实现人性化管理究竟该如何做才是最佳的。在中国企业界、中国职场，简单地提人性化管理，似乎起不到理想的作用，因为人是受内心支配的，人心不认同，一切都成空。尽管，中国用30来年的时间，走完了西方百年（整个20世纪）的历程，经历了从古典管理理论到行为管理理论，到现代管理理论，到当代管理理论的四个阶段，而且第四个阶段，中国已经与世界同步了，但是，当代管理到底怎样提正确的？

中国企业管理理论界在20世纪末兴起了许多本土管理理论研究的流派，隐隐有成为中国管理理论丛林的态势。这与西方管理理论第三个阶段现代管理理论阶段异曲同工。西方在二战后逐渐形成经验主义管理学派，人际关系学派、组织行为学派、社会系统学派、管理科学学派、权变理论学派。决策理论学派、系统管理理论学派、经验主义学派、经理角色学派、经营管理学派等流派。中国在新旧世纪交替时也出现了和谐管理（2001）、东方管理（2003）、道本管理（2007）、和合管理（2007）、中道管理（M理论，2007）、易经管理哲学（C理论，1995）、人心双和管理（2006）等本土管理理论丛林。

管理无可回避的重任是争取人心。人心在一切在，人心失一切失。中国欲崛起于世界之林，应该是以中华文化为管理内核，而不是以西方文化为管理内核，应该是以中华文化为立国之本，而不是以外来文化为立国之本。中华人文环境下的管理，应与中华文化相适应，应与中国职场相适应达到人心回归、人心宁稳、人心重聚。中华文化，毕竟是世界四大文明古国唯一没有断裂而能流传下来、传承下去的文化结晶，从世界角度说，中华文化都是极其宝贵的财富，是人类文明的见证，可以说，中华文化是世界的！

正因为中华文化的巨大价值，内在的巨大力量，所以说，管理的真正出路、管理的最后希望，在中华文化。

第六篇 中国式心本管理思想探索

20世纪70年代末到80年代，中国进入了改革开放，这时候，世界各国的竞争由军事实力为基础转向以经济实力为基础。于是一方面原材料经济与工业经济、制造业的生产、流动资金的发展，成为当代管理思想产生的经济原因；另一方面，由于世界格局发生的变化，旧的格局解体，新的世界格局逐渐形成，导致管理思想发生重要变化。最为突出的特征是“战略”这个词语被引入管理界，由此战略管理理论应运而生，一切管理便都在大战略框架下，为了战略的成功或者说是胜利，其他的都可以适当牺牲。利益至上的文化血液流淌进管理领域，腐化堕落、官商勾结，甚至突破底线、卖国求财等问题不断地出现，以往这是社会主义国家抨击资本主义国家的制度腐朽的表现，但现实是，社会主义中国经济获得发展的同时，这样的管理危机也悄然降临，而且思想管理出现失去信仰、道德沦丧，甚至人心变异、数典忘祖等问题；组织管理出现懒散懈怠、急功近利，恶意竞争、结党营私等问题；学术管理出现浮夸急功、剽窃成果，践踏国粹、崇洋媚外等问题……这是把中国文化元素边缘化追求全盘西化的惨淡结果。

改革开放以来，这种管理危机淹没在经济发展的喜人数据中，等到恍然发觉时，已积重难返。毕竟在经济数据不断上升的美丽光环下，极少有人愿意关注不会产生直接效益的管理问题。因此，个体户管理的缺失问题被掩盖，企业管理的简单西方照搬模式的问题被忽略，中国管理无可奈何地深陷在现有理论不切实际，切合实际的理论不被重视的泥淖，管理学界的话语权人仍然不遗余力地在西方管理理论中寻找救世良方，殊不知西方学界、企业界却努力地在中国文化中探索家传秘方。无可否认，没有壮士断腕的管理思想变革，没有直面崇洋媚外的改革勇气，没有适应中国的管理理论与体系，就不可能解决管理频发的危机。而解决之道，就在以中国文化精华为根基，将“人本管理”转向“心本管理”，真正实现以心为本，谋求心理认同，人心所向。

第十六章　中国企业改革开放铸就伟业

中国企业尤其是中国民营企业的发生发展，一方面是自力更生的改革，另一方面是面向世界的开放，是一个浓缩了西方工业化百年进程和融汇了西方之管理理论丛林的过程，经历了一个从无到有、到借鉴学习、到创新发展的过程。中国企业强势崛起的惊天伟业，与中国企业在世界市场中所处的尴尬位置（产业链低端），中国制造与中国创造的一字之差带给中国企业的思考，不断提醒着一点：中国企业管理的滞后尤其是中国特色的管理理论和国情化管理实践的滞后，已经成为中国继续强势发展的瓶颈。显然，中国在欣喜于30多年改革开放丰功伟绩的同时，必须保持清醒的头脑，管理领域是如此，各行各业皆如此。

第一节　市场主体发展彰显中国管理[①]

一、市场主体壮大与中国管理

1978年以来，以企业为重点的市场主体一直是撬动中国经济改革的杠杆，其经历的坎坷与荣耀最清晰地刻印出中国经济曲折的前进轨迹。在这条轨迹线上，同样刻印着中国管理的曲折发展轨迹，从国家对经济、对企业的管理到地方政府对区域经济、区域企业的管理，从行业管理到企业内外部管理，从理论到实践，中国管理经历了引进、模仿、融合、创新、形成中国管理的过程。虽然，从目前来说，中国管理的体系还没有成熟，中国管理的理论还没有得到广泛认可，但不可否认，中国管理不以人的意志为转移地崛起了——不在乎学术界的美国化倾向，不在乎理论界脱离企业实际的管理工程化倾向。

企业管理是管理领域的主战场之一。当学术界、理论界只把研究的目光盯在一部分小众的时候，便不会顾及中国经济崛起的基础是无数在他们看来不入流的中小企业甚至是小微企业（包括个体户及逐渐取代个体户的个人独资企业）这一事实上。

① 市场主体（Market Entity）是指在市场上从事经济活动，享有权利和承担义务的个人和组织体。具体来说，就是具有独立经济利益和资产，享有民事权利和承担民事责任的可从事市场交易活动的法人或自然人。中国民营企业就是这些组织体和从个体发展而来的。本节所涉数据来源于国家工商总局办公厅统计处，《2008年全国市场主体发展情况报告》，工商总局门户网站：www. saic. gov. cn。2013年的数据引自《2013年全国市场主体发展稳中有进》，新华网 http：//news. xinhuanet. com。

在市场上从事经济活动，享有权利和承担义务的中小企业、个人和其他组织体这些个体和组织体在工商管理领域统称为市场主体。企业管理的对象不仅仅是为数不多顶尖的大企业，更重要的是在数量上占有90%以上的那些中小企业、小微企业。30多年时间里，起起落落、分分合合、进进出出，中国市场主体逐渐形成了一个巨大体量规模，而对这一巨大体量规模的管理，从宏观到中观到微观，都是两条腿在走路，一是自力更生，二是海外引进。经历了一波又一波理念和思想的变迁、付出了一次又一次的巨额“学费”后，终于在中国土壤上运营的企业，其管理必须符合一个基本点：与中国社会相融合、与中国职场相匹配、与中国文化传承和东方思维模式相适应。一味西化（主要是美国化），不是中国的企业管理。

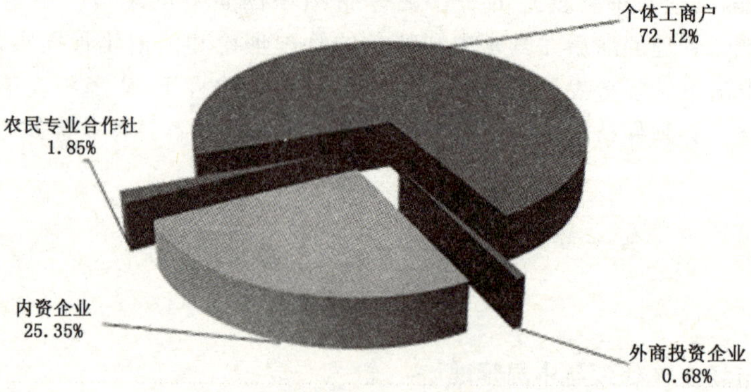

图16－1　2014年全国市场主体数据比例图①

现实情况是，大批中小企业不可能也没必要国际化，他们只是在国内、区域内或更小范围内运转，无法也就不必用国际一流企业的管理模式和方式进行管理，具体管理理论与管理方式方法甚至都不会与本地大型企业一模一样，自然也不可能用到西方管理理论来指导这些中、小、微市场主体。即使这些体量巨大的中、小、微市场主体有一支或几支业务线伸向国外，也不可能与真正意义上的国际企业、市场大鳄一样进行西化企业管理，这是显而易见的事实。然而，管理理论总是用成功的大企业为研究案例，实践指导总是以成功的大企业为榜样鼓吹西化管理，结果自然是不伦不类。中国管理的这种尴尬现象，其根源就是没有中国自力更生的管理理论出现，没有中国自己的管理体系可应用，相关领域话语掌权人，不可能更不愿意放弃已有的话语权，因为他们熟悉西方理论和体系，不懂中国本土理论和体系。不懂就只有竭力贬低中国管理的研究，推崇西方管理的学

① 数据来源于《最新全国市场主体数据：新增个体私营业户成吸纳就业主渠道》（截至2014年10月底）。原载中国政府网，转载和讯网新闻。

说。即使有人研究，也会被这些掌握话语权的人一棍子打死，在这个学术浮躁、研究功利化的年代，国情化管理的研究与推介，都被斥之为不入流，都是要被否决的。这种情况下一代代研究者，怎么可能把关注点放在没有前途的中国式管理、中国化管理身上？因此，管理领域，没有“越是民族的才越是世界的”理念，只有“凡是西化的才是最好的”的思维定式。

这便是市场主体体量巨大规模下对中国本土管理的巨大需求，与管理思想和管理理论完全西化导致无法满足这种需求之间的矛盾。这成为中国管理突破性发展的最难点与最重要的瓶颈。

二、市场主体总量彰显的力量

如表 16－1 所示，改革开放 30 年的节点是 2008 年，这年底，中国实有企业已达到 971.46 万户（含分支机构，下同），以内资企业为主，达到 927.96 万户（其中私营企业 657.42 万户，外商投资企业 43.49 万户）。个体户 2917.33 万户，农民专业合作社 11.09 万户。2008—2013 年企业实有户数增加了 556 万多户，其中主要是私营企业增加（私企增加 596 万户）；个体户则从 2350.49 万户增加到 2463.89 万户。应该承认，个体户模式是中国的创举，是突破公有制经济造福百姓的一个创举，是经济贫困、就业困难时期谋求出路的一种创新，是百姓致富欲望爆发出来的一种发明，更是百姓参与市场经济获得改革开放红利的一种重要模式，自然也是中国人民自身智慧的总爆发。

表 16－1　　新世纪初全国市场主体实有户数发展情况①　　单位：万户

项目	企业（含分支机构）				个体工商业	农民专业合作社
	实有户数合计	内资企业		外资企业		
		小计	其中：私营企业	实有户数	实有户数	
2002 年	734.26	708.34	263.83	25.92	2377.49	
2003 年	769.57	741.08	328.72	28.50	2353.19	
2004 年	813.81	782.17	402.41	31.64	2350.49	
2005 年	856.90	821.60	471.95	35.30	2463.89	
2006 年	919.07	881.40	544.14	37.67	2595.61	
2007 年	963.97	923.32	603.05	40.64	2741.53	
2008 年	971.46	927.96	657.42	43.49	2917.33	11.09
2013 年	1527.84	1483.24	125386	44.60	4436.29	98.24

① 2013 年的数据引自《2013 年全国市场主体发展稳中有进》，新华网 http：//news.xinhuanet.com。

现今的大量企业就是从个体户过渡过来的，大批的企业老板是在个体户层面上获得经验和教训脱颖而出的。个体户与拥有官场资源的创业不一样，也与富二代拥有资金和渠道的创业不一样，更与拥有特殊背景、特殊资源、特殊渠道以及科学技术的创业不一样，这是真正劳苦大众改变自身命运的一场声势浩大的创业与谋职潮流。这些小微企业甚至很多中小企业开发的是小范围、小渠道市场，首要目标是生存，活着才是硬道理，重点不是西方管理的应用，即使搬用外国管理理念、管理模式也只是一种应急，不是长久之计。“三资”企业的海外管理模式、官场企业（国企和官方、军方背景）的行政管理模式（或军事化管理模式）、民企大咖的能人管理模式，其实都不能真正代表中国管理，当然也就不可能出现真正意义上的中国特色化管理理论和体系。中国管理的亮点恰恰是在市场经济中跌打滚爬出来的个体户基础上发展起来的各类市场主体的创造与创新，他们在管理中不知不觉地就会应用中国文化引导下的中庸思想、“和文化”理念及“得人心者得天下”的思想。正因为此，无论世界风云变幻，无论政局潮起潮落，中国企业才没有在开放中迷失自己。即是在世界宏观经济低迷的状态下，中国企业也能保持稳定发展态势。表 16－1 所示的 2008 年市场主体数据充分说明了这一点：私营企业注册资本（金）增长 25.02%，股份有限公司注册资本增长 1.89 倍；全国实有私营企业 657.42 万户（含分支机构，下同），其中私营有限责任公司实有 535.29 万户。个体私营经济就业人数达 1.37 亿人，全国个体私营经济总产值为 5.18 万亿元，销售总额 9.23 万亿元。这说明中国的市场主体在中国土壤上，可以长袖广舞，促进私营企业产业结构进一步优化，科学研究、技术服务和地质勘查业实有户数超过建筑业，位居第四。

私营企业在服务业发展迅速，第三产业所占比重持续增长。私营企业在第一产业实有 13.51 万户；第二产业 202.63 万户；第三产业 441.28 万户。到 2013 年年底，全国实有各类市场主体 6062.38 万户，全国实有企业 1527.84 万户，内资企业 1483.24 万户（其中私营企业 1253.86 万户），外商投资企业 44.6 万户，个体户 4436.29 万户，农民专业合作社达到 98.24 万户。

显然，巨大的市场主体总量为中国企业发展提供了量的保证，也提供了质的积聚。并证明了中国管理不以理论界的意志为转移，把从国外照搬而无法兼容于中国管理的那些东西毫不留情地抛下，朝着符合中国国情的方向奔跑。个体户是中国的创造，个体户的管理是中国特色的管理；以此推进，私营乃至扩展至所有民营企业的管理，都没有也不敢套用西式管理，应是寻找一条适合自己发展的本土化之路。这不能不说是对管理学术、管理理论界的一个讽刺。

第二节 改革开放成就显露中国能力

一、中国品牌蕴藏中国元素

改革开放艰难创业的30多年，对中国企业来说是刻骨铭心的。大胆的企业家兼梦想家们，一次次地用自己的“野心”挑战政府部门依照旧政策所确立的监管底线——改革和开放需求与原有政府监管体系有冲突，民营企业在优势占尽的国企与享受超国民待遇的外企中想要求得“夹缝生存”，就必须打破旧的制度管理；所以，民营企业的这种“野心”，是违背当时的法律的，但也正因为此，这种博弈转化为改革经久不息的动力，一步一步走出中国民营企业知名品牌的道路，通过平民创业，增加了一大批叫得响的中国品牌。这说明，改革是改掉旧的不合理，革掉落伍的无用者；开放是打开国门学习先进的，放开束缚吸收适用的。改革开放不是一味照搬人家，而是在创建独立自主内涵的同时，学习中吸收有用的营养（不一定是最好的营养，但一定是最有用而且最适宜中国的营养），企业创品牌是如此，管理理论建设亦如此，其实世间道理皆如此。

细数改革开放中树立起来的知名品牌，无不具有中国文化的根本、吸收世界优秀文化的营养，并且在企业管理上学习与创新兼有形成独树一帜而成大牌的。2010年8月7日，由中国贸促会与品牌中国产业联盟联合主办的第四届中国品牌节在人民大会堂拉开帷幕，并在开幕式现场颁发了2010品牌中国华谱奖。来自全国各地的25大品牌荣膺2010品牌中国华谱奖，分别是：吉利汽车、中国移动、李宁、海尔、联想、新浪、爱国者、阿里巴巴、百度、腾讯、泰康、雅戈尔、万达、首创集团、招商银行、新希望、新东方、万科、湖南卫视、蒙牛、少林寺、全聚德、汾酒集团、青岛啤酒、同仁堂。

浙江吉利控股集团董事长、沃尔沃轿车公司董事长李书福，李宁公司首席市场官方世伟，中国移动综合部副总经理张轩，海尔集团驻北京首席代表陈维加，联想集团品牌沟通部高级经理黄静，新浪网副总裁谢国民，华旗资讯爱国者副总裁祁燕，阿里巴巴公司代表刘军，百度公司品牌总监余晓阳，腾讯公司公关部媒体总监刘世辉，泰康人寿股份有限公司董事长兼CEO陈东升，雅戈尔集团副董事长李如刚，万达集团副总裁尹海，首创集团副总经理谢德春，招商银行北京办主任任胜跃，全国政协常委、新希望集团董事长刘永好，全国政协委员、新东方董事长俞敏洪，万科集团副总裁毛大庆，湖南卫视副台长梁瑞平，蒙牛集团副总裁助理张荣，全国人大代表、少林寺方丈释永信，全聚德董事长姜俊贤，山西杏花村汾酒集团董事长李秋喜，青岛啤酒全球营销总裁严旭，同仁堂集团宣传部部长姜晓东等获奖代表上台领取了“品牌中国华谱奖”这一殊荣。

图 16－2　2010 品牌中国华谱奖在京揭晓①

2013 年的中国十大世界品牌排行榜中②，有联想 Lenovo（世界 500 强企业，中国驰名商标，中国名牌，全球 PC 领军企业，上市公司，跨国企业，联想集团有限公司）；华为 Huawei（中国驰名商标，世界 500 强企业，生产销售电信设备的员工持股的民营科技公司，华为技术有限公司）；海尔 Haier（中国驰名商标，中国名牌，亚洲 200 强，世界白色家电第一品牌/中国最具价值品牌之一，海尔集团公司）；中国银行（世界 500 强企业，中国银行股份有限公司）；青岛啤酒（中国名牌，中国驰名商标，中华老字号，中国 500 最具价值品牌，青岛啤酒股份有限公司）；格力 GREE（中国驰名商标，中国名牌，高新技术企业，亚洲企业 50 强，上市公司 100 强，珠海格力电器股份有限公司）；五粮液（已有 3000 多年的酿制历史，中国驰名商标，中华老字号，行业领导品牌，四川宜宾五粮液集团有限公司）；中兴 ZTE（全球领先综合通信解决方案提供商，中国驰名商标，国内最大的通信设备上市公司，中兴通讯股份有限公司）；阿里巴巴（中国最大的互联网公司，全球最大的 B2B 购物网站之一，世界级电子商务网站，阿里巴巴（中国）网络技术有限公司）。这张榜单证明了只有更中国的，没有纯西化的。而且其中民营企业已占据了很大份额。民营企业，是中国民间力量的崛起，是中国特色的管理思想的崛起，是民族文化在经济领域的崛起。凡是世界的，一定是最民族的——艺术如此，学术如此，管理实践亦如此。只有符合中国土壤的企业管理才是中国企业的福音，也是中国对世界管理真正意义上的贡献。

中国品牌的崛起，意味着中国元素在企业中的体现，中国元素为主体的管理，才是中国管理。就管理学而言，中国元素中最根本的就是中国文化内涵在管理理论中的渗透。中国人关注的是心理认同，中国人接受的是心灵相通，中国人相信的是“人心顺，一切顺”“人心齐，泰山移”“得人心者得天下”——人心

① 图片资料参见《2010 品牌中国“华谱奖揭晓，25 家企业荣获品牌大奖”》，原载品牌中国网，转载自品牌联盟网第四届品牌“华谱奖”。

② 参见十大品牌网：www.china－10.com。

认同才是真的认同，人心乐意才是真的乐意，拥有人心的管理才是好管理。

同理，要在中国市场中成为知名品牌，得能打动中国人的心。

二、中国智慧显露中国能力

中国改革开放30年所创造的奇迹、所取得的成功，向世界充分展示了中国智慧和能力，也向世界证明了中国不仅仅有着一脉相承的千年文明历史，更有着开创新时代、创造新纪元的能力。一些在各个领域做美国或其他西方国家代言人的人，竭力抹杀这种中国智慧、中国能力，甚至不惜完全丢弃中国文化瑰宝去讨好西方，除了人格和政治原因外，还因为他们不了解中国历史、不了解中国人民、不了解中国文化，更不了解中国人、中国文化所蕴含着的巨大的创造力和融合力，不了解的情况下唯一的选择就是全盘否定。事实上，中国人、中国文化所拥有的无与伦比的伟大创造力和伟大智慧，不仅是中国人民的骄傲，也是世界人民的自豪，因为一切文化的成就，都是全人类的、都是世界的，没有一个国家可以不理会世界而自成一统。中国人民可以凭借自己的智慧和能力创造巨大财富，创立中国特色的理论，融汇世界优秀的文化，走出一条中国特色的道路，走出中国自主自强自立的风采。

简单梳理一下中国民营企业在改革开放30多年中最具里程碑的事件：

第一，十一届三中全会：开启中国民营经济时代。中共十一届三中全会，开启了中国改革开放的历史新时期。这是政治大事，可以说开创了中国企业新纪元。

第二，“雇工”大争论：突破教条“铁律”。马克思在《资本论》中说：“雇工到了八个就不是普通的个体经济，而是资本主义经济，是剥削。”在几乎所有的社会主义理论中，“七下八上”是一条铁定的界限。这一争论突破了这一界限，用实践证明了雇佣工人不是罪、发家致富更不是罪，从而推动了民营经济的又一次历史性发展。这是思想大解放，奠定了改革开放的思想基础。

第三，四次修宪：确定个私经济法律地位。1982年、1988年、1993年、1999年，通过四次修宪，民营经济最终被写入了国家的根本大法，受到了法律的保护，并确立了其国民经济发展中的作用。

第四，摘“红帽”运动：1990年至1995年，一场姓“资”姓“社”的大讨论，迫使许多民营企业戴上集体的“红帽子”，造成了产权关系和司法解释的混乱，导致无数纷争和悲剧。1995年温州鹿城运输总公司法人代表张朝荣摘掉了“红帽子”，拿到了《企业法人营业执照》事件掀起了民营企业摘“红帽子”之风，民营企业从此产权明晰，回归本来面貌。

第五，《个人独资企业法》：把创业的种子播到每一个角落。2000年1月1日《中华人民共和国个人独资企业法》正式实施，这是一次“财产神圣不可侵犯”的法律理念和社会观念的更新。

第六，非公36条，为民营经济清道开闸。2005年2月24日，国务院出台《关于鼓励支持和引导个体私营等非公有制经济发展的若干意见》，即“非公36条”。这是新中国成立以来第一次以中央政府的名义发布鼓励支持和引导非公有制经济发展的纲领性文件。

第七，《物权法》《企业所得税法》：私有物权确立、“超国民待遇”取消。2007年3月16日，《物权法》和《企业所得税法》通过，无疑将载入中国民营经济发展史册。

这些不是结束，只是开始。中国智慧、中国力量还可以在更多领域、更广范围、更长时间展现出独特的丰采。事实上，就中国目前已经做的事，中国特色几乎贯串始终，不否认有吸收和借鉴，但只是吸收和借鉴为我所用，而不是照搬套用拾人牙慧。这才是中国化，这才是中国特色！

深刻反思，中国管理学领域（理论界、学术界）的西化倾向，其实已经到了无以复加的地步，说的上纲上线一点，是在抛弃中国的根本，用西方文化下形成的管理理念来指导中国文化下的中国人，是用西式制度下形成的管理方式方法来实现中国制度下的组织管理，是用西方直线式直观思维来要求中国曲线式变通思维，如此，岂非咄咄怪事？

第十七章　中国企业强盛后的管理反思

“东亚奇迹”（“亚洲四小龙”崛起）出现时，中国刚刚进入改革开放初期，自然的，中国人在期盼着下一个出现的会是“中国奇迹”。事实上，中国奇迹真的出现了，改革开放让中国GDP持续保持着高于9%的增长，30多年间，创造了令人难以置信的业绩。当然，这种“如有神助”般迅猛发展的奇迹，必然裹挟着新情况、新问题的不期而至，只不过在当时高速奔跑的经济列车上，大家都不经意地忽略了。直到这些问题渐渐成为阻碍，直到经济达到一个新高点的时候，人们不得不放缓脚步，理性反思的时候，这些问题才被揭开了盖子。国家“十二五”计划期间，一个新的声音出现了：不以GDP为唯一业绩，而且提出了经济增速不一定超过7%。在求“器”之路上奔跑了30多年后，“道”的价值体现终于重新回归到人们的视野中。

第一节　中国企业发展兴盛的思考

一、奇迹背后积存的问题

中国企业在30年间创造的巨大奇迹，与总是伴随着它们的巨大压力、与今天面临的巨大挑战之间，有着潜在而深切的关联。如“后发优势”同时就是“后发劣势”，“富饶的贫困”隐含着“贫困的富饶”，“便车”既是一种福音也是一种诅咒。30多年前中国开始改革开放的时候，长期的思想禁锢和物质的极度匮乏，意味着精神与物质需求的极度丰富，在那样一个完全卖方市场背景下，任何一个在今天看来是稀松平常的产品和经营行为都具有让人不可思议的创新性特征和巨大的财富价值。很多人在事后明白过来，后悔的就是当初没能把握那个时代带来的千载难逢的机遇。

德鲁克说，企业有而且只有两大功能：创新（创造价值）和营销（告知价值）①。没有创新和营销能力的企业只是法律意义上而不是商业意义上的企业。在物质短缺的市场中，形象的说法就是“插根筷子都发芽，竖根扁担都开花”，市场放开后手里有点钱后，人们的需求量是那样的巨大，对企业而言，根本就用不着现代意义上的创新和营销，就能赚得盘满钵满，于是夸大宣传、依赖广告成为一种风潮，也是导致“成也广告败也广告”现象的原因所在。

冷静反思，那的确是中国前所未有的创业机遇的时代，能不能先富起来，取决于敢不敢抓住这样的机遇。当时有一个很难解决的障碍：来自计划经济传统下的各种“清规戒律”。任何改革，首先就是打破各种不适应生产力发展的条条框框，也就是解放生产力，对本来已经具备的生产力存量进行释放；但破除清规戒律、打破框框在当时来说又是违纪违法的。在这两难的选择中，体制内的人有着稳定的职业和收入保障，自然不会触碰政策高压。而没有体制内就业保障的人却悄悄地开始着“地下商业”“地下工业”活动，于是就有了“傻子瓜子”让高层关注、华西村“阳奉阴违”智慧发展村级工业等情况出现。正因为如此，即使一些跑在最前面的人在政策高压中倒下了，但人们被压抑和限制的需求和欲望被释放出来后，更多的人是前仆后继，涌入商品经济下的市场领域。国家机器在政策不明朗的情况下采取“等一等、看一看”的做法，给了敢在政策高压线上荡秋千的人们巨大的市场机遇，于是满足致富需求的生产能力进一步释放。这种释放产生的财富效应和榜样作用是巨大的，哪怕生产力本身并没有实质性的提

① 转引自陈雪频，《实证研究：彼得·德鲁克的核心遗产》，第一财经日报2015.11.16。

高。这就是当时的社会现实：财富增长的数量与政策放宽的程度成正比。但从今天看来，这种因“松绑”而带来的巨大活力和高增长，是存量而不是增量驱动的，不是生产力本身的提高带来的增长。也就是说，这种高增长只能是一个时间段内的，而不会是长远的、可持续发展的。

但这种思考与认识，是明显滞后于现实的，就当时来说，经济能增长就行，至于是存量还是增量既不会去想，更不会去细究。具体到企业经营管理者或者说创业者，做一个什么样的企业不重要，重要的是“抓住机遇”“脱贫致富”，所有的人都可能是公司的顾客，企业无须独特的客户价值主张，无须积累独特的资源和能力，无需有独特的盈利模式，只要能让企业脱贫致富，做什么买卖都可以。联想当年卖过旱冰鞋、彩电，万科是卖饲料起家的，吉利老板原来是照相的……一大批成名的老板是从“倒爷”开始的，这在后来的年轻人看来是那样的不可思议，而在当时是那样的顺理成章。另外，由于“松绑”的效果是如此显而易见，企业的领导人很自然地把政策监管下的空间和自由度当作增长之源，于是“违规就是生产力”“活动能量和勾兑能力就是生产力”的说法出现。在这种情况下，衡量一个企业领导人能力高下的首要标准，是与政策和制度的博弈能力和运作能力，而不是真正的领导能力、管理能力、市场能力。

凭着物质短缺的巨大市场吸引力和企业领导人超常的运作能力，一些企业就这样快速成长，其速度之快，成效之显著，远远超过运作者自身的预期。很多人做着做着，就成了先富起来的那群人。没有人会去想，这种成长只是规模上的而不是内涵上的。事实是，把生产力之外的种种外力作为生产力，其结果只能是企业核心能力的严重缺位。后来的事实也表明，企业渐渐成为表面风光实则平庸的明星，核心能力的匮乏和与生俱来的机会主义基因，让这些企业要么深陷泥潭，要么丢盔卸甲。

从哲学角度看，刚刚从纯粹唯物主义走过来，对于精神层面，一般都还停留在批判“唯心主义”阶段，自然就不会顾及到人的心理活动、思想状态，只要你表现出很“革命”就可以了。所谓的生产力，也只有物质生产力，没有也不敢提出精神生产力，而中国文化下的管理基础，其实是先求“道”（形而上），再求“器”（形而下）；管理思想是先讲“道”，再讲“术”。中国人追求气节甚于生命，追求自省甚于制度，追求认同甚于成就，荣誉感、面子观根深蒂固……这一切，恰恰就是“唯心”层面的，即心理或者说精神层面的。这就是说，管理理论建设的基础，必然涉及精神生产力的开发与管理。结合中国现实和人文环境，建设中国管理理论，必然从人心视角着手。心到，一切都到；心好，一切都好。从这个角度说，所谓管理就是管人理心，就是人心管理，人心管理是新生产力的崛起[①]。

二、对内搞活对外开放改革的思索

当然，谁都明白一点：中国如果只是闭关自守、只有“对内搞活”，而没有“对外开放”，中国企业也不会如此奇迹般成长。20世纪70年代末80年代初，以美国为代表的西方世界即将开始一场新的技术和产业升级，这给了当时除廉价资源外几乎一无所有的中国一个巨大的经济翻身的机会。中国产品在国际市场上的价格优势，意味着中国企业获得了一个比短缺经济更具市场引力的巨大市场。正是这样的背景下，中国大地上像蘑菇一样迅速冒出来无数的工厂，中国继美国和日本之后，一步步成了新的“世界工厂”。

这个机遇造就了中国史无前例的繁荣。但细细反思，这是强者（西方列强）给予弱者（当时经济贫弱的中国）的礼物：不接受它是一种失败，因为拒绝了繁荣。接受它也可能是一种失败，因为接受它就意味着同时接受了一种“依附逻辑”——对西方列强的技术依附、市场依附、文化依附乃至人心依附。只是当时的中国要经济起飞，没有别的选择，“韩信受胯下之辱”教育出来的中国，学会屈辱地接受了这种“订单化生存”方式。只不过这是工厂的逻辑，不是企业的逻辑，在整个价值链中，OEM只是“链主”的“奴仆”，只有“制造”，没能培植核心价值，没能成为具有自主创新能力和自主营销（品牌）能力的真正的企业。

西方给予中国的这份“礼物”里，其实隐含着摧毁企业自我生长、自我创新的机制，以及“吸食成瘾”的毒素。所以，第一代、第二代、第三代订单企业主不断涌现，他们依靠廉价劳动力成本，成为首先富起来的一个群体，但是他们也习惯了这种方式，当劳动力成本上涨、当企业发展到一定阶段、当整体产业布局进入调整阶段的时候，这种企业模式的局限性、制约性就显现出来，更可怕的是，已“成瘾”的OEM主们不思改变、不愿改变、无力改变。世界给予的机遇让中国制造业重新焕发青春，成为这个时期中国企业中的主力军。当中国企业要在世界上的声音响亮起来的时候，这种制约引起了中国企业、中国政府的思考。为此，政府有意识地引导从制造到智造，企业界也在积极探索。

如果说，1978年至1987年，是中国改革开放第一个10年，那么这也是中国制造业复苏的十年，是中国从只有制造工业产品到消费品制造业崛起的10年。订单企业发展的同时，民族企业、自主品牌也在萌芽产生过程中，电视、汽车、收录机、冷饮机、洗衣机、洗衣机进入百姓家，中国人穿着开始五颜六色，食品和各类消费产品的品种逐渐丰富，计划经济时代出现的“凭票供应”渐渐成为

---

① 徐井岗. 人心管理：生产力之新崛起［M］. 香港：中国教育文化出版社 2006. 12。

历史。

图 17－1　中国制造业高峰论坛①

1988 年至 1997 年是中国改革开放第二个 10 年。中国制造业已经崛起，外资制造业逐渐进入，“苏南模式”和“温州模式”成为两种体制改革的模式。甚至连一些制造“假冒伪劣”起家的企业也走出局限，开始创立品牌。经济特区建设、海南发展、股市建立、商品房出现，标志着中国基本完成了计划经济向市场经济的转型，市场也逐渐由供不应求转向供大于求。广东成为中国经济的龙头，江浙民营经济崛起。各类工业园区，吸引了大批国外制造企业进入中国，中国发展了外资、合资和合作企业，中国的低成本后发优势逐渐显露，国际贸易开始节节攀升，国内市场逐渐繁荣。

1998 年至 2007 年是中国改革开放第三个 10 年，“中国制造”蔚成大观，闻名全球，赢得了大量的 OEM 订单，成为国际制造业的生产外包基地。而支撑这些企业实现低成本优势的，是来自中国农村的大量低成本劳动力和沿海地区逐渐形成的专业化产业集群，尤其是在 IT 产品、玩具、服装、制鞋等产业领域。同时，民族企业、自主品牌也获得了大发展；一些 OEM 企业积累了工厂经验后，开始向产业链的两头延伸：设计产品、注册自有品牌，建立自营网络、喊出自有品牌、提供售后服务……开始了艰难而必需的创牌之路。

更重要的是，互联网进入高速蓬勃发展时期，电子商务大发展，迅速改变了人类的生活方式。从整体布局看，基础建设投入飞速增长，高速公路网络全面建设，铁路一次又一次地大提速，航空载客量和货运量增长神速；中国电信，尤其是无线通信发展突飞猛进。中国城市化进程，呈现出蓬勃发展趋势，城市成为最大的工地，建筑业发展带动了对制造业产品的需求。农民工像潮水一般，涌向沿海地区，支撑了民营制造企业，尤其是外向型企业的发展。汽车，迅速进入中国家庭。中国的船舶、机床、汽车、工程机械、电子与通讯等产业发展迅速，进而又带动了对重型机械、模具，以及对钢铁等原材料需求的海量增长，从而带动了

① 图片引自《格力领衔中国造，“让世界爱上中国造”有多难》，经济网“中国制造商峰论坛”。

整个制造业产业链的发展。顺德的家电产业、温州的电气产业、福建晋江的制鞋业、昆山的电子产业等风光旖旎。联想、海尔、华为等走向世界，机床、汽车等大型制造企业也已经进行了国际并购。

经过改革开放30多年的发展，中国制造业占中国GDP的40%以上，增速已经连续20年居全球之首。2006年172类产品的产量居世界第一位。中国已成为仅次于美国的全球第二制造大国。但同时，中国企业在1998年金融危机以后感受到了悄悄来临的压力。如彩电业在2001年面临全行业崩盘的危机，“价格战”在整个家电业此起彼伏，并扩展到其他行业。劳动者权益保护的呼声和政府出台的一系列政策和法律，让人口红利①逐渐消失，企业因此感受到了不断增大的人力成本的压力，能源和原材料成本对于进口的依赖，更使原有的成本优势锐减。

2008年始，中国进入改革开放第四个10年。这时的中国，需要适当的经济减速和必要的人文管理。只有当经济增长与发展环境、人文素养相匹配的时候，才是真正意义上走向发达国家的时候。这需要中国式的管理哲学、管理智慧、管理之道和中国式的人文背景，背离了这一点，不仅仅是背弃祖宗，更重要的是失去中国5000年的文化支撑，也就失去了中国的脊梁，失去了中国的独立自主。

第二节 中国民营企业发展的探索

历史性的机遇毕竟是历史性的，改革开放经历了30年后，市场经济体制日臻完善，新的法规逐步建立起来，暴利时代走向终结，梦想一夜暴富成为天方夜谭。2008年以后的中国，进入了微利时代。这就不得不对中国企业发展过程中涉及管理的一些问题进入深入的思考，如说新时期来临后企业战略问题、领导决策问题、员工心态问题以及激励机制问题、人力资源开发问题、员工归属感、企业认同感、幸福感等，这些既是人心层面的，也属于精神文明范畴。物质文明与精神文明两手抓不是一句口号，而是实实在在的管理问题、发展问题。

一、新时期企业发展战略问题

思考企业发展战略问题，利益层面的落脚点在市场占有率，技术层面的落脚点在技术壁垒、市场壁垒。而人心层面的落脚点却在于人的心态、人的素养、人的思想境界。如前所述，短缺经济造就的消费需求是畸形的，机会性暴利不仅使中国企业付出的努力和得到的收获极度不相称，也使中国企业管理者产生了不正

① 红利是指一个国家的劳动年龄人口占总人口比重较大，抚养率比较低，为经济发展创造了有利的人口条件，整个国家的经济呈高储蓄、高投资和高增长的局面。人口红利消失是指岁劳动年龄人口下降。

常的暴发户心态，这种思维定式严重阻碍了中国企业的正常发展，并陷入恶性循环的怪圈。如以 4000 元起家的巨人汉卡为例，他们两年就达到 1 亿元资产，然后迅速向生物工程和房地产业扩张，过度的扩张形成了一种虚假的繁荣，超出了巨人的承受能力；又如三株集团以 30 万元起家，三五年就达到了 40 亿元的规模，超常规发展诱发了企业主超常规的膨胀野心；还有“烧鹅仔”，曾一度在全国有 30 多家连锁酒楼，来谈合作的人一多，就头脑发热招致失败。1995 年，名声大噪的“红高粱”烩面，由郑州到北京在全国 20 个城市铺开，却在“复制、复制、尽快复制”的口号声中，相继倒闭，终于在 1998 年破产。这样的例子举不胜举。

回顾那段历史，虽然市场中不断上演着“你方唱罢我登场”的戏码，但因为当时那种卖方市场的特殊性，暴发户般的成功仍然比比皆是，而且谁都明白你成功不等于我成功，你失败也不等于我失败，处于高度亢奋的企业界，前仆后继、义无反顾。现实结果是，扩张的同时就把企业置于高风险，表面上的航空母舰规模，实际是一些小舢板拼凑起来的，抗风险能力极差，企业领导、管理者们实际上对企业发展方向迷茫，企业内部管理失灵。一旦有风吹草动，企业往往陷于万劫不复之地。

这才让企业界开始关注企业战略问题，有一个问题让一门心思埋头赚钱的企业领导和管理者们头痛：单一化经营还是多元化经营。作为经营战略和方式而言，多元化本身并无优劣之分，无非是“不要把鸡蛋放在一个篮子里”，还是争取“把所有鸡蛋都装一个篮子里，然后看好这个篮子”。从实际结果来看，中国企业似乎更青睐前者，因为最初进入的产业市场日渐饱和，利润越来越薄，而要在技术上、产品质量和结构上进一步提高水平往往不容易，多元化似乎是简便易行的办法。可见，这时候的企业战略抉择，是人的心态变动的结果，是眼花缭乱商业状态下人的素养高下的表现，也是面对利益诱惑人的心境的宽窄高低的表现。一个不得不面对的事实是，当时的中国企业还比较稚嫩，企业对市场化的资本运作缺乏经验，管理结构上存在缺陷，投资决策方面往往缺乏应有的谨慎，造成许多企业盲目多元化，其结果是战线拉得过长，主业模糊，各项业务协调能力差，最终导致企业的失败。如太阳神是做保健品的，在公司的销售额达到 13 亿元时，一年内开展了包括石油、房地产、化妆品、电脑、边贸、酒店业在内的 20 余个项目，投入 3.4 亿元资金，最后几乎都打了水漂。到 1997 年，太阳神已经全年亏损 1.59 亿元。连一向谨慎的娃哈哈也犯了同样的错误：1992 年融资 2.36 亿元组建娃哈哈美食城股份有限公司，然而由于从未进行过类似项目，消耗了大量资金，延误了集团上市良机。

研究、借鉴和学习国际上优秀大企业，可以发现：这些优秀国际性企业都是专注于一个领域培养自身的核心竞争力的，占据足够优势地位、基础夯实后才涉足其他领域。但中国企业一直不规范，如保健品行业等，进入门槛很低；由于体制等种种原因造成的壁垒，中国的私营企业难以介入工业制造业、金融、农业等产业发展，只能在这些产业之外的边缘领域寻找生存空间。因此，大多数民营企业无论在技术、资金、市场上都没有能力驾驭“多元化”这匹野马。但当时引进的企业发展理论、企业管理理论，异口同声地在介绍西方“多元化”的优势、成功经验，并在理论上论证“多元化”的方式方法和价值的同时，没有进一步分析西方企业实现“多元化”的门槛、基础、行业特性、社会机遇、人心向背等问题，只看到一个结果，他们成功了，没介绍他们曾经的不成功和那些在“多元化”中倒下去的西方企业，典型的“报喜不报忧”。从而误导中国企业盲目多元化。

其实，就中国企业来说，应该体现自己特色，在主打产业上下功夫，搞纵深开发，而不是急于发展简单的“多元化”。对于大多数中小企业来说，多元化的前提是夯实主业，达到任何“一元”发生变化都不会祸及主业时才可以开展，而且多元化的首选是要与主业相关、相近的行业。

二、新时期企业领导决策问题

作为管理史的论述，似乎不应该如此具体到领导决策问题，只是鉴于现实的残酷性，中国企业尤其是民营企业在成长壮大过程中，往往因没能解决好这个问题，导致企业败局。这是中国企业发展史上需要引起重视的。

第一，是领导权过分集中。在中国企业家队伍中，有不少专制独裁的人物。企业初创时期，这种领导作风可以降低企业内部的交易成本，大刀阔斧做出经营决策，为企业尽快积累原始资本。但当公司进入成长、成熟期后，这种独断独行就会成为公司发展的障碍。在人力资源管理上，有个“人岗匹配”问题，在企业领导人问题上，这种匹配应该是一种深度匹配，否则，对企业而言是十分危险的。因为当企业发展到一定规模，而企业家个人的综合素质还不够全面时，又缺乏一种集体决策的机制，尤其是缺乏一种能够干预个人错误决策的机制，会给企业埋下巨大的隐患。因此，不改变企业决策个人化的模式，管理社会化无从实现，职业经理人也就无从发挥作用。三株的吴思伟倡导引入经理阶层，但是决策权仍集中于吴氏父子手中，否则经理们肯定会对如此不切实际的1600%增长率的销售指标提出异议。史玉柱后来总结时也说：“在巨人集团中，我个人占90%以上，其他老总都没有股份，因此在决策时，他们很少坚持自己的意见。由于他们没有股份，所以他们也无法干预我的决策。”中国的企业家们总是视企业为自己的，企业资产就是个人资产、家族资产，因此他们始终没有将企业当成独立的经济实体，而是更多的看作自己私有财产的一部分，看成是自己荣誉和身份的象征，把个人的命运与企业的经营时刻联系在一起。这就是中国企业实现产权社会化的最大的障碍。

第二，是企业规模与个人自信的虚假膨胀。中国企业大多是中小企业，“第一桶金”的顺利赚取让老板产生了无所不能的自信，不愿将自己列入中小企业，正是这种“大企业幻觉”，导致企业的老板或主要管理人员从创业时的自信转变成自负，无论是管理模式还是管理组织架构，刻意体现层次管理而降低了效率，盲目追求规模而增加了隐性成本，过度贪求市场效应而增加了广告宣传费用，不切实际的多元发展分散并耗费了企业有限的资源，结果企业和老板的知名度更大了，效益却降低了。这显然是企业经营管理者们不成熟的标志，更让人无奈的是，管理理论界从美国引进层级管理、绩效管理，对这种现象强力引导和推波助澜。

第三，老板个性影响企业。企业创业之初，老板一般都能掌控一切。随着企业的发展，以老板为中心的指挥格局和管理格局也就形成了，老板的个性化开始充斥到每个细节。老板喜欢事必躬亲却缺少章法，老板的“金口玉言”、老板的个人性格和生活习惯成为企业的管理风格。老板的管理个性化还导致人浮于事的现象，看起来是对老板的尊重，实际是在敷衍和内耗企业。虽然企业对于人才同样求贤如渴，但就是不相信别人比他们做得更好，让引进的人才难以施展才华，定位的总经理不像总经理，部门经理不像部门经理，因为老板情不自禁地将自己的风格和曾经的经验强加给他们。家族企业的盛行说明信任的范围仍是“自己人”，近亲繁殖导致功能退化，创新只能是一句华丽的口号。

没有经历过失败的人，是不会体会独断专行给决策带来损害的切肤之痛的。人，在条件具备的情况下，本能地喜欢颐指气使的快感，高高在上的痛快，唯我独尊的随心所欲。这才导致自信变成自负，果断变成独断，勇敢变成大胆，老板就是一切：企业文化就是老板文化，企业战略就是老板意愿。这些，都是企业发展必须关注、必须思考的。

第三节　中国制造业的深层次问题[①]

发展中国家的发展首先是壮大第二产业。改革开放 30 多年来中国制造业快速赶超，“二产”巨大成就，但同时也暴露出很多深层次的管理问题。中国加入 WTO 之后，企业越来越受到国际市场、国际金融的影响。2008 年前后，中国企业又遭遇一波寒潮来袭，无疑有中国制造业问题显露出来后对整个经济的影响在里面。

---

① 问题与原因分析参见系列论文：《中国制造业发展的现实反思及其国际竞争力研究》（王家庭，王璇. 2011 年 7 月《经济问题探索》）、《中国制造业存在的问题及发展对策》（刘建红，徐长生，袁冬梅. 2004 年 5 月《世界经济与政治论坛》）等。

一、中国制造业的突出问题

中国制造业除了上述问题外，还有一些自身的深层次问题值得检讨。许多研究者对此进行了专门总结，主要有以下几个方面：

由于自身原因，出口招致反倾销制裁。中国出口的产品由于价格低廉，不断受到美国、欧盟的反倾销制裁。中国的打火机、鞋、服装和化工、轻工等产品，均招致过多次反倾销制裁。中国成为全球反倾销调查的主要对象国，除国家政治因素外，企业自身也的确有许多值得思考的问题。

中国出口产品由于质量、产品成分不符合西方国家规定，而被大量召回。例如，曾是中国第二大玩具制造企业的佛山利达，由于出口玩具的油漆含铅量超标而导致大量产品被召回，最终其负责人自尽，中国玩具产业也蒙受了巨大的损失。2007 年，60% 出口到美国的中国玩具被召回。此外，中国电子、汽车等行业的企业，也面临着越来越高的环保要求。显然这就提出了企业质量、企业良心、企业社会责任等问题。西方解决不了这些问题，所以把制造业转移到发展中国家，这从人类层面来讲，仍然是不负责的，仍然涉及企业伦理、企业良心问题。

产品研发的高科技不在自己手中。中国很多产品仍然缺乏核心技术，受制于人，高科技产品仍然依赖进口。如制造芯片的光刻机、工程机械的液压系统、平板显示器的压缩芯片等。正因为如此，在很多制造行业的中国国内市场和国际市场上，中国的制造商占领的只是低端市场，而盈利丰厚的高端市场却被国外厂商所垄断。中国企业无法，也不可能回避这个问题，没有自己的技术核心，竞争永远处于被动的地位。

图 17－2　中国制造业反思中突破①

能源与资源消耗过大。中国制造同样的产品所消耗的能源和资源大大高于发达国家。水泥、造纸、重型的铸锻等高污染、高能耗行业的企业仍然是中国制造业的支柱产业。在发展制造业的同时，极大地牺牲了环境。

① 左图《第十一届中国制造业管理国际论坛 11 月举办》，中国新闻网财经中心；右图《2014 中国（绵阳）国际先进制造业大会隆重召开》，中国磨料磨具网展会资讯。

因为缺乏核心竞争力除低层次竞争。很多制造行业由于底层技术缺失，导致产品同质化，陷入无序的恶性竞争。中国制造企业在竞争中自相残杀，相互压价，导致中国的出口导向型制造企业利润水平极低。每次广交会上，外商利用中国企业间的鹬蚌相争而渔翁得利。

制造企业盲目扩张，导致了制造行业的产能过剩，效益下滑。如中国汽车行业的市场集中度很低，整车制造企业众多，产能大大超过市场需求；低水平的同质化竞争，使得汽车整车和零部件企业的盈利程度大大降低。

劳动力密集型企业由于核心竞争力的缺失而面临被淘汰。随着人民币的升值、新劳动法的实施、原材料价格的上涨、中国出口退税政策的调整、美国次贷危机造成购买力下降，以及越来越苛刻的国际环保法规的实施等因素，使成千上万的中国出口导向型制造企业遭遇“灭顶之灾”，进而影响到上游企业。

涉及民生问题的质量问题，尤其是食品安全问题频频出现。劣质奶粉“大头娃娃”事件，“毒奶粉”事件，地沟油事件，以及层出不穷的毒食品等，此起彼伏的食品安全事件，刺痛了民众的神经，也损害了企业的整体声誉。

这些问题有可能还只是冰山一角。中国高层管理的一个重要任务，就是如何解决这些问题；行业管理的重点是如何由“中国制造”转向“中国智造”；而企业管理的关键，是如何让人心聚拢、人心稳定、人心向善、人心向上。

二、问题背后的深层次原因

中国制造业存在的问题，暴露了中国企业在管理上非常薄弱。其原因主要有以下几方面：

第一，中国制造业忽视原始创新——心理仍停留在照搬现成上。中国许多合资汽车公司，在获取大量盈利的同时，没有真正拥有汽车设计和制造的一些关键技术，却对中国致力于自主研发汽车的公司，如奇瑞、江淮、吉利等，构成巨大的竞争压力，使得本土品牌的汽车处于竞争弱势地位。很多制造企业，曾经引进了国外先进技术，但多年以来，仍然在吃当年的老本，没有在消化吸收的基础上，进行再创新。出口导向型制造企业缺乏自主知识产权，管理粗放，始终处于“微笑曲线”的最低端。

第二，管理仍然十分粗放——思维未实现根本性改变。少量的中国企业进入世界级制造企业水平，但绝大多数中小型制造企业仍靠经验粗放管理，自动化技术和信息技术、产品质量控制、财务管理和成本控制、生产制造管理、客户服务等方面还处于很低层次的水平，企业的标准化、模块化、系列化差。很多企业在发展壮大的过程中，更多的是依靠规模的扩张，而不是通过提升管理水平，导致企业的抗风险能力不强，所以，企业的“平均寿命”很短。成在营销，败在管理。

第三，很多制造企业社会责任严重缺失——遵纪守法意识淡薄。中国很多企业业主对于企业对社会所承担的责任，应当遵守的法律法规还缺乏认识。环保责任没有履行，违规占有地、排放污水和有害气体频发，在牟取暴利的同时对消费者利益漠视，在劳动力密集型企业中，“血汗工厂”屡屡被曝光，对农民工、临时工任意延长劳动时间、缺乏劳动保障和福利、让员工在恶劣的环境中工作、克扣薪酬等问题，在很大程度上影响了“中国制造”在国际上的美誉度。

第四，外企并没留下核心技术——对外依存心强。外资制造企业在中国获得高额盈利，但并没有给中国带来核心技术，甚至通过恶意并购中国企业，力图控制中国市场。很少有从合资企业中，拿到核心技术的成功案例。中国的很多知名制造企业被国外竞争对手并购，一些合资企业最终成为外资的独资企业，导致最终中方彻底丧失了品牌，甚至整个行业受国外企业控制，化妆品、日用消费品等行业，几乎成为国外制造业巨头的天下。还有一些海归引进所谓的高新技术，其实是人家淘汰的。

第五，中国人对“中国制造”缺乏信任和支持——民众信任度不高。中国制造企业在与外企的竞争中，长期处于不平等的竞争地位；而韩国人总是优先选择本国的产品，当三星、LG在中国大行其道的时候，韩国人却把中国产品看作劣质、便宜的代名词。在大力发展中国制造业的同时，应该树立中国人对中国产品的信任。

第六，中国学术界与企业界之间存在鸿沟——理论脱离实际。学术界风气浮躁，真正的工业技术课题、管理课题很少有人愿意去攻克，教授们热衷于申请和承担纵向课题，因为那在一定程度上是权力和关系的产物，开个所谓的论证会就可以通过。科研成果与企业实际需求脱节，企业在实践中提出来的问题，学术界却解决不了。

第七，中国知识产权保护的状况仍然堪忧。

第八，法治建设和企业监管体系有待完善。

第九，中小企业的创业与融资环境亟须改进。

当然，问题存在是客观的，重点不在于提出问题，而在于解决问题。总的来说，中国企业管理的基础，仍然是好的。有上述诸多问题存在并不可怕，事实上也正在通过升级转型、腾笼换鸟、互联网思维等途径加以解决。但这些仍不够，因为问题存在的深层次原因，是人心问题，是思想观念问题。我们总说解放思想、更新观念，但口号多于践行。这就需要应用人心双和管理理论，从根本上解决问题。毕竟，中国有着两台经济发动机：巨大的内需和巨大的出口。正因为有这样的两台发动机，中国才有能力发展自己的企业并创建自己的企业管理理论来指导中国企业的发展壮大，来引导中国企业走向世界强林；这种国情化管理系统，有着承续中华文化、符合中国国情、适合中华人文环境的管理哲学挖掘、管理理论创建、管理体系设计、管理思想和理念形成。

中国企业，走中国自己的发展之路；中国管理，建中国自己的思想体系。中国只要人心在、只要人心齐、只要人心稳，没有理由不列入世界强国之林。

第十八章　中国文化下心本管理的探索

中国有句古话："三十年河东三十年河西"。1949—1978 年，是新中国打基础、奋斗的 30 年，也是消灭私有制建立国有企业体系的 30 年；1979—2008 年是中国改革开放经济腾飞的 30 年，也是中国私营、民营企业成为中国经济重要组成部分的 30 年。2009 年，第三个 30 年开始了，应该是中国企业脱胎换骨的 30 年，是企业助推中国走向世界强国的 30 年。虽然中国企业仍然存在着许多问题，但这并不影响其整体是健康的。中国的工业基础扎实，全国的经济基础建设仍然如火如荼，再加上中国本身就是一个巨大的市场，能拉动内需，驱动中国企业发展，中国有能力攀登企业发展新高峰。随着产业集中度的提高，经过大浪淘沙之后生存下来的企业，正是那些在技术、管理方面有着更深底蕴的企业，有能力通过精细化、人文化管理，继续保持竞争优势，并逐渐强盛起来。

这就需要在管理领域，适应新经济、新形势、新常态的需要，创建中国自己的管理理论；世界强国从来都不可能照抄照搬别国的理论为己有，中国要强盛，其企业及管理理论内核、文化根柢、内容体系，都应该是中国的，是中国思维、中国哲学、中国方式的管理学。人心双和管理理论①就是在这样的背景下开展的一种探索，经历了粗放、物本、人本管理阶段后，中国乃至世界都有必要转入"心本管理"，而以心为本的管理渊源和管理哲学，存在于中华文化传承下来的精华之中。

第一节　中国心本管理的理论建构

一、中国心本管理思想中的人文背景

中国经历了 30 多年改革开放的发展，进入到企业转型和产业升级阶段，这首先要求发展自主知识产权的产品，从技术到管理到商业业态，要不断创新；其次需实现精细化管理，向管理要效益，通过提高产品质量、改善供应链管理、强化成本控制、提高市场反应速度，显著提升企业在复杂的市场经济环境下的抗风险能力；第三，实现商业模式的创新，结合互联网经济的特点，充分应用信息技

---

① 徐井岗，人心管理论——基于国学与东方思维的中国管理理论［M］. 北京：经济科学出版社，2013.12

术，积极创新企业的营销和服务模式，赢得更大商机，提升客户满意度。但归根结蒂，无论从哪个角度切入，中国企业助推经济发展，要从管理着手，管理须从获得人才、争取人心着手。从中国文化传承的影响、东方思维模式的影响和现代管理的需求出发，中国应该创建以心为本的人心双和管理理论（简称“人心管理”）。

任何管理理论，都需要与本土、本民族之人文背景接轨，脱离了这一点，相当于无根之木、无水之源。也就是说，人文环境是管理理论建立的土之壤、水之源，是管理实践的树之根、光之源。

相对于西方，中华大国之人文环境，有着5000年甚至更长远的文明积淀、文化传承。就四大文明古国而言，古巴比伦文明已消亡，古埃及文明已异化（殖民化后没有了法老后裔和象形文字流传），古印度文明已断层（13世纪消亡，19世纪复兴），只有中华文明传承至今。中华文明在岁月的浸泡中，从农耕文明到农耕文明与游牧文明相结合，形成了东方独具特色的内陆文明模式。而古巴比伦文明与古埃及文明在地中海遇合，形成了对欧洲影响巨大的希腊文明，这成为西方文明的基础，逐渐形成了欧洲式的海洋文明模式；古巴比伦文明与古印度文明在陆地上也遇合，形成的是波斯文明，虽曾建立过地跨欧亚非三大洲的大帝国，但连年征战，很快被来自东方的穆斯林军团灭亡。按照这样的历史事实，真正从古代文明传承至今的只有中华为代表的内陆文明（四大文明古国唯一传承）与欧洲为代表的海洋文明（非原创的希腊文明传承）。这两种文明的差异决定了人文环境的差异，自然也就决定了管理理论的差异。

第一，中国管理形态是在以农立国社会中发展起来的，不像西方管理形态是在商品经济社会中发展起来的。中国是以农业生产为基础，农业社会则由大量分散、小型、雷同的、以自然经济为主体的村落和城镇组成，生活所需用品基本可以自给自足，自然而然形成了力求稳定、少走极端和反对冒险的“中庸”思想，从不依据那些不切实际的幻想，也不重视通过严格的逻辑判断来进行决策；管理体制上专制与异本互相依存，管理方法上经验与理性互为补充……这些代代相传成为经典、渗透在中国人的血液中、深刻在中国人的骨子里。西方国家国土狭小，濒临海洋，腾挪有限、无法自给自足，自然谋求与外界交换而形成工商业，寻求外来补充而热衷扩张；管理体制上追求利润、注重物本（很长时间内都是物本管理），管理方法上讲逻辑、擅思辨、精准计算，形成商品经济特色。

第二，中国管理向内、求同、重人，不像西方管理向外、求异、重功利。中国管理思想讲宏观集中，并有强烈的民族意识和眷恋乡土之情，管理是维系在思想感情和强大向心力的基础之上。全世界的中国人（包括背井离乡的华裔），都有着强烈的“叶落归根”“故土难离”“光宗耀祖”的诉求。大陆民族生活安定，血缘宗法关系非常紧密，管理活动中心是“人”，是以伦理关系为基础，以道德和教育为轴心。内陆地理环境使中国天然地与外界“隔离”，使中国的管理思想保持历史的传承而无断层，并且趋向于强调统一、协同、和谐。而西方海上交通的发达、人员交流的频繁造就了一种外向型民族心理。商业的发达和人员的频繁往来，使西方管理一开始就较少关心血统的亲缘关系，而重利益，讲功效，追求现实的成功，提出用统一的标准化进行管理的思想。

第三，中国管理以宗法血缘关系为纽带，不像西方管理是以经济利益为纽带。中国封建社会，宗法血缘关系渗透到社会生活的各个方面和各个层次，并积淀成为一种极为强固的文化结构、心理力量和组织形式。从而形成管理组织是家族型特征，管理机制是伦理型风格，管理方式是心理型感召。中国一直以来基层管理的最强组织往往不是官方的，而是民间的“宗祠管理”，即使经历了“文化大革命”的“破四旧”[①] 运动和改革开放时期的西化倾向，民间宗祠文化受到毁灭性打击，但仍然存在着家族体系、和以家族为核心的派系——虽非正式组织，却仍然起着一种家族管理的作用。西方从罗马帝国时代就推崇军权瓜分，一切都以财富、利益为目的，撕开了人与人之间温情的面纱，以明确的权力和利益关系作为管理组织的纽带，以经济效益作为管理动力。法律条文重于道德教化，实际利益重于心理情感，职责分解重于整体效应。

第四，中国管理思维是以变通为特征的多点曲线管理模式，不像西方管理思维是以直行为特征的两点直线思维模式（由此确立先到先得、谁强谁拿，规则约定、利益为先的思维特点）。中国以广阔的内陆为舞台，山峦、丘陵、河道，形成了曲里拐弯的条条大路、曲径通幽的文化风格，谁变通性强谁就能走上捷径；而西方则以浩瀚的海洋为舞台，寻求的是直线抵达，形成了直奔目标的航道、本能释放的文化风格，谁执行力强谁就能更早到达彼岸。所以，中国管理讲规矩，以人心认可为要义；西方管理讲规则，以人性关怀为要义。中国思维以曲线为主，追求含蓄、内敛；西方思维以直线为主，喜欢直接、外放。人心双和管理理论，就是以这种文化内涵差异和思维方式的差异为前提，提出针对国人的管理应以心为本，重在梳理心态尊重面子；不像西方人性为本，讲究激发个性尊重自由。说得更直白一些，中国管理以人心梳理为主、人性关怀为辅；西方管理以人性关怀为主、人心梳理为辅。“人心”与“人性”一字之差，管理侧重明显不一样：人心管理求的是彼此和谐、人心认同；人性管理求的是个性解放、人性合规。自然相应的管理哲学、理论建构、思想理念、方式方法都会有所差异。

---

① 即当时提出“破除几千年来一切剥削阶级所造成的毒害人民的旧思想、旧文化、旧风俗、旧习惯”的口号，俗称“破四旧”。

中国文化传承、中国历史积淀、中国思维定式，构成了区别于西方人文环境的中国人文环境基础。西方以宗教立国者不胜枚举，而中国虽有宗教，但从来就没有过真正意义上的宗教立国，也没有依靠宗教治国。佛教由古印度传入（古印度佛教在13世纪时消亡），在传播中发展，形成了具有中国特色的佛教，并分别形成汉地佛教（汉语系）、藏传佛教（藏语系）和云南地区的上座部佛教（巴利语系），这是中国古代的第一大教，尽管不同时期统治者支持和利用佛教教义的程度各有不同，但毕竟没有依赖佛教治国。道教是中国本土宗教，原为春秋战国时代诸子百家之一，把道德哲学家神化而成一个多神教，追求修炼后长生不老、得道成仙、济世救人，严格意义上说是一种文化传承，而非治国理念。

只有儒学，成为治国重要理念，但儒学虽为“三教”之一，其实不是宗教，而是被奉为宗教一样高（甚至超越佛教、道教）的地位，归根结蒂，是中国文化的重要内涵。自古以来，偌大一个中国，多教并立、多神并敬，海纳百川、包容万物，但奇怪的是，古代中国不兼容海洋文化，甚至于有的朝代干脆就实行“海禁”。现在我们的开放，就是开放引进海洋文明中优秀的能融合于中国文化的部分。这也说明，不论学术界认可与否，中国有自己独特的文化内涵、哲学根柢、思维方式，并不因为现当代信息网络化、世界大同化后就丧失了中国固有的本质和深刻的人文内涵，更不会因为“西化”倾向就能把这些根深蒂固的中华人文内涵给淹没了，一方水土养育一方人，华夏民族依然是东方龙。

二、中国心本管理哲学中的中国元素

西方管理冷静理智到一切都可以物化，即使人也可以量化为物的数值，然后公式化、标准化管理。而且西方理论一直是细化分类，越分越细，于是多少有些背离了“人”才是一切管理的根本这一要义。

管理的对象归根结蒂是人，所谓财、物、信息、流程等的管理，其实都是人在起作用，人，才是一切管理的核心。任何人都是生活在特定人文环境中的，自然，对人的管理就要以人所在社会人文环境为背景。中国的儒、道、佛三教，一个共同的特点就是对人心向善的劝导，都是直透心灵的教诲。中国文化、中国哲学自古以来就是重视心理的疏导、心灵的梳理、心态的反省、心绪的调节。而从文化传承的角度来说，儒，宗教式的文化经典；道，本土化的文化发明；佛，中国化的文化引进，三教都具有典型的中国元素，都可以说是从中国文化的源头、群经之首、百家之宗——易经（又称周易）中生发出来的文化存在。

相传上古伏羲氏作无字天书易之八卦图（三爻卦）；中古周文王（及其子周武王）推演八卦而成六十四卦（六爻卦），并作卦辞爻辞；下古孔子及其弟子作《十翼》而成《易传》，终成全本周易流传下来。有易经，而有心灵问答方式之不同的三教：有问必答的儒家，重在教化众生，各安其位，突出道德心；答非所问的道家，重在自参自悟，修身养性，强调自然心；问即是答的佛家，醍醐灌顶，自觉顿悟，追求觉悟心。由此可见，中国哲学，自古讲究人心管理。

中国易经，以无极而太极，太极生两仪，两仪生四象、四象生八卦。两仪即阴阳，阴为地、阳为天，天地之间有人，构成天、地、人三才；四象代表四方位，分别对应金木水火自然元素，再加居中者土，构成“五行”；四象为太阴、太阳、少阴、少阳，加上极阴之地“厥阴”，极阳之处“阳明”，构成天地四方之六合；六合加居中处，暗合北斗七星；加上八卦、九宫，形成了易经数字哲学体系。

表 18－1　数字易经与管理系统

周易内涵	代表数字	管理内涵	管理范畴
无极	0	无极哲学思想	管理哲学
太极	1	太极哲学思想	
两仪	2	阴阳哲学思想	
三才	3	天人合一思想	
四象	4	阴阳互动原理	人心分析
五行	5	五行性格理论	
六合	6	人脉弥合理念	管理系统
七星	7	谋变布局思维	
八卦	8	八卦全息系统	
九宫格	9	模型变动分析	

显然，在全本周易体系里就已存在着中国管理的哲学思想、性格分析的科学原理（后人将其玄学化后选用部分用作相命、算命、解签等）、中国化人心管理系统（其中的一些内涵演变成土木机关学、建筑方位学等）。剔除其玄学、迷信等糟粕部分，中国文化的精华部分里，有着丰富的中国管理理论和管理技能内涵。

三、中国心本管理理论基础及其设计

中国自古没有建立独立的管理学学科理论，中国管理哲学、人文思想，都散落在浩瀚的文献典籍中。分析诸子百家、三教九流的理论，都可以从中找到管理哲学思想、管理人文内涵。反对中国管理理论者，指责中国典籍中只有思想、没有方法，其实这是一种误解。因为儒家的“仁政”“王道”“以德服人”，道家的因循天性、顺势而为、宽刑简政、休养生息，墨家的政治上主张尚贤、尚同和非攻，经济上主张强本节用等，既是一种主张，更有战略管理理念与方式、人力资源管理与开发方式方法蕴藏在里面，关键在于是否真懂真理解。更不要说纵横家的权谋策略及言谈辩论之技巧就是现代管理学中管理沟通、管理咨询等学科的重要内容，鬼谷子应该是实战派管理和战略咨询的鼻祖，他的管理预测应用日星象纬，占卜八卦，预算世故，十分精确；另外用兵之学，六韬三略，变化无穷，布阵行军，鬼神莫测——应该就是营销管理的开山之作。其弟子苏秦、张仪丰富了管理沟通学、孙膑、庞涓壮大了战略管理、管理咨询等学科。自易经以来的中国文化，完全可以确立中国心本管理的理论基础，也能据此设计中国管理理论的体系。

中国管理学的理论基础是融合社会学、心理学、教育学、经济学等学科的综合性人心双和管理，是从物本管理阶段到人本管理阶段，进而进入心本管理阶段的一种管理。物本管理重在制度管理，目标是效率最大化，所以强调效率管理；人本管理重在人性管理，目标是满意最大化，所以强调激励管理；心本管理重在人心管理，目标是幸福最大化，所以强调幸福管理。

这样，中国管理的管理哲学思想、管理人文内涵、管理理论基础都具备了；中国管理的体系在形式上参照西方管理体系，在内容上以中国元素形成中国元素管理的各分支学科；中国管理的管理理论基础是“人心双和管理理论”；中国管理的管理技能、技巧、方式、方法，则以中国先人的设计为基础，吸收西方管理中合理的、适合中国管理不足的部分。这样，以中国文化、中华哲学为根基，以人心双和管理为原理的中国管理学基本构架就形成了。

第二节 人心双和管理的思想内涵

20 世纪末、21 世纪初，世界经济的中心逐渐东移，中国对世界的影响越来越明显，中国所拥有出口和内需两大发动机，使中国具有世界上最多企业和最大市场的可能；中国广阔的国内市场，具备了成为全球生产制造中心条件，也具备了很强的国际竞争力，其他国家要想取代中国在全球制造业中的地位很难。因此，已经转移到中国的外企，以及中国沿海地区的企业，并不可能轻易转移到其他低成本国家，因为市场在中国。正是基于这样的中国企业现实，中国企业管理、中国的市场管理自然应该有中国自己的管理理论，实现理论与实践的一体化。建设中国管理体系，首先要有自己的基础理论。“人心双和管理理论”的提出，其目的就是建设中国管理基础理论。

一、管理的对象是人及其人心

管理者一定是人，管理对象也是以人为主体。而人的言行，是受内心控制或者说支配的，心的认同才是真的认同。汉语中的“人心”并不是生理学意义的特指，而是心理学意义上的内涵，包括人的情感、愿望、态度和公众意志等。

人心双和管理是以人心管理理论为指导，通过对人言行的管制约束、心理的沟通梳理，达到人与自己、人与世间万物之间双向和谐的一种管理思想和管理行为的总和。也就是说，管理重在人心双和，中国人的心灵深处，都有着“和”文化情结。这是内陆文明求稳和中庸思想的真实写照，对于中国人来说，以和为贵、与人为善，信守和平、和睦、和谐，是生活习惯，更是内心的文化认同。从这个意义上说，“和”是中国人的心理认定、是中国人的文化血脉。中国文化不是霸道文化，而是王道文化。王道文化就是“和”文化。“和”文化就是中国传统文化的核心文化。《周易》中就贯穿着“天下和平”的政治理念，《尚书》里也有“协和万邦”“燮和天下”的记述，反映着中国上古时期人们对普天之下芸芸众生“协和”“和平”生活的美好憧憬，对国家社稷安定繁荣的无限期望和对万邦归顺、诸侯称臣的和谐天下的向往。

中国人以和为贵、以和为善、以和为本，在儒家的思想体系中，无论是讲人类社会，还是讲客观世界，都是建构在“中”“和”的基础之上。北京故宫的核心建筑集中反映了中国传统文化以和谐为核心的价值观、伦理观、道德观。如太和殿：天地祥瑞，喻人与自然和谐；中和殿：中庸平和，喻人世和谐；保和殿：心态和顺，身体安适，喻人的身心和谐。

在人与人关系上主张和而不同，寻求人与人之间在保持差异的基础上达成统一与和谐。在人与社会的关系上主张公正平等，寻求建立人人各得其所的大同社会。在人的身心关系上主张加强修养，实现自我身心和谐。几千年来，无论是修身、齐家，还是治国、邦交，中国人都奉行“和”的价值观——和蔼可亲，和颜悦色，和气致祥，和睦相处，和衷共济，和平共处，家和万事兴。与“和”相关的词语都很美好：和谐、和顺、和美、和睦、和煦、和善……

“和”的最高境界是心灵之和，其他所有的“和”都是表象，心和才是本质。

二、管理的目标是彼此都协和

就中国管理而言，最难的便是心和。人心和，万事和；人心顺，一切顺。管理上“和”的内涵，人心管理的最高境界，就是达到与己相关联的各方彼此双向和谐，是心的和谐、和顺、和美。具体说，双和的意义在于：

首先是与自己和。这是人心双和的根本，自己的外在表现与自己的内心理念都不能相和，也就不必谈与外在的和了。人的焦躁、矛盾、痛苦，人的心理失衡、欲望过强及其他极端念头或表现，都是自己的人与自己的心不能相和的结果。这些与己不和的心理和行为，如果是偶尔出现，还不至于失常，如果长期如此，一定是霉运当头照，即使得利也不过是昙花一现，其利或名，始终不可能真正意义上属于自己，只是临时保管而已。改变这一切的，只有让自己的内心放平、让自己的行为温和下来，让自己的言与行双和、灵与肉双和；实现的途径，就是修养——淬炼自己、提升修养，让自己的内在与外在双和，即人与心双和。也因为如此，中国文化讲究内视，讲究心灵修养。

其次是与他人和。这是人心双和的基础，与自己有交集的人实现双和，即人与人之间的双和。如果天马行空，独来独往，其自在也是在没有别人的情况下的自在，没有足够强的心理定力、没有足够强的实力支撑、没有足够强的背景支持，天马行空只能是一种幻想。如果有少量内心相和之人，便是芸芸众生中的普通一员，有几个合得来的人可以往来，但难以有大成就，因为没有过硬的人脉、没有发展的关系网络，只能平平淡淡过一生。如果有较多内心相和之人，便是人们眼中的“好人”“能人”，用西方理论来解释，就是有较高情商的人，但还不足以成就大事业。如果有很多很多内心可以相和的人，各行各业、各层各方都有，那便隐隐具有领袖的潜质，具有一呼百应的基础，不鸣则已，一鸣惊人；不飞则已，一飞冲天。如果人人都能内心相和，那便是成佛成仙之人，非凡人也！

第三是与社会和。这是人心双和的职场意义、社会意义。如果人与人之间相和仅仅是个人能量在个人修为上的表现，那么与社会和，就是个人能量与社会各方能量相交产生新的更大能量，从而逐步达到事业巅峰的关键。与社会和，第一方面是与自己所在的组织相和，在组织中，如鱼得水游刃有余，反之则一事无成。第二方面是代表组织与组织各关联方相和，在组织壮大的同时自己也水涨船高。第三方面是站在一定高度后，与社会各界相和，这便是事业成功的基石。所以，人心双和管理就是要达到本方与关联各方共同和谐、和润、和美。

第四是与自然和。这是人心双和的极高境界。是天时、地利、人和合而为一的集中表现，是中国传统文化追求的高境界：天人合一。如果与社会和是一个企业管理者的社会责任，那么与自然和则是一个企业管理者的天道。

人心双和管理，重在达到人与自己、人与人之间、人与社会各方之间、人与自然之间的心灵之和。这时候的管理是心灵的升华，而不再是制度的约束。

三、管理的方式是管与理融合

人心是因时、因地、因人而变动的，人心是多样化的，所以人心双和的境界也不是定型化的，只是相对的，只是动态发展中的一个趋势，每一个阶段都会出现上下波动。从这个意义上说，人心双和只有更好，没有最好。所以，在这个发展过程中，不是不需要制度约束，而是朝着人心和谐不会触犯制度的方向努力。

人心双和管理中的“管理”，不是西方管理学意义上的“管理”，而是中国化的文字解释、中国化的意义解析，主要有两层意义，其一，管理是自我管理，管住自己的言行，理清自己的心灵；管理他人的基本途径是促使他人实现自我管理，每个人自己外在与内心相和，个人与他人彼此双和。其二，管理是“管”与“理”的结合，“管”是管制、管束、管辖、管控等带有强制性的意义，“理”是梳理、清理、整理、修理等带有理解性的意义。“管”是一种理念，更是一类方法；“理”是另一种理念，更是另一类方法。“管”是前提、是基础，是“理”得以顺利进行的保障；“理”是目标，是结果，是“管”得以价值体现的保证。“管”以制度、法规的落实来实现，是“硬”的一面；“理”以文化、思想的疏通来实现，是“软”的一面。中国人以“和”文化为要，是致中和，整体来说，吃软不吃硬。所以，人心双和管理，三分管七分理，理为重点。简单地说，管理就是努力“管好言行”，达到“理顺人心”。

人心双和管理的“双和”，就是谋求“文化认同”，达到“共同和谐”。文化认同在于人心顺畅：一方水土养育出一方人；只有民族的才是世界的。这也是为什么中国管理必须以中国文化为根、以中华民族的风格为风格、内涵为内涵的原因所在。中华文化传承过程，必然带有每个时代的时代印记，也自然就有“变通”文化带来的糟粕。为尽量减少传承过程中的变异带来的内涵误差，中国管理理论建立所需要的文化根基，直奔中华文化之源、之本的《周易》。

周易作为中华民族、中华文化之经典，以“天下和平”思想统领三教九流、诸子百家。乾卦之“自强不息”，坤卦之“厚德载物”，成为泱泱大中华的精神风骨。自然，人心双和管理理论离不开阴阳五行八卦之理：阴阳互动，变化万千；五行生克，因果呈现；八卦全息，人心双和。

家庭管理在于“家和万事兴”，组织管理在于“人心齐泰山移”，国家管理在于“得人心者得天下”。一切管理在于谋求人心双和，人心和则万事和。

第三节　人心双和管理的体系建设

从中国经济形势和企业发展情况看，建立中国管理的基础理论人心双和管理理论，既是恰逢其时，也是迫在眉睫，更是势在必行。中国制造业东移，中国智造业崛起，全国一盘棋，企业新布局，呼唤适应中国人文环境、思维方式的管理理论指导新形势下企业运营与管理。阴阳五行八卦是周易精髓，也是中华文化源头和最东方的文化总结，人心双和管理理论结合周易原理提出中国管理建设思路、理念模型和体系框架。

一、人心管理八卦理论内涵

这是人心双和管理理论的核心内容，也是理论主体。中华文化深刻影响着国人的文化底蕴和行为方式，东方思维模式来缚着国人的哲学内涵与管理理念。百经之首、文化之源的《周易》，奠定了国情化人心管理八卦全息系统，涵盖了人心管理理论八大法则，即欣赏管理、品性管理、满意管理、感动管理、理解管理、精神管理、情结管理、心态管理[①]。每一个管理法则实现人心管理的一个侧面，或者叫分解目标（如图 18－2 所示），八法合一，实现人心管理总体目标。每一个分解目标又分为三个层级：初级目标、中级目标、高级目标。每个高级目标的实现标志着人心管理一个分解目标的实现。同时，人心管理八个法则各建设一个管理机制，构成人心双和管理八大机制：用人机制、选才机制、经营机制、情感机制、沟通机制、育才机制、疏导机制、留人机制。

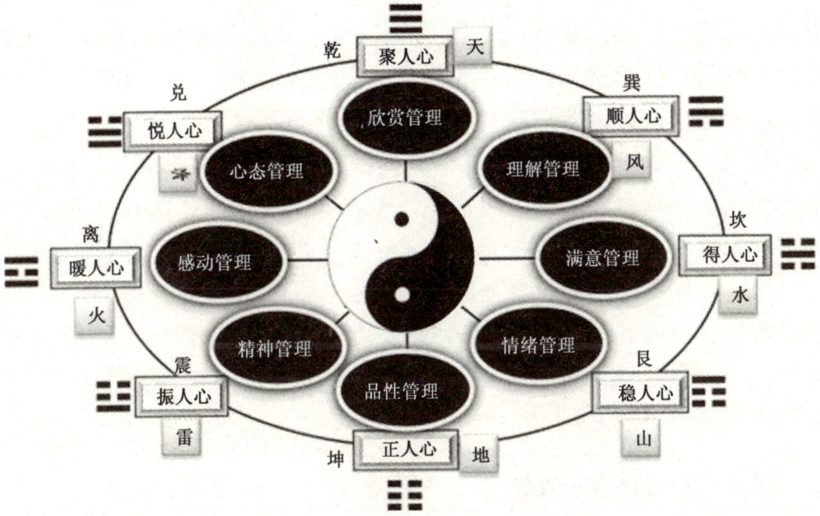

图 18－2　人心管理八卦全息系统图

易经八卦本身已经构成了一个全息系统，乾坤坎离巽震艮兑，任何一卦的变动都会牵一发而动全身。八卦每一卦对应于人心管理八法：乾卦对应于欣赏管理以聚人心，坤卦对应于品性管理以正人心，坎卦对应于满意管理以得人心，离卦对应于感动管理以暖人心，巽卦对应于理解管理以顺人心，震卦对应于精神管

---

① 徐井岗. 人心管理论——基于国学与东方思维的中国管理理论［M］. 北京：经济科学出版社 2013. 12。

理以振人心，艮卦对应于情结管理以稳人心，兑卦对应于心态管理以悦人心。

把图 18－2 的内涵与人心管理理论用表格示意，则如表 18－2 所示。

表 18－2　　易经八卦与人心管理的结合

八卦	八卦内涵	管理法则	管理机制	分解目标	人心管理分解目标的三个层级
乾卦	自强不息	欣赏管理	用人机制	凝聚人心	心服口服、心悦诚服、心甘情愿
坤卦	厚德载物	品性管理	选才机制	修正人心	心地善良、心口如一、心安理得
坎卦	适度满足	满意管理	经营机制	收获人心	心明眼亮、心胸开阔、心满意足
离卦	情感升华	感动管理	情感机制	温暖人心	心平气和、心花怒放、心旷神怡
巽卦	谦和顺畅	理解管理	沟通机制	沟通人心	心中有数、心领神会、心照不宣
震卦	震撼修省	精神管理	育才机制	振奋人心	心有所属、心无所累、心存高尚
艮卦	培育情商	情结管理	疏导机制	稳定人心	心有所驰、心无杂绪、心理阳光
兑卦	亲和柔顺	心态管理	留人机制	喜悦人心	心态平正、心情舒畅、心灵满足

中国管理理论建设，必然以中国哲学、中华文化为根基，以中国人思维方式、中国人职场特性为背景，以自我管理、理顺人心为要义，以世界上一切优秀文化、先进管理理论为借鉴理论。对易经八卦，是从全息系统角度加以应用，从“天下和平”角度融合人心管理，从八卦内涵角度强化双和本质。

至于易经中的算命、卜卦、风水等，不在此列。用易经八卦分析人，也主要是对人格、人性、人心的分析探索，侧重于对人的管理视角、对人心梳理和疏导视角的分析，不作命理、命运方面的预测分析。人心双和管理理论作为中国管理学的基础理论，同时也可以作为《中国人力资源开发与管理学》的主要内涵。八卦卦义、与人心管理的融合等内容，详见拙作《人心管理论——基于国学与东方思维的中国管理理论》。

二、阴阳双和五行合一理论

1. 双和管理五行合一理论

人心双和，关键在内外合一、彼此和谐。这就涉及万事万物之间的相生相克，相生则和，相克非和。故双和管理可借助“五行”模型说明。阴阳五行的“五行”，是易经的另一个全息系统，五行的“五”指木火土金水，这五种物质元素只是代称，实则指自然界、人体内相生相克的五种本源属性及其衍生变化。五行的“行”是代表运动、循环变化的意思。五行学说认为宇宙万物，都由这五种基本要素的运行（运动）和循环变化所构成。一切运动与变化，都为求得物理之间相和相合，管理亦如此。

很显然，五行是一个互为相生相克的、运动变化着的全息系统，与八卦全息系统有着异曲同工之妙，用自然界的五个元素虚拟成五种本源属性，每一种属性代表一类特性、风貌。如从人格视角：如火炎上，热情洋溢（礼）；如土稼穑，诚信笃实（信）；如金从革，真性刚正（义）；如水润下，亲和柔动（智）；如木曲直，仁爱条理（仁）。由此组成代表着中华文化的“五德”：礼义仁智信。金生水、水生木、木生火、火生土、土生金的同时，金克木、木克土、土克水、水克火、火克金，相生相克的关系中，代表着无数的内在变化和外在表现。自然也就衍生了许多五行文化，如中医原理、五行阵法……五行模型是中华文化中一个极重要的内容。可惜很多人不懂，就简单否定之，斥之为伪科学。这其实是很武断的。

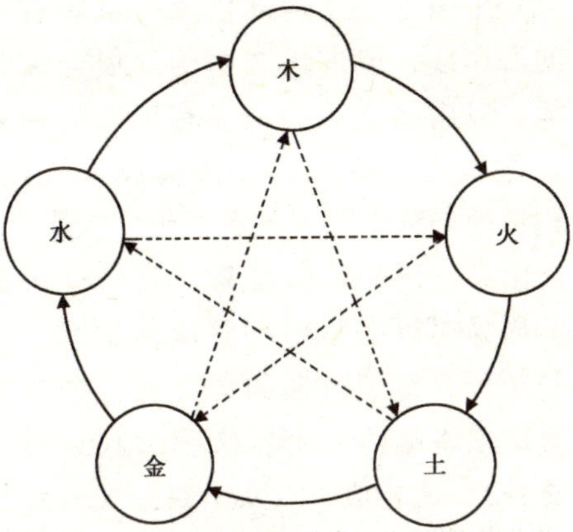

图 18－4　五行相生相克图

人心双和管理理论中，有一块涉及人的性格分析内容。一直以来，中国管理学包括心理学领域中涉及的大都是西方性格理论，12 星座分析法，风靡全世界，迷倒无数中国年轻人，极少有中国自己的性格分析理论和分析法。其实，中国文化中，尤其在周易原理中，很大一块内容是涉及人性、命理，其内涵要早于西方成百上千年，其精准度即使在今天亦高于西方。不然，也不会仅仅靠江湖术士就可以让骨相学、命相学、手相学、字相学（笔迹分析）等风靡世界，流传几千年。从性格学看，中国文化中讲的阴阳，不就是内向性格（阴）、外向性格（阳）吗？任何性格类别，包括类别心理学的祖师爷荣格的 16 型性格，都是将人的性格总结为若干种，如四型、五型、九型等。《周易》中的四象、五行等其实都是同理；如果要更细化，就是将八卦（八型）衍生为六十四卦（64 型）等。世间万物，都脱离不了太极生两仪，两仪生四象，四象生八卦……人心双和管理理论设计了“五行性格分析法”，分析量表经过数千次测试（详见拙著《人心管理论》）。在实际的管理应用中，具有了解自己、扬长避短，把握团队、取长补短的作用，具有组建最佳领导班子、最优攻关团队、最好合作搭档的作用，也具有职业生涯分析、职业优势分析、职场选择参谋的重要作用。

此外，根据五行原理，人心管理理论还设计了人才开发的五行理论，主要涉及识别人才、培育人才、选拔人才、使用人才、留住人才五方面。

2. 阴阳互动和谐管理理论

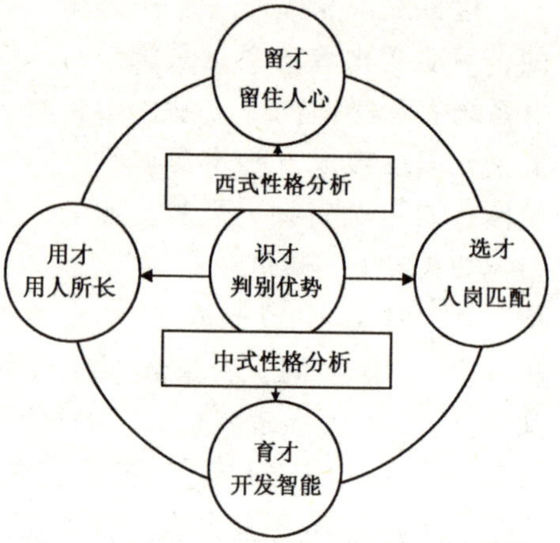

图 18-5 人才开发五行图

中国是一个内陆国家，虽然有漫长的海岸线，但古代文明的发展与文化传承，以内陆文明为主，有记载的始祖为三位圣人：神农氏、伏羲氏、轩辕氏，相传他们分别写下三本“无字天书”，即连山易、周易、归藏易，但只有伏羲氏的周易得以完整保存并流传下来。这要归功于商纣王时期的周文王，据传他在牢房里将流传几千年伏羲的八卦图（三爻卦），演化成八八六十四卦（六爻卦），其子完善之。再到春秋战国，孔子与弟子写《十翼》而为《易传》解释卦象卦理、卦辞爻辞。先秦诸子百家，多多少少受周易影响，如儒、道、法、兵家。即使是佛教，传入中国后，也因为汉化过程中深受易理思想影响，导致汉传佛教中的佛理渐渐中国化，这也是中国儒、道、佛三教相通、互不排斥，儒学中有道义佛理，佛教中有儒道思想，道教中有儒学阐理的原因所在——三教有一个共同的祖师，即周易。

也正因为如此，故阴阳之说不仅属于道家，儒、佛两家亦承认之。阴为地、阳为天，天地互动而万物和谐；阴为负、阳为正，正负互动而万理相和。人心亦有阴阳，善为阳恶为阴、愉为阳郁为阴，人性善扬则恶抑，善小而不为可变恶，恶小而警惕可变善，阴阳变动善恶可双和——善扬之为和，恶变善亦和，以此阴阳协和也。管理，就是抑恶扬善，弘扬正能量。“人心双和”既是彼此和谐，亦是阴阳协调，归根结蒂是通过管理实现个人、企业、社会与自然的共同社和谐。而管理的具体方法就是人心管理八大法则。

把前述人才五行与人心管理八大法则结合起来，就是五行八卦的和谐。

拂去周易玄学、解开命理迷信，易经展现的是太极阴阳哲学、三才六合思想，五行八卦系统等。世间万事万物，不外乎阴阳（事物两方面）的变与不变；五行八卦就是用自然界五种或八种自然元素组成系统，与人才开发对应，构成人才五行模型：中土为识别稳健厚重的土行人才，能岗适配。西金为选志如天高德如地厚之金行人才；北水即用不动如山流动如泽之水行人才；东木即以春风顺人惊雷醒人培育茁壮成长之木行人才；南火即用水样柔情火样热情留下积极向上之火行人才。再引入八卦（人心管理八大法则），综合而成“人心双和五行八卦模型”。

3. 性格管理阴阳协调理论

中国文化认为世间一切，一生二、二生三、三生万物，都是“生”出来的；

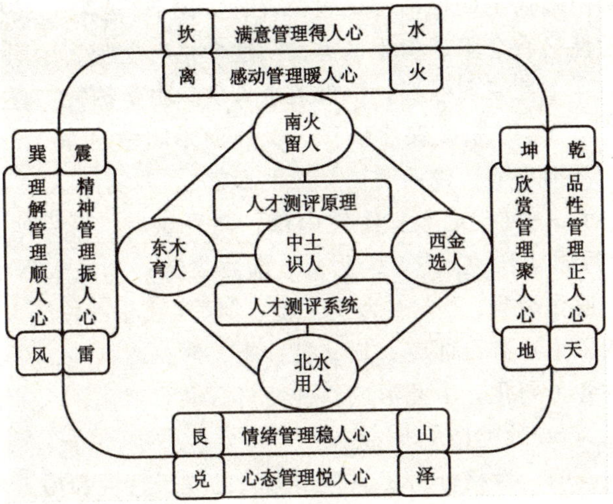

图 18－6　人心双和五行八卦模型

这与西方理论不一样，西方讲的是“一分为二”，是分离出来的。一个“生”一个“分”，其中的哲学原理和思想内涵千差万别，“生”则生生不息，“分”则分门别类。世间原本混沌，而后有圆心便有太极；太极生两仪，即为阴阳《易传》曰“一阴一阳谓之道”。阴阳一体两面，彼此互藏，相感替换，不可执一而定象。二者虽无定象，随道而变，上皆可为道，下亦可为器。道用无穷，处处有之，因用而论。用即出，阴阳即定，二者虽定，亦随时而变迁。故曰：阴阳不二，以一而待之。一者太极是也，统领二物，相互作用，运化万千。

由此，阴阳逐渐抽象为中国古贤创立的哲学范畴，自然界各种对立又统一的现象，如天地、日月、昼夜、寒暑、男女、上下等，万事万物皆有“阴阳”。阴力阳力两力量都是维持力，可转化，可变化，并且是永不停歇的运动。运动的结果，形成阴阳一体、阴阳对立、阴阳互根、阴阳消长和阴阳转化五个方面。阴盛则阳衰，阳盛则阴衰，求得阴阳双和，才是中庸之本。从这个角度说，人心双和就是阴阳协调，阴阳协和。双和的本原可以说就是阴与阳的和谐。

不论是阴还是阳，都是从太极转化而来，即太极生两仪，所以其“体”是相同的，都来源于太极，之所以阴阳表现出不同的性质和特征，是因为其“用”不同而已；所以才有中国的体用学说。阴阳学说应用到人心双和管理理论中，则可以形成阴阳性格学说。粗略地讲，阳性个性的人，较为主动，积极，行动先于思考，做事明快，行为大胆，易以自我为中心，较有领导欲望，宁可当“真小人”。阴性个性的人，较为静态，消极，思考快于行动，容易自我满足，较无权力野心，害怕承担责任，喜欢深入研究，容易成“伪君子”。

大自然的组合，绝不只是纯阴或纯阳而已，否则世界也就太单调了、人生更是太单调了。阴阳两仪生四象，即老阴（又称太阴），老阳（又称太阳），少阴，少阳，自然阳性性格有老阳、少阳两类，阴性性格有老阴、少阴两类。其中，老阳——纯阳之数：个性表现强烈，积极追求人生，勇于牺牲，喜好享受，重视自我，“人人为我”型，“杀破廉贪俱作恶，庙而不陷掌三军”。少阳——渐阳之数：个性直爽，不拘小节，说话明快，热情奉献，“我为人人”型，“巨日同宫，官封三代”。老阴——纯阴之数：个性内敛，喜爱思考，易受他人影响，“我为人人”型，“机月同梁作吏人”。少阴——渐阴之数：个性表现稳健，有领导才能，处事积极，敢作敢当，“人人为我”型，“紫府武相，位居人上”。

再继续，四象生八卦，即乾，坎，艮，震，巽，离，坤，兑，说明阴阳渐次混合后所产生的各种变化，由此形成八种性格。继续细化，八卦可推演成64卦，性格类型则细分为64种类型。

这里要特别说明，性格分析，只是根据人的先天特性和后天经验值划分出来的性格类别。两仪类别时，是大分类；64类别时，是细化分类。现实中，过于细化，大众难以掌控和理解，所以，一般是4类（如四象性格、血液性格等）、5类（如五行性格、五种动物型性格等），9类（如九型人格分析等），12类（如12生肖性格分析、12星座性格分析等）。MBTI16型性格分析就比较专业，是根据荣格人格分析心理学理论设计的分析法。也正因为是类别归纳，所以，实际分析时，即使是同一类型性格的人，东方人与西方人、南方人与北方人会有不同。即使是同一地方人，也会因为成长环境、所受教育不同而呈现的结果有所不同。性格分析只能是大体准确，不是完全正确。有时候让人感觉完全正确，是因为具体细化的差异不作分析而已。

性格决定命运，这是有一定道理的，因为性格不同，即使对同一件事的处理方式也会有不同。不同的处理方式产生不同的结果，不同的结果构成每个人不同的人生轨迹。改变性格弱点的最佳方式，就是提高自身的修养。

人心双和管理理论，无疑对性格分析特别关注。毕竟不同性格的组合，直接决定该团队的合作度高下。更何况，同素异构原理说明，事物的成分因在空间关系即排列次序和结构形式上的变化而引起不同的结果，甚至发生质的变化。

三、基于人心双和管理理论的学科体系

1. 人心双和的管理哲学思想

受中华文化影响的管理是以攻心为上，必然的就以中国的管理文化和管理哲学为管理思想、管理理念的依据，以中国的管理理论和管理体系为管理的内涵和构成框架。当历史走过了粗放管理、物本管理、人本管理的阶段后，将走入心本管理。管理的本质是文化，文化的本质是人文化成于人的内心，使人的思维与行动和平、和谐、和美，形成人与事物一切关联双方的相和——这是东

方、更准确地说是代表东方的中国管理哲学思想，也是解决现实管理危机的希望之所在。

中华文明之源、文化之宗的易经之易，有简易、变易、不易三种形态，这是中华管理哲学的核心，管理就是从简单的易理（道理，下同）开始，追求不断变动的易理，然后逐渐固化形成不变的易理；循环往复，又至简易——大道至简，而后发展至更高一个境界（变易），于是可以发现，无论万物怎么变，其内在规律永恒不变（不易）。这种变与不变的原理，后人延伸出一系列的对立统一关系，其中最典型的就是“道与术、取与予、常与变、利与害、方与圆、破与立”6对哲学关系。这构成了中华管理的“三易六学”。

拂去周易玄学的尘土、解开命理迷信的枷锁，易经展现出一系列有着内在逻辑关系的哲学原理和科学模型：如太极哲学、阴阳哲学、三才思想、六合理念，以及五行与八卦的全息系统等，这就是来源于中华文化的中华管理哲学思想体系。重心是人与人、心与心双和共赢，如图 18－7 所示。

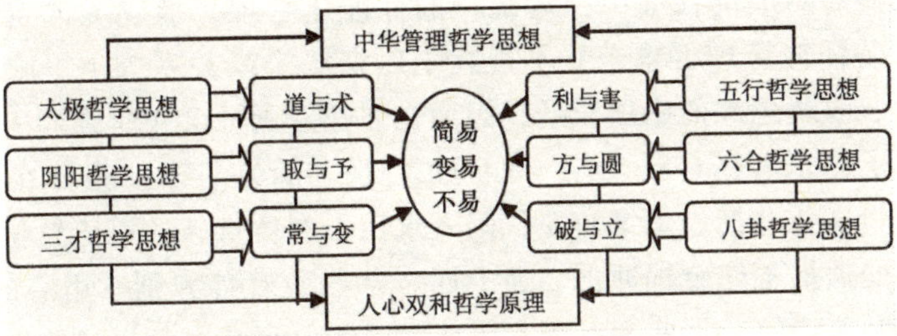

图 18－7　人心双和管理哲学思想

2. 人心双和管理内涵探索

在经济获得发展的同时，社会管理、思想管理、组织管理、学术管理等职场管理却出现底线失落、人心变异、懒散懈怠、浮夸急功等管理危机，其根源是现行的管理理论及体系与中国职场人文环境不相适应，导致人心蒙尘、人心变异、人心失落、人心不顺。

国内对此也有比较广泛的研究，21 世纪初出现了理论丛林萌芽状态：如席酉民的和谐管理（2001）、苏东水的东方管理（2003）、齐善鸿的道本管理（2007）、黄如金的和合管理（2007）、曾仕强的中道管理（M 理论，2007）、成中英的易经管理哲学（C 理论，1995）等。只是这些理论学派一般以同一机构（或师生）内部组织而成，如西安交大席酉民团队（韩巍、王琦、曾宪聚等）、复旦大学苏东水团队（彭贺、苏勇、苏宗伟等）；南开大学的道本管理虽有跨校合作，但仅限于与理论创立者合作。

于东辉《人心管理》（2005），从人性化管理视角提出中国式管理新思维，是实务型通俗书籍，非理论研究。论文如李强，胡宝荣《人心管理：社会管理的重中之重》(2012)、郑雅萍《〈管子〉“人心管理”思想的科学人才观》(2014)、王云《人心管理：社会管理新诉求》(2007)、谭小芳《刘备、曹操与人心管理》(2012)等；其他还有少量从《论语》《管子》《冰鉴》等书和王阳明“心学”中的解读性研究；总体散而少，层次不高；至于管理谋双和理念，未见诸报纸杂志。

人心管理理论认为，心病还须心药医，从管理视角看，中国职场的“心药”须从中华文化的“道”中、易经智慧中、“和谐”思想中来。中国应该以中华文化为管理内核，而不是以西方文化为管理内核。人心在，一切在，人心回归、人心宁稳、人心重聚，才是管理无可回避的重任。为此，提出中国人文环境下的职场管理，以“管人理心”为内涵，“理心”是重点，目标为“双和”，据此建构“人心双和管理”理论。

研究“人心双和管理”的根本原因，是为了探寻适合中国国情的管理理论，为了创设适应中国人文环境的管理体系。西方管理体系，利益至上、求变创新、直线思维，在商品经济社会中强调统一的标准化管理，形成了“定标准、守规则”的人文特征与管理诉求。并不适宜于以宗法亲缘关系为上、求稳循规、追求圆润变通、曲线思维的中国职场，因为在农业立国社会中是强调中庸的变通式管理，形成了“求和谐、顺人心”的人文特征与管理诉求。强行在中国职场推行西式管理，文化冲撞、思维相左，国人求稳心态被打破，道德教化抵不住利益诱惑，谋略变通扛不住金钱冲击，加上西方某些敌对势力别有用心的推波助澜、文化洗脑和利益诱导，那些拥有国家民族大义的、高洁奉献思想的、为国为民精神的一代代榜样人物，逐渐没落，升腾起来的偶像，是“金主”“豪门”“首富”。从而管理失衡、根基不稳。

为此，提出“人心双和管理”，这里的“管理”，一是“管”，管人言行不出轨；二是“理”，理顺思想得人心；三是“管”好“理”这点儿事；四是“理”清“管”这点儿事。“管”是可以用职务赋予的权利和法规制度实现，体现的是“管”的水平；“理”是需要管理者自身的人格魅力和管理艺术来实现，体现的是“理”的韬略。通过管理，使组织成员心往一处想、劲往一处使，人心齐、泰山移，大家共同努力，有效率地实现组织的目标。这就要看管理者怎么样才能做到让大家心齐、心顺、有心气儿，人心没到，计划是纸上谈兵，组织是手捏散沙，指挥是颐指气使，协调是互相吵架，控制是自说自话……人心，很难直接去管，只有形成特定的人文环境，通过梳理思想疏通人心，让大家心里透亮而达到自觉自愿——这就叫作“人文化成”。

3. 人心双和管理学科体系

古代中国研究并产生了中华易经原理、儒家民本思想、道家修心观念、佛家善心阐理等与管理相关的学术思想，同时王阳明心学、曾国藩《冰鉴》等直指人心，从这个角度说，中国人心双和管理思想古已有之。当代中国式管理研究成果如和谐管理、东方管理、人道管理、道本管理、和合管理、易经管理、儒学管理、心力管理等学派，也在一定程度上探索了中国管理思想形成的内涵。根据中华管理内涵、吸收中外研究成果，中国人心双和管理理论下的学科体系可以设计为战略管理思想、战术管理方法、人力资源管理、政务商务管理、中华管理文化五大体系，如表 18－3 所示。

表 18－3　人心双和管理学科建设思路

类别	人心双和管理学科建设	管理内涵	易理内涵
1. 战略管理思想	易理管理学、韬略管理学、和谐管理学	文韬武略谋奇正双和	太极用势大道无疆
2. 战术管理方法	沟通管理学、营销管理学、区经管理学	梳理人心谋内外双和	两仪阴阳运筹帷幄
3. 人力资源管理	人才管理学、激励管理学、领导管理学	激励人心谋上下双和	五行生克天人合一
4. 政务商务管理	企业管理学、商务管理学、政务管理学	把握人心谋人事双和	六弥相合通天彻地
5. 中华管理文化	国学管理学、企业文化学、中华伦理学	人文化成谋道器双和	八卦变动万方来朝

第一，战略管理思想。这是以文韬武略谋求奇正双和——中国 5000 年灿烂文明积累的文韬武略，可以促使现代企业的市场中既出其不意又追求正道，真正实现企业与国家的双和、企业与社会的双和、企业与自然的双和。开设的课程包括易理管理学、韬略管理学、和谐管理学等。

第二，战术管理方法。这是以梳理人心谋求取舍双和——中华文化的阴阳协调、五行合一、“君子爱财、取之有道”和“舍得”等的思想内涵，非常典型地体现了企业管理中沟通、营销和区域性经济管理、企业管理，以达到彼此双和、彼此双赢。开设的课程包括沟通管理学、营销管理学、区经管理学等。

第三，人力资源管理。这是以激励人心谋求上下双和——中国文化的核心是“和”，追求和平、和谐、和美、和润等；企业作为一个社会组织，自然而然形成决策层、管理层和操作层。决策层如何领导企业发展、管理层怎样管理企业运行、操作层怎样操控企业每一个具体环节，是谋求人心双和的关键。开设的课程包括人才管理学、激励管理学、领导管理学等。

第四，政务商务管理。这是以把握人心谋求内外双和——中华文明历来讲究内部与外部的和谐，任何组织都面临着内部和谐，与外部和谐的问题，这是一个企业能否实现可持续发展的关键，所以，政务运作、企业运营、商务发展都需要把握人心，谋求本组织内部和谐，本组织与外部各关联方和谐。开设的课程包括企业管理学、商务管理学、政务管理学等。

第五，中华管理文化。这是以人文化成谋求道器双和——中国土壤上建设和发展企业，自然需要以中华文化为内核，无论是东方心理特征，还是企业和文化形成，或是企业伦理道德的规范，都需要符合中国国情、符合中华民族利益、符合中国国家利益。开设的课程包括国学管理学、企业文化学、中华伦理学等。

此外，还可以进一步设计以人心双和管理理论为基础的、更为广泛的管理学学科，如学科管理分支中的物流管理学、财务管理学、企业策划学等，专业管理领域中的农林管理学、教育管理学、旅游管理学等，内涵管理分支中的：创新管理学、信息管理学、产业管理学等。

本篇小结

中国经济发展、中国企业发展的数据无可争议的说明，中国改革开放30多年，是一段被民营企业力量推动的历史，是一段书写中国企业管理从原生态粗放管理到借鉴西方管理、再到借鉴学习中有所创新的历史，也可以说，是从物本管理到人本管理再到探索心本管理的历史。只是出现管理危机，是不争的事实，进行历史的回顾与探讨，就是发现管理问题存在的原因，是流行的西方管理理论及体系与中国职场人文环境不相适应，导致人心蒙尘、人心变异、人心失落——归根结蒂人心不顺。

我们可以学习和借鉴西方优秀的理论，但心病还需心药医，中国企业管理的“心药”需从中华文化的“道”中来，从易经的智慧中来，从理顺人心谋取双和的“治理”文化、“和谐”文化中来。解决管理危机的途径、方法，就在心本管理。中国式心本管理的思想、理论及其理论体系、心本管理的具体运行方式方法，都在“人心双和管理理论”的探索和实践中，这是基于中华国学与东方思维的中国管理理论，是符合中国现实国情，对应中国文化传承，适应中国人文环境的中国式心本管理的研究成果。其重点，就是以中华管理哲学为基本思想，以剖析人性直指人心的管理理念为基本脉络，以人文化成谋求管理主客双和、表里双和、思维与行动双和为管理目标，确立“人心双和管理”理论体系。主要包括：

第一，以“三易六学”为人心双和管理哲学思想：易经之“易”，有简易、变易、不易三易，管理就是从简单的易理开始，追求不断变动的易理，然后逐渐固化成不变的易理；循环往复，又大道至简，进入更高的变易境界，而内在规律又永恒不易。这种易与不易的变动循环，渐渐演化成“道与术、取与予、常与变、利与害、方与圆、破与立”六对对立统一哲学思想——“三易六学”。

第二，以“八大法则”建立人心管理的目标体系。人心管理八大法则与易经八卦对应，组合成八卦管理模型：欣赏管理对应乾卦，目标聚人心；品性管理对应坤卦，目标正人心；理解管理对应巽卦，目标顺人心；精神管理对应震卦，目标振人心；情绪管理对应艮卦，目标稳人心；心态管理对应兑卦，目标悦人心；满意管理对应坎卦，目标得人心；感动管理对应离卦，目标暖人心。八法八分支，综合而成人心管理方法与目标体系。

第三，以“人心双和”确立以心为本管理内涵。中国文化是王道文化，不是霸道文化。王道文化“和文化”，中国人的宇宙观以“和”为本，伦理观以“和”为善，艺术观以“和”为美。对于中国人来说，信守和平、和睦和谐，是生活习惯更是文化认同，所以追求双和管理。剖析人性明管理，理顺人心达双和。

第四，以“梳理人心”明晰人心管理斟酌方法。管理是攻心为上，争取民心，是谋求双和共赢，人心认同。中国职场管理，适宜于内陆文明下形成的悟道式管理体系，而不是海洋文明下形成的解析性管理理论。管理贵在“走心”，人心双和管理体系，提供梳理人心、谋取双和的管理模型、法则和途径，指导管理实践。据此构成中华管理新坐标：心好人和。

第五，以“中国文化”完善人心管理学科体系。中国文化中的“韬略”“谋略”，其实就是现在常说的“战略”“策略”。回归中国文化，建立起中国韬略学、中国谋略学，其中易理思想、韬略内涵和文化理念都属于宏观的“韬略”层面；而沟通力、执行力、领导力等则具体的管理技战术。此外，人力资源、公务活动、管理文化等，皆以中国文化为基础，形成中国化管理学学科体系。

结 束 语

中国企业的管理史，起源于古代数千年制造业的官府管理与民间自然管理交叠，而新中国前30年的企业管理则以政府行政性管理为主，改革开放后的30年经历了从粗放到物本到人本的管理阶段，这个过程中涌现胆量管理、关系管理、能人管理、西方管理、本土管理等管理模式。改革开放后的第二个30年也就是自2009年开始，中国本土管理抬头，开始从“以人为本”的人本管理转向“以心为本”的心本管理，这是以中国哲学、中华文化为根基的管理，是中国企业管理的希望之所在。

中国企业发展到今天，信息化与工业化的融合成了必然趋势。越来越多的企业意识到，要保持和提升自己的竞争优势，就必须在产品研发、企业管理等方面全面实现信息化。到目前为止，中国民营企业的信息化投入比例在企业营业额和利润中的比例仍然远远低于国际平均水平，而软件和咨询服务在其信息化投入中的比例，也更低于国际平均水平。正因为如此，中国政府不遗余力地推进信息化与工业化的融合，积极推广制造业信息化。显然，中国企业前景是美好的。

现在能够预见到的是，第一，中国制造成为优质产品代名词。中国民营企业能够像“德国制造”“日本制造”一样，享誉全球。国人能够对“中国制造”充满信心。到那时，“Made in China”，意味“优质优价”。第二，中国民企成为世界性企业巨人。中国能够有更多的华为、中兴通讯、联想这样的企业巨人，能够成为真正意义上的全球性企业，实现国际化运营。第三，中国企业和产品品牌红遍全球。中国民营企业在各个行业能够崛起一大批具有国际竞争力，拥有核心技术的企业集团，其企业名字、产品品牌全球称雄。第四，有实力的中小民营企业蔚成大观。中国建立中小企业迅速成长的环境。这些企业不仅能够具有OEM的能力，还能够实现ODM，更拥有自己的品牌，能够实现差异化竞争。第五，“中国制造”转向“中国智造”。中国民营企业中的制造业能够与服务业，尤其是金融服务业和高科技服务业协同发展。第六，中西部民营企业顺利有效崛起。中国内地，尤其是中西部的制造业真正崛起。在崛起的过程中，少走弯路。第七，健康产业真正成为新兴的领域。中国能够实现绿色制造，更多的中国民营企业能够成为环境友好型企业，能够实现可持续发展。中国企业的发展推动中国经济的崛起，在世界话语权的分量上，中国正在一点点上升。任何一个世界强国，都不可能没有自己的管理理论体系，更不可能把自己祖先的优秀文化给泯灭了。

继承传统，是为了站得更高，因为有无数先辈垒起的思想、文化、精神的巨大基座；改革开放，是为了走得更广，因为有无数友人开辟的理念、道路、经验的宽阔视野。两者融合，能够让中国企业、中国经济、中国综合实力更为强大，中国之路走得更为坚定明媚。有底蕴，才是真正的世界贵族；无底蕴，再发达也是暴发户。中华民族有着最深沉的精神追求，这是“中国特色”的最显明特色：“宣传阐释中国特色，要讲清楚每个国家和民族的历史传统、文化积淀、基本国情不同，其发展道路必然有着自己的特色；讲清楚中华文化积淀着中华民族最深沉的精神追求，是中华民族生生不息、发展壮大的丰厚滋养；讲清楚中华优秀传统文化是中华民族的突出优势，是我们最深厚的文化软实力；讲清楚中国特色社会主义植根于中华文化沃土、反映中国人民意愿、适应中国和时代发展进步要求，有着深厚历史渊源和广泛现实基础。中华民族创造了源远流长的中华文化，中华民族也一定能够创造出中华文化新的辉煌。独特的文化传统，独特的历史命运，独特的基本国情，注定了我们必然要走适合自己特点的发展道路。对中国传统文化，对国外的东西，要坚持古为今用、洋为中用，去粗取精、去伪存真，经过科学的扬弃后使之为我所用。”① 很显然，中国企业要走适合自己特点的发展道路，首先是管理理论必须走适合自己特点的发展道路，而不是照搬欧美西方掌握着话语权的管理理论。理论引导，是路能否走正确的关键所在。

和平、和谐在中国文化中是有深厚根基的。双和之本意，是以己为立足点，达到与己关联的任何一方之间互为相和，无论是具象的人与物还是抽象的灵与情，双向都达到和的境界，即彼此双和。“和”是中国文化的核心、普遍原理和根本价值观。作为普遍原理，它是事物生成与发展的本体原则；作为核心，它是事物存在与发展的内在动力；作为价值观，它是中华民族最为永恒和深沉的精神追求。作为中国人、作为中国企业、作为中国管理，必须把这一原理、这一核心、这一精神追求镌刻在心里，让每个人自己的内心与外在表现相和，让每个个体的一切与国家、民族相和，让每个人自己与其他人相和、组织与其他组织相和、民族与其他民族相和、国家与其他国家相和，这就是中华和文化的深刻内涵，这就是中国人心双和管理的真正意义。人和的本质在于心和，心和才有万事和。

《易传》把“和”上升到了“天道”的高度：“乾道变化，各正性命，保合太和，乃利贞。”乾道即是天道，“保合太和”使“和”具有了本体意义，“太和”也是宇宙万物、人类社会的普遍原则，是一种普遍和谐的思想。太至于极，

---

① 习近平，2013 年 8 月全国宣传思想工作会议讲话中提出的“四个讲清楚”。

“大到无外，小至无内”，太极之内谋和，须阴阳谐和，“一阴一阳之谓道”，道成则两仪和；阳为天、阴为地、中为人，天地人三才共和便是天道、地道、人道皆和；两仪生四象，四象对四方，故阴阳双和在于四方皆和，四方之中，即为土，与四方相应的金木水火亦相和，即五行相和，所以中国人须有“中”的概念，“增之一分太肥，减之一分太瘦”，不左不右谓之中，适宜恰当谓之和，致中和为最佳；天地加四方而为六合（弥合），六合便是六和，是上下东西南北六方相和，和文化的核心；六合再加居中处，七星排阵、首尾相顾、天下无敌；四象生八卦，八卦和则世界大和。所以，中国文化告诉我们：阴阳和则世界和。中国管理自然追求这样的阴阳相谐，彼此双和。改革开放30多年来中国企业发展的历史证明，我们可以学习他人的长处，但我们依然是我们自己，不可能也不应该变成别的，我们就是在华夏文化沐浴下的龙的传人、中华子民。西方文化讲正负，中国文化讲阴阳，其内在有其自然的统一性。为何只能提正负不能说阴阳？

本书初稿完成的2015年，中国的经济总量已经达到世界第二；加上人口规模、国土面积等，这种体量，让一直以来掌握世界话语权的国家惊惧、疑虑，于是对中国进行围堵和遏制，处心积虑，企图仗着自己的军事实力在中国还不够强大的时候给中国戴上枷锁。这个时期抛出的“亚太再平衡战略”以及在中国南海频频挑起的事端，不仅是冷战思维的产物，也是欧洲近代列国争强史阴影作祟的结果。在这样的国际形势下，中国更有必要向世界展示自己的和平主义文化传统，正如习近平指出的：“中国人民崇尚‘己所不欲，勿施于人’。中国不认同‘国强必霸论’，中国人的血脉中没有称王称霸、穷兵黩武的基因。中国将坚定不移沿着和平发展道路走下去，这对中国有利，对亚洲有利，对世界也有利，任何力量都不能动摇中国和平发展的信念。”他还指出：“中华民族的血液中没有侵略他人、称霸世界的基因，中国人民不接受‘国强必霸’的逻辑，愿意同世界各国人民和睦相处、和谐发展，共谋和平、共护和平、共享和平。”① 这些讲话，代表着中华民族的声音，向世界传达中国的和平智慧和中国人民对待世界的和平友好态度。

本书通过对中国企业发展历史的梳理，对中国企业管理变化过程的历史性反思，旗帜鲜明地指出，中国30年的企业管理走过了西方百年、数百年的发展历程，目前与世界同步。在这样的基础上，隐隐崛起于世界强国之林的中国，必须从引进、参照、借鉴、学习过程中进入到创新阶段；就中国企业管理而言，应该而且必须创建具有中国特色的企业管理理论。创建管理理论，自然需立足于中国现实、立足于中华传承，真正实现“古为今用、洋为中用”。

---

① 习近平. 中国人血脉中没有称王称霸穷兵黩武基因. 京华时报，2014-06-29。

从原始的无序管理到初级的粗放管理，到制度的物本管理，是中国管理的起步阶段；从国情化物本管理到引进式人本管理，是中国管理的学习阶段。21世纪开始，中国管理领域进入到探索中国管理内涵时期，于是心本管理出现。从以人为本到以心为本，从对人的关怀进入到对心的疏通梳理，这绝非以扩张为特性的海洋文化所擅长，而是以“中庸”为特征的大陆文化所擅长。《中庸》曰：“喜怒哀乐之未发，谓之中；发而皆中节，谓之和。”“致中和，天地位焉，万物育焉。”人的道德修养修到不走极端而求和谐，这就是“致中和”。现代社会，不可能不与世界接轨，仅仅“己和”是不够的，需要达到彼此“双和”。而“道”的修养也罢、“德”的修养也罢，修的都是内心，心和，才是一切之和的根本。

中国管理，追求的是人心双和。这就决定了中国文化下所指的“管理”，具有中国特色：管人理心，管的是人的言行、理的是心的思维；管理就是让人的言行合规矩，让心的思维能顺畅。两者之间，心是内在的、人是外在的，心动才能人动、心到才能人到，故有心和才能有人和。所以，人的言行由制度法规立之，心的思维用文化精神通之，三分管七分理，理是中国管理的重点和核心。

有了这样的中国管理理念，就需要相应的逻辑严密、内涵丰富的系统将其“化”之为一个理论体系。中国文化之源头“易经”所建立起来的“阴阳系统”“五行系统”“八卦系统”就很好地解决了这个问题。西方文化熏陶出来的人，一听阴阳五行八卦就直觉太土、就本能拒绝，甚至斥之为“伪科学”或“迷信”，这是不懂中国文化造成的。西方理论都需要假设，并在假设基础上建立模型，中国亦如此，五行就是用“金木水火土”这五种元素假设为相互关联的、具有本源属性的自然物质元素，由此建立起来的一个严密的系统，相生相克，然后延伸开去，一生二、二生三、三生万物，万物之间又有互为制约的关系，这种内在相生而和，相克而攻的内涵系统，本身就具有极强的科学性；又如八卦，则是用自然界的八种自然现象“天、地、水、火、风、雷、山、泽”为假设，建立起一个具有“全息”特征的系统。这些系统经过千百年无数智者的修正、打磨、应用，已经锤炼成万古不灭的完整体系，岂是一句“迷信”可以轻易否决的！

管理无外乎面向人，一切物象的最终结果都是人的问题。而就组织管理而言，人的问题无外乎“识别人才、选拔人才、培育人才、使用人才、留住人才”，将之对应于五行系统，自然形成“五行人才模型”。管理既然是管人理心，即人心管理，也离不开“聚人心、正人心、得人心、暖人心、顺人心、振人心、稳人心、悦人心”八个角度，对应这人心管理的八个分支目标，就有了“欣赏管理、品性管理、满意管理、感动管理、理解管理、精神管理、情结管理、心态管理”八大人心管理法则；八大法则完成管理的八大分支目标，最终合一而成心和，将之楔入八卦，构成了“人心双和管理八卦模型”。这就是中国管理的基础理论体系，这就是中国文化传承下的中国管理方法。

中国企业管理史，走到了今天，抖落风尘回本原。

中国企业管理史，走到了今天，守得云开见月明。

中国企业管理史，走到了今天，开天辟地亮真相。

参考文献

[1] 徐井岗．人心管理论——基于国学与东方思维的中国管理理论．经济科学出版社，2013.12

[2] 徐井岗．民企老板管理突围.上海三联书店，2005.4

[3] 徐井岗．中高层管理突围.黑龙江人民出版社，2007.12

[4] 徐井岗．员工管理突围.黑龙江人民出版社，2008.11

[5] 徐井岗等主编．创业创新的经济学思考.黑龙江人民出版社，2008.11

[6] 中国企业史编辑委员会编．中国企业史.现代卷（上）．企业管理出版社，2002.12

[7] 中国企业史编辑委员会编．中国企业史.现代卷（中）．企业管理出版社，2002.12

[8] 中国企业史编辑委员会编．中国企业史.现代卷（下）．企业管理出版社，2002.12

[9] 中国企业史编辑委员会编．中国企业史.典型企业卷（上）．企业管理出版社，2002.12

[10] 中国企业史编辑委员会编．中国企业史.典型企业卷（中）．企业管理出版社，2002.12

[11] 中国企业史编辑委员会编．中国企业史.典型企业卷（下）．企业管理出版社，2002.12

[12] 吴晓波．激荡三十年（上）.中信出版社、浙江人民出版社，2007.1

[13] 吴晓波．激荡三十年（下）.中信出版社、浙江人民出版社，2007.1

[14] 吴晓波．大败局Ⅰ.浙江人民出版社，2001.1

[15] 吴晓波．大败局Ⅱ.浙江人民出版社，2001.1

[16] 梁小民．一部官商结合的企业史.中国新闻周刊，2009年9期

[17] 丁伟．为中国企业写史.中国企业家，2008年5期

[18] 徐井岗．商业业态与专业市场趋同下的新业态探索——以浙中商业业态与义乌专业市场发展为例.商业经济与管理，2010.8

[19] 徐井岗．Logistic Systems and new market players：The case of Yiwu city. Logistics Systems and Management 2012.4

［20］徐井岗．婺商企业生命力研究报告．浙商崛起与危机应对，2010.3
［21］蔡尚挺．中国宗族和家族企业文．博士．厦门大学，2009
［22］徐鼎新．中国企业史蕴含的经济文化精华.国际贸易论坛，2008 年第 4 期
［23］刘季云．珠江三角洲乡镇企业的一个成功模式——“顺德模式”初探.中国农村经济，1991 年 2 期
［24］朱通华，孙彬．苏南模式发展研究.南京大学出版社，1994 年版：156
［25］中国乡镇企业年鉴编辑委员会．中国乡镇企业年鉴 1989.农业出版社，1990.1
［26］吴飞．自由中国新礼制：从家庭出发．文化纵横，2009.2
http：//www.21ccom.net/articles/thought/zhongxi/20150529125225.html
［27］改革开放 30 年中国管理批判性回顾 http：//news.3158.cn/201108031/n7117120445.html
［28］雾凇．性格老板.地震出版社，2002.5
［29］徐敦楷．民国时期企业经营管理思想史．湖北：武汉大学出版社，2014
［30］钱德勒．企业史的探路者．现代企业文化.2011 第 1 期
［31］吕力．直面中国实践的管理伦理与哲学问题．管理学报，2013 第 12 期
［32］吕力．中国管理思想史研究：对象、原则及存在的问题．管理学报，2010 第 7 期
［33］皇甫秋实．“网络”视野中的中国企业史研究述.史林，2010 第 1 期
［34］陈炳富．从《孙子兵法》说到中国管理史．瞭望，1984 第 35 期
［35］余焕新．中国管理思想史研究述评．华东经济管理，2012 第 4 期
［36］吴照云．中国管理思想史.高等教育出版社，2013.3
［37］苏东水．中国管理学术思想史.经济管理出版社，2014
［38］刘云柏．中国管理思想史第 2 卷.上海人民出版社，2014
［39］刘云柏．中国管理思想史第 1 卷.上海人民出版社，2014
［40］王忠伟，费素斌．中国远古管理思想史　传说时期管理思想的萌芽..北京：经济科学出版社，2010
［41］王忠伟，李奇志．中国上古管理思想史　夏商周时期管理思想的产生.经济科学出版社，2010
［42］王忠伟，王书汉．中国近古管理思想史　宋元明清时期管理思想的承接.经济科学出版社，2010
［43］殷思佳．论中国传统权力运行模式.一种行政管理史的理论考察.湘潭

大学，2012

[44] 朱绪建，闫晨. 中国管理思想史. 北京大学出版社，2011

[45] 吴照云. 中国管理思想精粹 中国管理思想史. 经济管理出版社，2012

[46] 林新奇. 中国人事管理史. 中国社会科学出版社，2004

[47] 刘文瑞. "大同"理想在中国管理思想史中的地位. 管理学家，2014 第8期